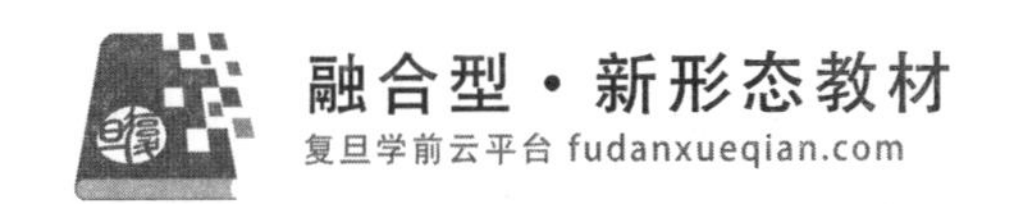

普通高等学校学前教育专业系列教材

自闭症儿童教育与指导

连 翔 编著

复旦大学出版社

内容提要

本书系特殊教育专业的教材，共分为十个章节，通过对自闭症儿童的基本概念、病因、评估方法与评估工具、教育方法、绘本教育、感觉统合教育、音乐教育、游戏教育、绘画教育、生活教育的介绍，较为全面地阐述如何对自闭症儿童进行教育与指导，从而更好地促进自闭症儿童的语言、情绪与行为、社会性等方面的发展。

本书尽可能地反映教学实践的过程，引导教师或学生如何了解自闭症、进行评估、制订教学计划、实施教学，最终完成整个教学过程。本书适用于五年制幼儿师范学校特殊教育专业的培养需要，同时又兼顾三年制幼儿师范和普通高等院校特殊教育专业的教学需要，对于自闭症儿童的教育者和家长也具有学习和参考的价值。

另外，本书是2015年度福建省社科规划项目“自闭症语言障碍早期干预课程研究”（编号：FJ2015C087）总结性研究成果。

前言

《我和你》

有人说你是天才，很小会玩电脑游戏；
有人说你是傻瓜，和你说话你不答；
有人说你是天才，很小会背无数唐诗；
有人说你是傻瓜，出门不知道跟着妈妈；
有人说你是天才，很小能识无数汉字；
有人说你是傻瓜，大便小便床上拉；
有人说你是天才，看颜色能辨桌球号码；
有人说你是傻瓜，火车汽车都不怕；
有人说你是星星的孩子，有一双清澈明亮的眼睛却不能告诉我们你要的是个啥；
有人说你是孤独的天使，有着天真无邪的笑容却不会告诉我们你为什么笑哈哈；
有人说你是自闭，有人说你无药可医；
儿子，不要怕，爸爸带你回家；
在父母的眼里你是一个正常娃；
爸爸怎么舍得把你抛弃！爸爸陪你慢慢长大；
今生今世不分离，永不分离——我和你。

这是一位父亲写给自己儿子的一首诗。这位父亲和天下所有的父亲一样幸福，都有自己心爱的宝贝——自己的孩子。但是，这位父亲又是不幸的，因为他的孩子是一位天生的自闭症儿童。自闭症儿童是特殊需要儿童，与同年龄常态儿童相比有较大的差异性。自闭症儿童的主要特征表现为语言障碍、行为异常、社会交往障碍。在实际的生活中，自闭症儿童表现更多的是不会与人交流、不懂得如何参与游戏、不知道如何与人相处、喜欢一个人独处、偶尔会表现出一点“怪癖”……总之，自闭症儿童还不能像同年龄的常态儿童那样参与社会活动，以至于自闭症儿童失去了很多资源，尤其是教育资源。

《世界人权宣言》中提到，“人人都有受教育的权利，教育应当免费，至少在初级和基本阶段应该如此”。“教育的目的在于充分发展人的个性并加强对人权和基本自由的尊重。”因此，自闭症儿童也应该有参与教育活动的权利，也应该享有同等的教育资源。《中华人民共和国残疾人保障法》中提到，“为了保障残疾人享有同等的教育权利，各级人民政府应当将残疾人教育作为国家教育事业的组成部分，统一规划、加强领导，为残疾人接受教育创造条件”。法律客观地说明，自闭症儿童也可以享受教育资源，并且与同龄儿童有同等的权利。所以，这也预示着我们应该为自闭症儿童参与教育活动提供支持和保障。

《自闭症儿童教育与指导》共分为十个章节，从教育的角度分别介绍了何谓自闭症、自闭症的病因、自闭症的评估，以及从制订教育计划到自闭症儿童的绘本教育、感统教育、音乐教育、游戏教育、绘画教育、生活教育等不同教育活动的实施。作者通过对具体的案例介绍与案例分析，逐一具体地阐述有关自闭症儿童的教育过程和教育方法。通过理论与实践的有效结合，既增加了内容的可读性又便于教育者的实际操作。

最后，期望本书不仅能够为教育者实施自闭症儿童的教育活动提供支持，也期望通过本书能够让更多的人了解人类进化过程中所表现出的多元性，即更加客观地看待自闭症儿童的行为表现和教育问题。

目 录

第一章

自闭症概述

章节重点

本章重点是能正确地看待自闭症儿童的行为表现，客观地评价自闭症儿童的类型，对自闭症儿童未来的预后现况要有积极的判断。

案例纪实

2012年9月，新浪育儿网登载了一则题为"19名父母联名拒绝一名自闭症孩子入学"的消息。报道中，19名父母联名签署了一封反对自闭症儿童入学的签名信，并且在信中写到："我们作为父母，希望自己的孩子能在学校接受最好的教育……自闭症是一种病，对于这样的孩子，国家是有特殊学校的，为什么要安插在我们这样的学校呢？……我们请求，为了孩子，也为了那位自闭症孩子，还全班一个轻松的学习环境……"（刘子瑜，2012）。

2013年7月，河南郑州报道了"九成自闭症儿童义务教育入学遭拒或入学后短期内被劝退"的新闻。校方因为担心自闭症儿童入学后难以管理、影响学校升学率、普通孩子父母不接受等问题，而拒绝自闭症儿童入学；辅读学校多以学校只接收智力低下儿童为由也委婉拒绝（周玉荣，2013）。

思考题： 1. 案例中所提及的自闭症是何意呢？

2. 为什么自闭症儿童被拒绝入学呢？

【章节内容】

自闭症的研究历史，主要包括奠基期、发展期、固定期三个阶段。

1943年起至1960年为自闭症的奠基期。自闭症一词最早出现在1913年Bleuler医生解释临床治疗中患有精神分裂的成人患者，表现出极端孤立而无法与人沟通的神经失调特质。1943年，美国精神科医生Kanner在题为《情感交流的自闭性障碍》(Autistic Disturbances of Affective Contact)的报告中第一次提出了自闭症的概念，并且从精神医学的角度报道了11例早期婴儿自闭症案例。此阶段自闭症被精神医学界定为精神疾病，包括Kanner和Asperger都是当时的代表性人物。

这个阶段的主要特点是从精神医学的角度对自闭症进行界定和分析。学者从精神分析论的角度出发，普遍认为自闭症并非先天形成，而是后天因素所致。因此，有人提出"冰箱母亲"的说辞。学术界也开始关注父母的教导方法、态度等影响因子，同时也提出了"游戏治疗""非结构性的团体治疗"等方法。

发展期指1960年至1970年代末期，专家学者尝试以神经生理学解释自闭症的病因与治疗方法，假设成因来自神经系统的缺陷，尝试以药物治疗自闭症。特殊教育方面，主要以行为改变技术作为自闭症儿童的行为干预方法。

固定期的标志是*Journal of Autism and Childhood Schizophrenia*(《自闭症与儿童精神分裂杂志》)成为最早的自闭症专业领域的讨论平台，并证明在医学、心理学、教育学研究者与相关治疗师的干预影响下，自闭症已经渐渐被社会大众所了解和接受。自闭症逐渐成为各相关学术领域研究的重要主题之一，除了以自闭症命名的专业刊物以外，在医学、心理学、教育学一些刊物中也有更多研究成果发表。该阶段在认知理论假设方面有杰出的成就，多数专家同意认知处理缺陷是自闭症的核心缺陷，影响语言沟通和社会互动。虽然该阶段心智理论极富盛名，但是细节解释方面仍存在分歧。

总之，自1943年美国Kanner医生第一次报道了自闭症案例以来，全世界对自闭症病因的研究都没有得出一致的答案。虽然，自闭症的病因并非父母的教养方式和态度所致，但是在实际的教育干预过程中，父母的情绪会影响自闭症的干预效果（连翔，2013）。除此以外，遗传因素、脑发育问题、病毒感染、新陈代谢等问题都可能导致自闭症发病。

第一节　自闭症的定义与谱系障碍

自闭症（autism或autistic disorder）又叫做“早期幼儿自闭症”“儿童期自闭症”“Kanner自闭症”（Kanner's autism）、“Kanner症候群”（Kanner's syndrome）、“幼儿精神病”。但是，在我国大陆地区多称其为“孤独症”，因为这个称谓较为客观；港澳台地区和欧美国家多称其为自闭症。由于存在历史渊源和地域文化的差异，故本书中我们求同存异，姑且称其为自闭症。

一、自闭症的定义

1913年，瑞士精神科医生Bleuler用“自闭式思考”一词来描述精神病患者在社会互动中的退缩行为。因此，自闭症的原意是指一个人经常被自己占有，或全神贯注于自己（冯夏婷，2005）。1943年，美国精神科医生Kanner第一次对自闭症进行命名，并将其界定为：很难与他人发展人际关系、言语获得延迟或丧失发展良好的语言能力、有重复和刻板行为、缺乏想象力、擅长机械记忆、强迫性地坚持某些惯例或常规、有正常的生理外表（刘莎，2009）。在Kanner所著的文章“Autistic Disturbances of Affective Contact”中，将自闭症描述为以下症状：

1. 极端的孤独，缺乏和别人情感的接触；
2. 对环境有要求刻板性的强烈愿望；
3. 对某些物品有特殊的偏好，且以极好的精细动作玩弄这些物品；
4. 没有语言或者虽然有语言，但其语言似乎不是用来做人际沟通；
5. 具有良好的认知潜能，在有语言者中，常以极佳的记忆力来表现，而未具语言者有良好的操作测验表现及潜能（Kanner，1942）。

时至今日，无论从教育的角度还是从医学的角度，都有对自闭症的界定和诊断标准。至于我国，从1983年陶国泰教授的首次报道以来，至今对于自闭症的研究也仅有30余年的历史。

（一）特殊教育中的界定

《特殊教育辞典》指出，“自闭症”又称“孤独症”（autism）。一种发生于3岁前儿童的较严重的发育性障碍。主要表现为：

1. 社交困难，例如：表现为特别喜欢孤独，缺乏与他人的情感交流和对父母的依恋，对外界刺激无动于衷；
2. 言语发育迟缓，例如：表现为社会交往中很少使用言语，有的代词颠倒、言语奇特、言语的可懂性差；
3. 具有刻板或仪式性行为，例如：表现为强迫性坚持行为的同一格式，若改变则产生强烈的焦虑反应（朴永馨，2006）。

情景1.1

慧慧来到教室以后，一个人坐在角落里。李老师走到慧慧面前，叫道：“慧慧早上好！”慧慧依然面无表情，没有回应。慧慧还只是坐在角落里不停地摇晃身体，而且还会发出“咿咿呀呀”的声音。李老师捂住慧慧的嘴，不让其发音。但是，慧慧用力挣脱，还是会重复发音。

案例当中，慧慧一个人坐在角落里不与人交流就是典型的社会交往困难；李老师与慧慧用语言沟通，慧慧不懂得用语言回应，这就是语言障碍的表现；慧慧不断地重复一些怪异的发音，这就是刻板行为。

1991 年，美国教育部将自闭症界定如下（张明平，2013）：自闭症是一种广泛性发育障碍，对言语性和非言语性的交流以及社会互动产生显著影响，通常在 3 岁前发病，并且会对教育产生不利的影响。另外，自闭症男孩出现率比女孩出现率高出 4～5 倍。

（二）精神医学的诊断标准

早期阶段医学界普遍认为自闭症的问题在于思想脱离现实，迷于幻想，故将自闭症界定为精神障碍。因此，常有儿童精神病或儿童精神分裂症的诊断名称。美国精神医学协会的诊断标准当中提到（DSM-Ⅳ，1994）：在下列 1、2 与 3 中，合计要有六项，其中至少二项属于 1，一项属于 2，一项属于 3：

1. 在社会性互动方面有质的障碍，至少有下列二项以上的情形：

(a) 在运用下列各种非语言的行为上有显著的障碍，例如：在用以规范社会互动的眼睛注视、面部表情、身体姿势、手势等；

(b) 不能发展出与其程度相当的友谊；

(c) 不能自发地与人互享喜悦、兴趣或成就，例如：不会向人展示个人所带来的东西或指向个人所感兴趣的物品；

(d) 缺乏社会的或情感上的互动。

2. 在沟通上有质的障碍，至少有下列一项的情形：

(a) 口语发展迟缓或毫无语言；

(b) 就已经发展出适当语言的儿童来说，他们在与人交谈时仍有相当大的困难打开话头或者使交谈者持续下去；

(c) 刻板或反复地使用语言，或者以其个人专属的特别方式使用语言；

(d) 缺乏与其发展程度相当的各式各样的自发性的假扮游戏及模仿性的社会游戏。

3. 在行为、兴趣、活动方面有狭窄的、重复的、刻板的情形，至少有下列一项以上的行为：

(a) 偏好一种或多种刻板且狭窄的兴趣，并且无论兴趣的强度或兴趣的集中度都是不正常的。

(b) 很明显地，他们毫无弹性地执着于特定的、非功能性的日常事务或者仪式。

(c) 刻板且重复的动作习惯，例如：拍手、扭手、扭手指、全身抖动。

(d) 对于物品的各种附件有着持久的偏好。

另外，3 岁以前在下列的领域中，至少有一项迟缓或者功能上的异常：

1. 社会互动；

2. 社会沟通时的语言使用；

3. 象征性或想象性游戏。

以上是从医学的角度对自闭症的诊断和说明。但是，早在 1982 年，美国精神医学会出版的《精神异常诊断和统计手册》（第三版）中就已经提出自闭症与精神病患无关，将自闭症列入广泛性发育障碍中的一种。综合不同方面的观点，我们所称谓的**自闭症又称孤独症，是一种发生在 3 岁以前的广泛性发育障碍，表现为言语发展迟缓、行为异常、社交困难三个方面（排除阿斯伯格综合征、智力障碍、精神障碍等其他障碍群体）。**

二、自闭症谱系障碍

自闭症谱系障碍是一个医学名词，大多应用在儿童身上。有学者提出的自闭症谱系障碍包括了自闭症、阿斯伯格综合征、雷特综合征等群体。因为这些儿童都存在语言、社交、行为问题，所以都可以统称为自闭症谱系障碍。

（一）阿斯伯格综合征（Aspergers' syndrome）

阿斯伯格综合征（Aspergers' syndrome）是一种人际关系和交往障碍，通常在 6 岁以后被诊断，且男孩明显多于女孩。主要表现为人际交往障碍、情绪行为异常，但是无明显的语言和智能障碍。

1944 年 Asperger 在德国报告了和自闭症非常相似的症候群，不同的是病患儿童先会讲话后学会走路，并且语言近乎正常。此外，阿斯伯格综合征与自闭症在人际关系以及刻板行为特征方面几乎完全一致。有部分学者至今仍认为阿斯伯格综合征是高功能自闭症中很特殊的一个群体，而不需要单独分类。这类儿童通常无显著的语言或认知发展迟滞，但社交互动障碍以及局限、重复、刻板行为、兴趣活动方面与自闭症相同。阿斯伯格综合征儿童与自闭症有类似的沟通问题，但是没有明显的语言迟滞或文法上的缺陷。大多数个案一般智能正常，但动作显得笨拙。此类症候群多半会持续至少到少年期以及成年期，而成为一种特殊人格，并且其攻击行为的出现率比自闭症群体更高。

（二）雷特综合征(Rett)

雷特综合征(Rett)是一种严重影响儿童精神运动发育的疾病，发病率为1/10 000～1/15 000，且女孩高于男孩。临床特征表现为智力下降，自闭症行为。

这是一种绝大部分发生于女童，以智障、自闭现象、痉挛为主要特征的症候群。典型的个案出生后的前五个月有正常或近乎正常的早期发展，在5至30个月之间发病退化，丧失全部习得的手部和语言技巧，同时在5至48个月之间开始头部生长减缓而成小头。丧失有目的的手部动作，代之以固定反复的手部动作(搓手、扭衣角)，以及过度深呼吸等特征频现。社交及游戏的发展停滞，但是仍然有视线接触，有一些雷特综合征后来社会互动能力会进步。在儿童中期阶段经常发展出协调不佳、步态不稳，并且会有驼背和脊柱侧弯，有时会有舞蹈徐动症状。雷特综合征都会有严重的智能障碍，在儿童早期或中期也经常出现癫痫痉挛。与自闭症不同的是，雷特综合征群体中比较少见严重的自我伤害以及复杂的重复性偏好或常规的刻板行为，雷特综合征的症状表现中会出现愈来愈严重的运动功能退化和智力退化。

（三）儿童瓦解性精神障碍(Heller综合征)

儿童瓦解性精神障碍(Heller综合征)是一种广泛性发育障碍的亚型，又称婴儿痴呆或衰退性精神病。主要表现为原已获得的正常生活(如大小便自理能力)、社会功能以及言语功能迅速衰退，甚至丧失，对亲人、游戏以及相互交往等均无兴趣。大多数2～10岁起病，症状在半年内十分显著，无明显性别差异。

总之，自闭症与阿斯伯格综合征、雷特综合征、儿童瓦解性精神障碍都同属于自闭症谱系障碍，但是彼此之间却有本质区别(图1-1)。

综上所述，自闭症属于自闭症谱系障碍中的一种，与其有相似特征的同类群体包括阿斯伯格综合征、雷特综合征、儿童瓦解性精神障碍等。教育工作者在实际的教学工作中，应该加强对不同类型障碍群体的识别，有针对性地采取不同的教育方法，进行系统化、个别化的教育支持。

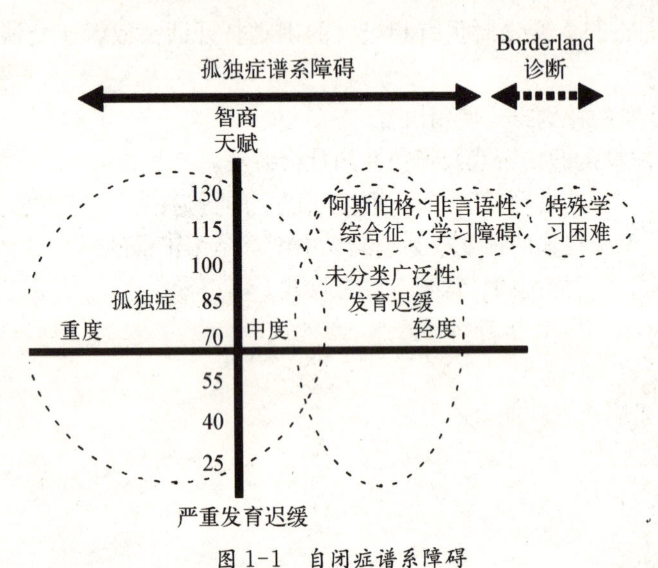

图1-1 自闭症谱系障碍

资料来源：邹小兵.孤独症谱系障碍的医学研究进展[C]//中华医学会，广东省医学会.第一届康复医学管理高峰论坛暨粤港澳物理医学与康复学术会议(348)。广州，2010.

第二节 自闭症的特征与表现

自闭症属于自闭症谱系障碍中的一种，有关对其特征与表现的描述有宏观的界定也有微观的说明。因为，从宏观层面而言，自闭症儿童的特征主要表现在语言、行为、社交三个方面；但是从微观层面而言，在自闭症儿童的不同年龄阶段，又有其具体的特征和表现。本节将分别叙述自闭症儿童的基本特征与年龄特征。

一、基本特征与表现

国内外较为一致地认为，自闭症儿童的基本特征与表现主要体现在语言、行为、社交三个方面(见

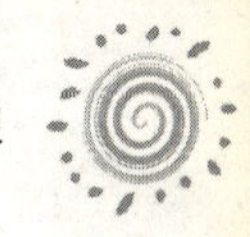

表1-1)。虽然自闭症儿童之间的身心发展存在较大差异，但是在基本特征的表现方面还是大同小异。

表1-1　自闭症儿童的基本特征

项　目	特　征
语　言	1. 语音有障碍 2. 无法理解语言 3. 不会使用语言
行　为	1. 刻板行为 2. 重复行为 3. 攻击性行为 4. 自伤行为 5. 仪式化的行为
社　交	1. 无法与人对视 2. 无法遵守游戏规则 3. 无法理解他人的情感与感受 4. 不懂得察言观色

(一) 语言发育迟缓

社会交往中很少使用语言，即使使用也多为模仿言语、刻板言语，有的代词颠倒、言语奇特、言语的可懂性差。许多自闭症儿童不善于发起与人对话，一旦与人交谈，倾向于要东西，较少懂得沟通；无口语能力的自闭症儿童也会出现退缩、不理人、与他人相处有困难等问题(Layton, & Watson, 1995)。除此以外，还包括无语言表现，通过手势或动作也很难进行沟通；很明显的非正常化的语言交流，无眼神交流，不会因为交流而产生微笑，不会主动与父母或客人问好；发音异常，经常出现过低或过高的现象；语言句式存在问题，经常使用固定的句式或者不断重复听到的句子，与此时的环境毫无关系；即使语言符合规范，但是依然无法进行持续性的对话。

情景1.2

丛丛看到桌子上有一个苹果，就跑过去拿，但是拿不到。于是，丛丛就拉住母亲的手去拿苹果。母亲见状，便对丛丛说："我要苹果。"丛丛不理会，只是拉着母亲的手不断地向苹果伸去。母亲故意不理会丛丛。丛丛还是会说"P"，声音洪亮而且很尖，母亲便会拿苹果给丛丛。

这个案例当中，丛丛的表现就是不懂得使用语言，无法用语言表达需求，即使发音也都是不准确的或者无意义的，音质很差，与同年龄儿童相比相差较多。因为语言的发展与智力的发展有必然关系，所以，在不同障碍程度的自闭症儿童之间，语言方面也会存在较大的差异性(见表1-2)。

表1-2　自闭症儿童语言能力比较

障碍程度	语言学习障碍	理解和表达比较	实用语言障碍	语意障碍	文法障碍	语音障碍
高功能自闭症	轻度	理解较差	中度	中度	轻度到中度	无
低功能自闭症	中度到重度	理解较差	重度到极重度	重度	重度	轻度到中度

资料来源：Boucher, J. Language development in autism [J]. International Journal of Pediatric Otorhinolaryngology, 2003: 67,59-63.

(二) 刻板或仪式性行为

强迫性坚持行为的同一格式，若改变则产生强烈的焦虑反应。主要表现为迷恋旋转的物体或圆形物体，例如：风扇、车轮、瓶盖，并不会关注物体本身的功能；出门时经常走同样的路线或者穿同样的衣服和鞋子。甚至还有的自闭症儿童会表现出极端好动或过度被动安静、抗拒正常的教学方式的行为。

情景1.3

小秋来到教室以后，主动把散落在地上的书本都放在书架上，然后在椅子上不停地摇晃手中的空瓶子，偶尔会发出叫喊声。李老师来到教室，把书架上的书互换了位置，还拿走了小秋手中的瓶子。小秋大发脾气，还把书架上的书都散落到地上，然后再重新排好，按照之前的模样摆在书架上。

小秋的表现就是典型的刻板行为。如果自闭症儿童的行为被人为地打断或者改变，自闭症儿童会重新再开始刚刚的行为，并且会发脾气以此表示"不满意"。

（三）社交困难

自闭症特别喜欢独处，缺乏与他人的情感交流和对父母的依恋，不喜欢被人抱，不主动找小孩玩，别人找他玩时不理睬，没有眼神对视，对呼唤也没有反应，喜欢自己一个人玩（Janzen，1996）；对外界刺激无动于衷，不会察觉别人的存在；缺乏社交技巧，不能够进行合作性游戏（杨贵芬，2005；凤华，2005）。最新的研究结论对此的解释是因为自闭症缺乏同理心、缺乏心智论（杨贵芬、黄慈爱、王美惠，2003；Kirk，Gallagher，Anastasiow，& Coleman，2006）。除此以外，还会表现为忽视周围的人，甚至对自己的父母都视而不见；当自闭症儿童遇到困难的时候不会主动寻求同伴的帮助和支持；不善于模仿，甚至不会表现跟随其他人的行为；不善于与同伴建立合作关系；无法遵守游戏规则，经常按自己的意志行事；喜欢一个人玩，不能够玩角色游戏或者不能够与同伴互动；对事物的想象和探索能力有缺陷；经常有重复性或刻板性的行为；对个别事物有较为执着的兴趣；周围环境改变，会产生不适的行为。

情景 1.4

库里一个人坐在积木旁玩积木，有一个小朋友走过来，拿走了库里的积木，库里没有理会，依然在玩剩下的积木。不一会儿，另一个小朋友来叫库里一起玩，库里没有与他对视，依然不理睬。于是，这个小朋友便推倒了库里的积木，拉着库里走。库里狠狠地咬了这个小朋友的手，小朋友哭了。张老师走过来对库里说："库里咬了小朋友，小朋友很痛，他很伤心地哭了。"但是，库里却呵呵地笑了起来，然后依然玩自己的积木，对于小朋友的哭声以及张老师的劝说毫无反应。

库里的这种表现就是自闭症儿童典型的缺乏社会性行为。自闭症儿童无法理解他人情绪，更不会与人进行合作性的游戏和活动。不仅如此，自闭症儿童还会表现出对疼痛感反应迟钝，不怕危险，无特别原因却表现极度难受、冷漠的态度，不愿踢球但会堆积木，莫名其妙地笑，对物体的喜好表现不恰当等异常行为表现。由此也导致自闭症儿童无法与人互动、交流、参与游戏或教学活动。

总而言之，自闭症儿童的基本特征与表现具有较大的缺陷和不足，并且严重影响其生活和学习。但是，在实际的教学案例中，个别自闭症儿童还是会具有某些特殊的能力，例如：绘画能力、计算能力、音乐能力等。这些特殊的能力远远超过同年龄儿童的水平，并且具有较大的优势。不过，在日常生活中，自闭症儿童还是会因为无法沟通或者行为异常等问题，而不能融入社会甚至独立生活。

二、自闭症儿童的年龄特征与表现

（一）起病年龄与特点的差异

目前，世界大多数的疾病分类系统都将自闭症起病年龄规定为 2.5～3 岁以前，越过这个年龄界限起病的患儿就要着重考虑为其他的病症了，例如：儿童期精神分裂症，起病在 6～12 岁；阿斯伯格综合征起病比自闭症迟，且男孩比女孩要多得多；儿童瓦解性精神障碍起病于 2～10 岁。具体而言，自闭症婴幼儿早期（2 岁前）特征主要有以下几个方面的表现：

出生——无明显特征。

3～10 天——无明显特征。

4～6 周——常哭闹（并非出于需要的原因，如饥饿等）。

3～4 月——不会笑，对外界的逗引无反应，不认识父母。

6～9 月——（1）对玩具不感兴趣；

（2）别人抱他时，不会伸出手臂；

（3）举高时，身体僵硬或松弛无力；

（4）不喜欢把头依偎在成人的身上；

（5）不会喃喃自语。

10～12 月——（1）对周围事物缺乏兴趣，满足于一个人独处；

(2) 长时间哭叫；
(3) 常有刻板行为(摇晃身体，敲打物件等)；
(4) 不会玩玩具，或只会重复某一固定的动作；
(5) 与母亲缺乏目光对视，不能分辨他人；
(6) 对声音刺激缺乏反应；
(7) 不会模仿动作、声音，不会用手指人指物；
(8) 语言迟缓，发声单调或发奇怪、无意义的声音。

21～24月——(1) 睡不稳，时忽或通宵不眠；
(2) 不嚼食物，只吃流食(粥)；
(3) 喜欢看固定不变的东西，手部动作刻板(如：旋转、翻动、抓挠等)；
(4) 肌肉松弛无力，常被绊倒；
(5) 目光飘忽，缺乏与人对视的目光，看人视物仅一扫而过，游离转移；
(6) 无好奇感，对环境变化时感不安(害怕)；
(7) 出现学舌的表现，且迟缓，词语不清不解。

(二) 2～5岁自闭症儿童的异常表现

这时自闭症的症状充分显现出来。那些原来症状轻微或开始一两年发育正常的儿童这时由于症状充分表露，所以识别自闭症已经不困难了。现将异常行为表现分述如下：

1. 社会关系障碍方面，绝大多数自闭症儿童的极度孤独和社会退缩更加明显了，他们生活在自己的世界里，叫他他不应，同他说话他不听，好像外界的人和一切事物并不存在似的，而且没有面部表情；他们不理会父母的喜、怒、哀、乐。自闭症儿童很少直视对方的脸，经常回避眼神对视；当拥抱他们时，自闭症儿童不会伸出手臂或用身子贴近对方；他们要吃食品或其他东西也不主动去拿，而抓住你的臂或手腕为他们做这件事。

情景1.5

5岁的小女孩钟华，2岁起病后就不讲话，与外界隔离，妈妈跪在她面前，连声叫"钟华，你叫妈妈"，但她一点表情和行为反应也没有。钟华每天都是沉浸在自己的世界里，不断地在眼前晃动手臂，有时还会玩弄口水或者大声尖叫，不时会发出"呵呵"的笑声。当小朋友发出邀请要与钟华共同游戏时，钟华会逃避对方的眼神交流而马上跑开。

案例中钟华存在严重的社会关系障碍，或者称其为社交障碍。具体表现就是不懂得如何与人建立关系，总是一个人沉浸在自己的世界里。如果大人能理解自闭症儿童因自闭症造成的困难，温柔并耐心地对自闭症儿童做出一些简单的吩咐，自闭症儿童也不会用寻常的方式做出适当反应，例如：王老师要求钟华抱着娃娃亲亲嘴，而钟华却用舌头舔娃娃的脸。虽然有个别自闭症儿童在看到小朋友的游戏活动时也曾表现出要参与其中的愿望，但是自闭症儿童却不知道怎样参与而只好呆呆地站在一旁或独自一人玩水、玩泥等。所以，大部分自闭症儿童似乎都被封闭在自己的世界里，全神贯注地做他们那些毫无目的的活动。

2. 语言沟通障碍方面，约有50%的自闭症儿童从小语言未发育，终生缄默不语；另有50%的孩子会说少数或较多词语。总体而言，自闭症儿童的语言发育比正常儿童要晚些，而且经常像是鹦鹉学舌那样，重复别人说过的词语，还有一些孩子重复在过去听到的词语，这叫做"延迟性模仿言语"。

另一部分自闭症儿童继续发育，会说一些的确有意义的词语或短语，例如："糖果""出去玩"等。但是他们说的话往往缺乏抑扬顿挫，语调、速度和语法等也存在问题，例如：对开灯和关灯分不清确切的意义，"要饼干"说成"饼干要"，经常弄错代名词，不懂得问这是什么？那是什么？不仅如此，即使会表达的自闭症儿童，在理解别人讲的话或者复述事件经过方面依然存在困难，例如：自闭症儿童从幼儿园回到家里，从来说不出在幼儿园里发生的事情。

随着自闭症儿童能力的发展，经过较长时间的学习以后，自闭症儿童开始对一些简单明白的手势和表情的含义有所理解。但是，通常在理解视觉语言方面的进步要比理解口语要快得多。

3. 兴趣狭窄和刻板重复动作方面，有些自闭症儿童对骑三轮车的兴趣不大，而花很长时间来转动轮子；买了塑料拖鞋不穿而喜欢放在嘴里咬；经常将双手放在眼前翻动着看；外出时经常要走同一条路线，并且对道路的记忆特别好，走过一趟就忘不掉；喜欢向父母反复提同样一个问题，要求父母用同样的话来回答，否则就烦躁不安；通常坚持每次都以同一方式去做某些事情，并且拒绝变化；往往爱好某些物品，甚至达到不可分离的程度。

（三）6～12岁自闭症儿童的异常表现

社会交往行为和社会关系理解这方面的缺陷是学龄自闭症儿童最为明显的特征。在学龄前儿童变得明显的有：不能建立伙伴关系；与家里的人缺乏正常交往；宁愿孤独一人；缺乏眼神对视和应用手势；抵御成人对自己的触摸；不主动进行言语沟通。不过症状表现可因年龄的增大、生理趋向成熟时而发生改变。但是，大多数自闭症儿童的症状仍会持续存在，以致延伸到青少年和成人。

此阶段可以根据自闭症儿童社会行为的发展情况将自闭症儿童分为三个类型：冷漠型、被动型、主动但奇特型。这些类型在学龄阶段的自闭症儿童中均能见到。

1. 冷漠型，这是典型的自闭症。他们不仅不寻找与人互动的机会，而且回避与人接触。即使自闭症儿童会讲话也不主动进行交往，而把他们的大部时间花费在固定不变和刻板重复的兴趣上。这些儿童对别人问话或招呼不作反应，也不主动与小伙伴和大人进行交往。他们并不聋，但对别人讲话不作反应；他们有时也有感情表露，但因应用不当难以使人理解。他们经常在例行常规遭到阻挠或碰到意想不到的事情上发脾气。这些行为特点在学龄前阶段即已常见，有时会延续到学龄后，甚至到青少年和成人阶段。冷漠型的自闭症儿童大多伴有重度精神发育迟滞。

2. 被动型，这类自闭症儿童并不回避社会交往，但缺乏正常儿童那种自然的和直觉感受到的社会交往技能。因此，别人与之交往，自闭症儿童的反应会很不适宜，沟通和游戏行为会显得生硬和刻板重复。被动型与冷漠型相比较而言，讲话多些和刻板重复动作少些，发育水平较高，并且比较容易照管。两者相比较，主要与发育水平和智商高低的差别有关。

3. 主动但奇特型，这通常被描述为高功能自闭症，也有一些属于阿斯伯格综合征。这类自闭症儿童积极与人交往，但他们与别人接近的方式和特点则有些怪异，并且是不适宜的。他们虽然有相当的言语技巧和有兴趣与人交往，但他们与小伙伴和其他人建立不起社会关系，建立友谊方面会存在相当多的困难。主动但奇特型的自闭症儿童的怪异和不适宜行为表现在：重复问一些问题；不适宜地触摸；谈话集中在他们自己狭窄的兴趣和与众不同的身体姿势、手势与面部表情方面，似乎对别人的兴趣和感觉置之不顾。

（四）12～15岁少年期自闭症的异常表现

此时期，很多自闭症少年的病情相对稳定，其中一部分可有明显进步。Kanner等学者认为此阶段的自闭症少年之所以会进步，是因为他们认识到自己有病而加以控制有关，但是大约有10%～35%的自闭症少年不明原因地发生严重退化，并且在11～14岁期间，是自闭症诱发癫痫的高峰期。

1. 社会交往技能方面，这个阶段大约50%的自闭症少年在社会交往的兴趣和技能方面均有明显进步。但是，自闭症少年和自闭症成人在建立和保持人际关系方面从结识到建立友谊仍缺乏技能。有些学者发现是因为自闭症儿童不理解社会公共规则的意义，所以会给自闭症儿童的社会交往带来很大的不便。

2. 语言和沟通方面，最早报道自闭症的Kanner医生把语言和沟通障碍作为最为引人注目的症状。此阶段，自闭症群体中会有一部分的个体语言沟通能力发展得相当好，但仍存在模仿言语、拘泥于文字表面意义、重复、代词和韵律错用等奇怪方式。自闭症少年和成人几乎从来不用表达性手势，讲话生硬、不自然。他们还不懂管理规则、不会进行对话、分不清对话中谁当讲话者和听者角色。

3. 行为方面，自闭症少年的冲动和破坏性行为被视为危险性行为，其中攻击性和自伤性行为常见于退化的自闭症少年，大约10%～20%的自闭症少年继续退化，其余的经过一年多时间后开始好转和变得平静。此阶段的另一个问题是随着性成熟女孩开始来月经，在父母指导下自理不难。男孩中少数有当众手淫和暴露生殖器，以及触摸别人的生殖器等行为。

4. 大约有20%～40%的自闭症少年开始出现抽搐发作的现象。此阶段中，自闭症伴有精神发育迟滞，与智力水平正常和边缘状态者相比而言，发生癫痫的危险性要更高。

总而言之，自闭症儿童在不同年龄阶段，都有其特殊的特征与表现。而且在不同年龄阶段，自闭症儿

童的特征与表现在次数、强度、频次等方面都有具体的差异性，这样的特征与表现可能随着年龄的增长而出现继发性的障碍或问题，例如：癫痫、抽搐等问题。因此，教育工作者在实际的教育干预过程中，应该注意自闭症儿童的年龄特点。

三、自闭症儿童与同年龄常态儿童的心理发展水平

自闭症儿童的早期阶段，如果能够被及时发现，并施与适当的方法以及科学的环境，对于自闭症儿童后期的身心发展有重要的影响作用。但是，在实际的调查中，父母或幼儿园教育者往往都没有意识到自己的孩子患有自闭症倾向。因为，所有的人都没有意识到自闭症儿童与同年龄常态儿童在身心发展方面存在的差异性(表 1-3)。

表 1-3　自闭症儿童与同年龄常态儿童之间的差异表现

年　龄	存在差异的领域	同年龄常态儿童	自 闭 症 儿 童
2 岁	语言	具备一定的词汇量；能够进行简单的提问	词汇量在 15 个以下
	与同伴的合作	在游戏中会有情感方面的表达以及共同进行游戏	独自一个人进行游戏
	游戏	能够操控玩具	不能够按照玩具的功能行事
3 岁	语言	在生活中不断地使用恰当的短句	较少使用语言
	与同伴的合作	喜欢与人相处，并且愿意帮助成人做事	不能够认可自己的朋友
	游戏	能够进行想象类游戏(例如：拿着一个空杯子，假装里面有茶，并做饮茶的动作)	不能够参与想象类游戏
4 岁	语言	可以进行持续性的交谈并获取信息	能够独创 2～3 个词语(有时与环境不符)
	与同伴的合作	在游戏中能够与同伴分配角色	不能够理解游戏规则
	游戏	根据扮演的角色进行合理的想象(例如：假装自己是妈妈，在给孩子做饭)	选择玩具都是依据个人兴趣，不懂得如何考虑客观环境；玩弄洋娃娃时也缺乏应有的掌控能力

综上所述，自闭症儿童与同年龄常态儿童的身心发展有较大差异性。而差异性的具体表现，会通过语言、与同伴的合作、游戏三个方面得以体现。在实际的生活和教育过程中，父母或教育者应该有所领悟，并且对有如上表现或倾向的儿童给予关注和重视。但是，具备自闭症儿童基本特征或者在不同年龄阶段与同年龄儿童身心发展有差异的儿童，不能就认定为自闭症，还需要在长期(至少一年)的生活和教育活动中进行观察，主要是了解被观察儿童的问题行为是否持续出现。

第三节　自闭症儿童的分类

根据不同的划分维度，可以将自闭症分为不同的类型。具体的划分维度可以从障碍的显著程度、障碍的轻重程度、心理发展异常的类型进行划分。

一、依据障碍显著程度进行划分

依据障碍显著程度对自闭症的类型进行划分，具体包括典型意义上的自闭症与非典型自闭症。所谓典型意义上的自闭症，是指在人际关系、语言交流以及行为兴趣方面的全面障碍，一般在 3 岁前发病。这种类型的自闭症群体是最为严重的一种类型。

非典型自闭症是指起病年龄一般不典型，又或者症状不典型，在某些领域中表现正常。因此，后者可

以理解为较为轻度的自闭症。具体而言，非典型自闭症，包括了脆性X综合症、弥漫性发展迟缓以及阿斯伯格综合征等。这些群体与典型意义上的自闭症都在DSM诊断标准中，统称为广泛性发育障碍（林节，2002）。

二、依据障碍的轻重程度划分

依据障碍的轻重程度，可以将自闭症划分为高功能自闭症与低功能自闭症。所谓的高功能自闭症是指轻度智力损伤或者智力正常的，能够适应学习教育环境的自闭症群体。所谓低功能自闭症是指智力损伤在中度或者重度的自闭症群体。这是我国多数医院在诊断自闭症方面所采取的分类标准，并且男性高功能自闭症儿童患病率高于女性自闭症儿童。

台湾地区卫生主管部门制定的《身心障碍等级》的规定中，将自闭症的严重程度规定为四级，即极重度、重度、中度、轻度。各级别中，对社会适应能力（包括生活自理、人际沟通、家庭适应、学校适应、工作适应以及社会适应等综合能力）和语言能力（指语言理解与表达能力）进行了不同严重程度的划分。

（一）自闭症障碍程度的分类

从障碍程度的角度而言，自闭症儿童可以分为极重度、重度、中度、轻度四类，并且不同障碍程度的自闭症儿童之间有较大的差异性。

1. 极重度：是指完全需要依赖他人养护或者需要密切监护，否则无法生活。具体包括：(1) 社会适应能力极重度障碍；(2) 社会适应能力重度障碍，语言能力极重度障碍或重度障碍；(3) 社会适应能力中度障碍，语言功能极重度障碍。

2. 重度：是指经过特殊教育和矫治训练，通常可发展出最基本的日常生活自理能力，但是无法发展出工作能力，仍然需要他人照顾。具体包括：(1) 社会适应能力重度障碍，语言功能中度或轻度障碍；(2) 社会适应能力中度障碍，语言功能重度或中度障碍；(3) 社会适应能力轻度障碍，语言功能极重度障碍。

3. 中度：是指经过特殊教育和矫治训练，通常在庇护性环境内可生活自理或有可能训练出简单的工作能力。具体包括：(1) 社会适应能力中度障碍，语言功能轻度障碍；(2) 社会适应能力轻度障碍，语言功能重度或中度障碍。

4. 轻度：是指社会适应能力轻度障碍或语言功能轻度障碍。通常而言，智力水平在一般范围内，仍然需要特殊教育或矫治训练后才能够在适当的环境下工作。

（二）自闭症障碍程度的划分标准

根据台湾地区卫生主管部门之《身心障碍等级》规定，自闭症不同障碍程度在社会适应性行为以及语言方面的划分标准如下(表1-4)。

表1-4　社会适应能力及语言功能障碍程度之评定标准

等　级	社会适应能力	语　言　功　能
极重度	缺乏生存能力，社会功能有严重障碍。此类自闭症人群从完全缺乏生活自理能力至仅能取食物食用，若无人照料难以生存；大都处于自我刺激或反复工作状态，几乎完全缺乏与他人的互动能力。未达到学龄期的自闭症人群，其生活自理与社会性发展商数为30以下	缺乏有意义的语言沟通功能。此类自闭症群体最多仅能理解极少数与生活有关的事物；表达方面最好者只能以推、拉等肢体动作及怪异行为表达需要，极少数人未具有功能仿说。未达到学龄期的自闭症人群，其语言发展商数达30以下
重　度	家庭适应能力只有部分表现，社会功能有障碍。此类自闭症群体具备部分生活自理能力（需提示或协助），能被动参与少数熟悉固定的团体生活活动，几乎无工作适应能力；常常处于自我刺激或发呆或反复动作状态，仅对强烈的、新奇的或熟悉的外来刺激有反应。未达到学龄期的自闭症群体，其生活自理与社会性发展商数为30～50	沟通功能方面具有显著的偏差与迟滞，以仿说、推拉及不易了解的生气、怪异行为为主要表达方法，可以表达少数日常生活需要（吃、喝、出行）。此类自闭症人群理解能力仅限于较常接触的事物；表达能力最多只能以单字或词汇主动表达少数基本需要，但可以主动或被动地仿说词或句子。未达到学龄期的自闭症群体，其语言发展商数达到30～50

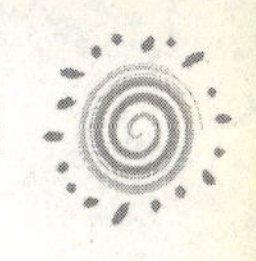

续表

等　级	社会适应能力	语　言　功　能
中　度	学校或工作适应能力有部分表现，社会功能有障碍。此类自闭症群体具备完全生活自理能力，能遵守部分学校规定，也能够学习部分课业，或者在庇护性情境中从事单纯反复性的工作，但是只有少数个体会主动与人互动，别人主动可能以正常或怪异固定的方式回应。未达到学龄期的自闭症群体，其生活自理能力与社会性发展商数为50～70	具有简单对话能力，但语言理解与表达均有明显的偏差。此类自闭症群体对有兴趣的问题、熟悉的问题，可以主动或在提示之下发问，发问的语句常是短句、固定、反复、怪异的；对熟悉的语句仍夹杂仿说和代名词反转现象（但少于50%）；可以用句子或词语表达部分生活上自己立即的需要。未到达学龄期的自闭症群体，其语言发展商数为50～70
轻　度	社会功能近乎正常至轻度障碍者。此类自闭症群体通常具备完全生活自理能力，在学校学习和一般学生相似，可以在保护性环境下工作，与人也能有情感交流，但仍然表现出过分依赖退缩，或者过分友善、多话、开放的行为，而且视线接触与同伴社交活动及其生活自理与社会性行为发展商数达70以上者	语言功能近乎正常至轻度障碍者。此类自闭症群体语言理解与表达能力可以符合家庭、学校、工作生活的基本需要，较一般人而言较为逊色；语法结构正常，但是使用的情境不甚恰当；词汇较少、句子较短或像背书一样；聊天、讲笑话等能力较差；谈话时缺乏主动性或者少“听”对方内容而做出反应，反应可能离题，谈话中断时缺乏使谈话继续下去的能力。未达到学龄期的自闭症群体，其语言发展商数达70以上

资料来源：台湾地区卫生主管部门(2002)：身心障碍等级。

三、依据心理发展异常的类型划分

经过长期的研究发现，不是所有的自闭症儿童在出生后都一直表现异常。部分自闭症儿童在出生后表现较为正常，而且在语言、动作、行为方面都好于常态儿童的水平。但是，在3岁前的某一天开始，父母会发现儿童的各个方面的能力有显著下滑的现象，或者在某一方面开始出现退化甚至停滞的现象。因此，我们称这样的表现为心理发展进程中出现了异常。依据心理发展异常的类型，大致可以包括超前型、正常型、停滞型、缓慢型、倒退型。

超前型是指在心理发展过程中，有超于常态儿童的现象，例如：自闭症儿童在某些方面有特殊的才能，这些才能可能是对数字比较敏感，能够记住生活中的一些数字，包括在很久之前发生的一些事件，可能是航空灾难以及重大的变故，等等；有的自闭症儿童具有超常能力，表现为具备较好的空间感，对见过的事物能够在画笔上进行描绘，而且其程度和能力，远远超越同龄常态儿童的水平。

正常型是指在心理发展过程中，无特别突出的地方，而且能力平平，只是与常态儿童相比，有一点不及之处，智商水平基本上在65～70分左右，例如：在参与融合教育的班级中，个别自闭症儿童还是可以遵守纪律，并且能够回答教育者的提问，有时还会与同伴进行互动交流。只是在参与学习活动和社交活动过程中，明显与同年龄儿童有一点差异。

停滞型是指在心理发展过程中，自闭症儿童的心理发展出现停滞，不仅不会倒退也不会向前行进。表现为在心理发展的过程中，生理依然在发育，但是心理层面则停滞不前，虽然经过长期的训练或干预，但其效果依然不明显，例如：情景1.5中的钟华，接受一年的教育训练以后，与一年前相比，钟华的评估结果依然为重度自闭症，与一年之前相比而言无任何变化。

缓慢型是指在自闭症儿童的心理发展过程中，虽然心理发展在继续前行，但是前行的速度明显落后于同年龄儿童的心理发展水平，例如：6岁的康尔一年前的评估结果为语言能力3分、行为发展水平2分、动作发展水平6分；一年后语言能力为3分、行为发展水平为4分、动作发展水平为8分，相比一年之前而言，康尔的心理发展水平虽然有进步，但是进步幅度不大，与同年龄儿童相比相差较多。

倒退型是指在心理发展过程中，自闭症儿童的心理发展出现严重的倒退，这样的倒退会表现在语言、行为、社交、生活自理等不同方面与之前相比有较大的落后或者退步，例如：个别父母会发现，之前儿童本来懂得游戏或者能够表述的语言，在顷刻间似乎都消失了，而且能力会与实际年龄不符，似乎突然倒退至1岁左右，甚至几个月婴儿的能力水平。

总之,自闭症儿童的类型可以依据不同的维度进行划分。同时,不同类型的划分维度都是学者经过长期的观察、研究而自行得出的结论。并且,在实际的教学过程中,自闭症儿童的类型可以出现重叠现象,即:有的自闭症儿童既有超前的能力,同时也可能存在重度的典型自闭症儿童的基本特征;个别自闭症儿童虽然属于轻度类型,但是也可能包含缓慢型或非典型自闭症儿童的特征。因此,自闭症儿童的类型划分,只是为教学的实际操作提供了借鉴和参考而已,并非具有绝对性。

第四节　自闭症成人的预后现状与安置

自闭症儿童经过早期的教育之后,其成年后的生活和能力会有所保障,至少能够做到生活自理或者进行简单的劳动。但是,如果早期教育的方法或理念有误,而延误了最佳的教育期,就会影响成年后的生活质量,也不利于后期的教育与生活安置。

一、自闭症成人的预后

(一) 国外方面

国外方面的相关报道显示:只有5%～17%成年后的自闭症患者恢复良好,60%～70%的自闭症成人不能独立生活、无独立的社交能力并且需要终身监护,约17%～25%的自闭症成人能独立生活但社交行为仍存在缺陷(Serra,Demelas, & Tondi, et al., 2000)。1970年,Rutter等研究发现,只有1.5%的自闭症成人在随访中表现功能正常,35%的个体介于"尚可与良好"之间,60%的个体功能严重受损(Smalley, Asarnow, & Spence, 1988)。1972年,Leo Kanner对1943年由他报道过的11名自闭症儿童进行追踪调查,在11个病例中,只有2个人的社会适应情形良好;日本学者石井高明在1978年报道了在他的研究对象中,16岁以上40名患者中,7人有固定工资职务,28人康复效果不佳,其中16人在家里,8人入残障机构,4人入精神病院,康复良好者仅占20%。Gillberg和Steffenbinrg追踪了23例符合DSM诊断标准的16～23岁自闭症患者,发现59%的被试在青春期晚期或成年早期康复效果较差,仅有4%康复较好,在正常人群中几乎不被发现,其余11%有较明显的异常行为(Piven, Gayle, & Chase, et al., 1990),23个自闭症个体中只有1个长大后可以独立生活(Bolton, Macdonald, & Pickles, et al., 1994)。即使适应能力良好者,由于缺乏社交技巧,也只有20%的自闭症成人从事简单的重复劳动,其余在福利性工厂就业。

(二) 国内方面

国内的相关研究结果表明,自闭症成人的工作和安置现状不容乐观,自闭症成人的独立生活、工作问题令其父母担忧(Gray,2003)。景晓路对61名自闭症成人做跟踪性研究,发现智力有缺损者为37例(76%)、处于边缘状态者6例(12%),智商超过85分者仅有6例(12%);社会适应能力有缺损者为42例(88%),属于边缘状态者4例(8%),达到正常水平者仅有2例(4%)(景晓路、杨晓玲,2001)。适应不良的自闭症成人需要在医院、福利机构或者家中接受长期养护(王佳,2006)。

总之,虽然自闭症儿童早期干预的效果对于其成年后有一定的影响作用。但是,从目前自闭症成人的预后现况而言,更多的自闭症成人还需要接受持续性的教育干预。

二、自闭症成人的安置现状

(一) 国外方面

国外方面的相关研究表明,自闭症成人的预后现状不容乐观。由于自闭症成人笨拙的社交技巧,显得处处与人不同。即使适应能力良好的自闭症成人,也只有20%的个体可以从事送报纸、发送牛奶或者整理超市货架等简单的重复劳动,其余的自闭症成人在福利性工厂就业。适应不良的自闭症个体在成年后,仍然需要在医院、福利机构或者自己家中接受长期养护(Siegel, 1996)。可见,自闭症成人还是需要较为专业的安置环境以接受专业化的教育。就美国在此方面的经验而言,过去如果自闭症儿童经过评估以后,被认为需要接受特殊学校的教育或者进入普通女工学校接受特殊教育,那么州政府需要负担自闭症儿童

九成的教育费用，而且这样的特殊教育可以持续到 21 岁，21 岁以后就会被送到精神病院。但是，目前在美国已经建立了团体家庭。首先，他们先找到一所房子，里面安排有厨房、教育者、助理 3 个人，每一家住进六七个这样大的孩子，组织成一个家庭，大家分工合作，例如：有人洗碗、有人拖地等，能力好一点的自闭症个体白天还可以出去上班，赚到的钱可以带回家里贴补家用。这样的好处有三点：第一，自闭症成人的暴力行为降低了；第二，每一位家庭成员都可以继续学习、成长；第三，政府可以减少很多的经费负担。

（二）国内方面

2011 年一例自闭症成人无端殴打邻家女孩的事件被网友热议，并引起社会广泛关注（中国孤独症网，2011）。事件背后反映的问题就是自闭症成人教育衔接的不完整性，导致自闭症成人无法接受教育或无处安身。自 2011 年至 2012 年，全国政协委员张黎明曾两次呼吁中国建立大龄自闭症儿童养护机构或庇护性就业工厂。可是，时至今日自闭症成人的安置问题依然不容乐观。目前，全时间在家、全天或半天在庇护工厂工作、白天在社区工作其余时间仍需要有专人陪同、全天在养护机构四种安置方式是自闭症成人的主要安置方式（余炯枚，2011）。参与庇护工厂工作或社区工作的自闭症成人也都是以度日消遣为主，对于自闭症成人的身心发展无任何教育意义。

总体而言，在当下的教育体制与社会环境背景下，自闭症成人的预后与安置现状不容乐观。因此，在未来的教育干预过程中，自闭症儿童还需要长期和可持续性的教育支持，教育支持的过程中要注意科学性和规律性，循序渐进地进行教育。随着年龄的增长，这样的教育支持活动可能会伴随终生；如果自闭症儿童能够提早进行科学有效的早期干预，成年后接受教育支持的频次与强度也会随之减少。

综上所述，自闭症属于广泛性发育障碍中的一种，在语言、行为、社会性方面存在问题，并且在不同年龄阶段都有具体表现，依据不同障碍程度可以进行适当的教育。也正是因为如此，在篇章开头的【案例纪实】中，许多父母都拒绝自闭症儿童入学，因为自闭症儿童与同年龄常态儿童的身心发展还存在较大的差异性，还无法与同年龄儿童进行正常的交流与合作，甚至会影响正常的教学秩序。但是，对于自闭症儿童而言，能否顺利地融入普通学校，参与正常化的教育活动，对其身心发展都具有重要的影响作用。

【章节要点回顾】

本章共分为四节，第一节叙述了自闭症儿童的定义与谱系障碍。所谓的自闭症又称孤独症，是一种发生在 3 岁以前的广泛性发育障碍，表现为言语发展迟缓、行为异常、社交困难三个方面（排除阿斯伯格综合征、智力障碍、精神障碍等其他障碍群体）。与其同属于自闭症谱系障碍群体的儿童包括阿斯伯格综合征、雷特综合征、儿童瓦解性精神障碍等。

第二节主要叙述了自闭症儿童的基本特征与表现。自闭症儿童的基本特征包括语言发育迟缓、刻板或仪式性行为、社交困难三个方面，并且，在不同年龄阶段，自闭症儿童都有其独特的表现，与同年龄常态儿童相比有较大的差异性。

第三节主要叙述了自闭症儿童的分类。依据不同的分类标准，自闭症儿童可以被分为典型自闭症与非典型自闭症，极重度、重度、中度、轻度，超前型、正常型、停滞型、缓慢型、倒退型等不同类型。

第四节主要叙述了自闭症成人的预后与安置。目前而言，自闭症成人的预后与安置现状不容乐观。但是，经过早期教育的自闭症儿童其成年后的生活和生存能力会有所改善，尤其能够为后期融入社会奠定基础。

思考与练习

1. 自闭症谱系障碍和自闭症广泛性发育障碍有何区别？
2. 自闭症儿童的核心障碍表现在哪些方面？
3. 自闭症是如何分类的？

第二章

自闭症的病因

章节重点

本章重点是有关自闭症儿童的患病因素，包括家庭因素、生物因素、神经心理学因素、疾病因素、季节因素等方面。教育者要客观地看待自闭症儿童的患病因素。

案例纪实

阿成今年3岁，一年前被诊断为自闭症。父母都是医生，高级知识分子。在阿成被确诊后的日子里，父母经常吵架。因为母亲在不久前得知，阿成的父亲有一个亲哥哥是先天性智力障碍，长期与母亲在农村生活。所以，阿成的母亲认为，是阿成的父亲基因不好，导致阿成患有自闭症，或者说，由于父亲基因问题，导致阿成患自闭症的风险升高。所以，阿成的父母就此问题争论不休。

另一位自闭症儿童的母亲，在讲述个人经历时，曾经说过自己在不知道怀孕的前提下，与朋友大量饮酒，并达到醉酒状态。此后不久才得知自己怀孕。这位母亲虽然在怀孕期间很担心自己的孩子会有问题，但是，还是坚强地将这名婴儿带到了这个世界。可是，非常不幸，这位母亲的儿子也患有自闭症。因此，这位母亲认为是自己的过量饮酒导致儿子患有自闭症。此后的生活中，这位母亲也非常自责。

思考题： 1. 案例中所提及的自闭症是由何原因所致呢？
2. 遗传基因会不会导致儿童患有自闭症呢？
3. 母亲怀孕过程中过量饮酒会导致胎儿患有自闭症吗？

【章节内容】

目前医学界普遍认为，自闭症是由于生物因素所致，但究竟是哪一种生物因素则无从定论。这也说明，导致儿童患有自闭症的因素会有很多种可能，包括病源、途径等。根据医学界对自闭症病因的探讨历程，大致可以将其分为四个阶段(Rutter, 1999)：

1950年至1960年代：自闭症被认为是一种心理生物异常，父母不当的教养方式以及身体疾病与儿童患自闭症有必然关系。

1970年至1980年代中期：儿童患有自闭症被认为是和身体疾病有关。同时，在双胞胎的实验研究中发现，遗传在其中扮演重要角色。

1980年代末期至1990年代早期：家庭遗传的相关研究中发现，自闭症的遗传病因高达90%，遗传是认知、语言和社会能力缺陷的重要影响因素。大约10%的自闭症儿童其病因源于身体疾病。此外，还有研究发现，儿童患有自闭症和大脑异常有关。

1990年代末期至今：盛行分子遗传研究，虽然找到许多个基因和儿童患自闭症有关，但是还尚未有正式的候选基因来证明自闭症不是单一的基因遗传所致，乃是多个基因互动产生。此外，大脑功能研究发现，自闭症儿童的心智论、脸孔辨识、中央连贯性、语言处理等能力缺陷，与其大脑功能异常有关联。

综上所述，虽然时至今日有关自闭症的病因依然未有明确的结论，但是从以往研究中可见，有关自闭症儿童的病因还存在多种因素交互影响的可能。

第一节　家庭因素

由于早期科技发展不够迅速，人们的知识储备也较为匮乏。由此，导致人们对自闭症儿童的认识还存在偏激、狭隘的现象。因此，在早期阶段人们对自闭症儿童的判断还存在较大的主观性。

一、早期的家庭因素

早期 Kanner 认为来就诊的自闭症儿童的父母都比较聪明，家庭的社会经济地位较高，大多都是从事科技、行政、工商企业以及管理服务方面的职业。与此同时，Kanner 认为父母对儿童比较冷淡、冷漠、缺乏关心，常常脱离群体、冷酷无情，才导致儿童患有自闭症倾向。所以，这些父母都被称为“冰箱父母”。这些观点说明儿童患有自闭症倾向，与婴幼儿期同父母的交流和沟通有必然关系。

从 1950 年代至 1960 年代开始，精神医学界就提出自闭症是一种“心理生物异常”(Eisenberg, & Kanner, 1956)，主要将责任归咎于父母，认为父母偏差的人格特质、不适当的教养态度是造成儿童日后患有自闭症倾向的主要原因。此观点一直都具有相当的影响力，认为情绪冷淡是自闭症儿童家庭的主要特征，自闭症儿童是由于父母对其缺乏情感支持而造成的。

这种趋势直至 1970 年代由于医学技术的发展以及遗传基因研究的不断进步，才逐渐改变了人们对“冰箱父母”的观点，大大推翻了世人对自闭症成因的看法。

二、后期的家庭因素

随着科技的不断进步，有关在自闭症儿童病因的家庭因素方面的解释，已经不再是一个谜团。在后期的家庭因素调查研究中，国内外学者主要从父母自身的身心特质问题进行深入探讨。

(一) 父母的认知水平

自闭症儿童的父母低智商、存在较低的社会经济地位的比率较高(Boutin, et al., 1997)；自闭症儿童的父母在早年曾有过语言认知障碍，有较低的语言智商和较低的拼字、阅读分数，早年存在无语言认知障碍，其语文智商比作业水平高(Folstein, et al., 1999)；自闭症儿童的父母在处理信息方面，会采用较为薄弱的中央连贯性(Happe, et al., 2001)；而且，自闭症儿童的父母会有较高的记忆水平，但是计划技巧和专注力方面的弹性较差(Hughes, et al., 1997)。

除此以外，自闭症儿童的父母还会表现出异常的社会性语言，例如：过度坦白、过度正式的或非正式的沟通态度、奇怪的幽默、过度仔细、不适当的会话与不适当的表达等(Landa, et al., 1992)。

(二) 父母的精神和心理特征

自闭症儿童的父母，甚至其兄弟姐妹会患有焦虑症、抑郁症、暴躁症等心理问题(Bolton, et al., 1998)。自闭症儿童的父母存在较多的学习问题，并且有精神情感异常的倾向(Gillberg, et al., 1992)。同时，自闭症的家庭成员中，女性高酒精滥用行为比低酒精滥用行为多 18 倍，男性高酒精滥用行为比低酒精滥用行为多 4 倍(Miles, et al., 2003)。除此以外，自闭症儿童的父母较为孤独、不圆滑、不会说话(Piven, et al., 1994)；自闭症儿童的父母中较多人患抑郁症、焦虑症，并且有较多的口语缺陷(Piven, et al., 1991; Piven et al., 1997)。家庭关系中，自闭症儿童的父母认为自己无教养子女的能力、对婚姻较为不满意、家庭的凝聚力较弱、家庭适应能力较弱(Rodrigue, et al., 1990)。

(三) 母亲的孕期过程

母亲在怀孕期间，接触一些不良因素也可能会诱发自闭症，例如：自闭症儿童的母亲在怀孕期间有明显的偏爱甜食、肉类食品；由于工作或情绪等原因经常缺乏睡眠；由于职业为制鞋、油漆、农药以及蓄电池制造或者运输、营销、矿产开发等，经常与有毒物质接触，会导致母亲体内环境紊乱、内分泌功能失调或者有毒物质直接损伤，损坏胎儿神经系统发育，易使儿童患有自闭症(李建华、蔡兰云、邹时朴，2010)。因此，母亲在孕期期间的营养状况、疾病史、服药史、重大精神创伤等问题都有可能导致儿童患有自闭症。

第二节 生物因素

生物因素包括脑机能的发育与分子遗传问题。自闭症儿童的基本特征，促使医学界对自闭症儿童脑功能异常的产生有很多不同的假设。目前，医学界还无法对已故的自闭症个体进行脑部解剖。所以，只是利用磁振造影（又称“核磁共振扫描”），洞察自闭症儿童的脑结构，并且提供多样化的切面影像。

一、脑部结构与功能

脑部结构与功能直接影响个体的心理表现（图 2-1）。自闭症儿童的心理表现在不同方面与同年龄儿童相比有不同程度的差异性。所以，自闭症儿童脑部结构和脑功能与同年龄儿童相比存在差异。

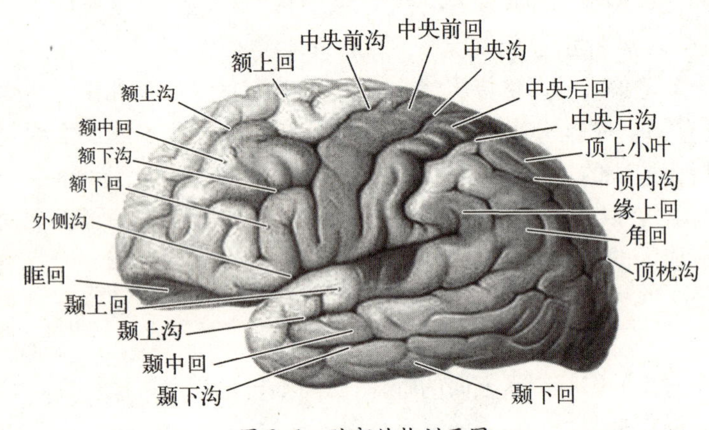

图 2-1 脑部结构剖面图

（一）脑部大小

自闭症儿童出生后，在数年间脑部的重量会迅速增加，接下来自闭症儿童的大脑增长速度减慢，但是此时的同年龄儿童的大脑会继续增长。经过幼年的快速增长之后，自闭症儿童的脑部增长速度会逐渐降低，并且会出现异常缓慢的增长态势，甚至有个别自闭症儿童会出现停滞增长的现象。这样的差异性，尤其在生命的头两年里最为明显，在 2～4 岁时达到顶点（Redcay，& Courchesne，2005）；头围较大，并且在其全脑或小脑中间的矢状区域体积较大（Sparks，Friedman，& Shaw，2002）。也有个别自闭症儿童在成年后，仍然有着过大的脑体积，而且明显高于同年龄的正常群体。总体而言，自闭症儿童脑体积的异常增大可能首先表现在出生后的几个月，但是新生儿的大脑是正常的；其次，异常增长会在 1 岁左右突然出现，且具体时间不定；最后，儿童早期迅猛增长之后，其体积又会相对缩小（安龙、丁峻，2010）。

（二）脑叶

脑叶大致包括顶叶、枕叶、颞叶三个部分。自闭症儿童的脑叶发育方面，呈现明显的异常发育状态，要比同年龄儿童的脑叶发育得大。最近的一些研究发现，自闭症儿童的颞叶表层不对称，左半部明显相对较小，此区域主要负责接受语言信息。因此，该区域受损就会影响儿童的语言发展。

自闭症儿童左右侧额叶脑血流灌注明显减少（邓红珠、邹小兵、唐春，2006）。执行抑制任务时左侧前额叶皮质区激活增加，右侧前额叶皮质区激活减少，该区域的血氧量降低，使自闭症儿童在执行抑制任务时表现出一定的困难（苏艳丽等人，2010）。额叶的功能与躯体运动、发音、语言和高级神经活动有关，其神经元数量减少或功能下降必然影响神经递质及其受体的数量以及神经纤维网的发育，导致额叶与其他脑区及皮层下结构的连接异常，使高级神经活动受到影响（邹小兵、曾小璐、胡冰、李建英、唐春，2010）。

（三）杏仁核

杏仁核俗称扁桃腺，主要负责个体的社会性行为、认知以及情绪辨识。所以，自闭症的基本特征被认定为与自闭症儿童杏仁核大小相关。自闭症儿童无法进行眼神对视，无法识别面部表情，面孔记忆存在问题都说明自闭症儿童杏仁核存在缺陷。

（四）布洛卡区

布洛卡区主要负责个体的语言习得功能。因为自闭症儿童存在语言障碍，所以自闭症儿童被认为是布洛卡区存在问题，主要表现为自闭症儿童的布洛卡区斜角带的细胞核数量比同年龄儿童低，成年后的细胞核数量也显著较少。

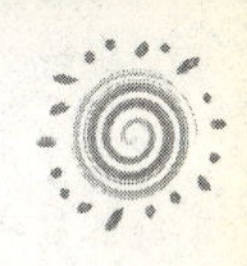

（五）脑干

脑干是位于大脑下方，在大脑和脊髓之间的较小部分，呈不规则的柱状形，包括中脑、脑桥、延髓。自闭症儿童的脑干明显比同年龄儿童的脑干小，而且中脑、脑桥、延髓都有不同程度的异常。

总体而言，自闭症儿童并非某一处脑结构发生病变，而是多个脑区病变，甚至是脑区间的连接出现异常。因此，导致自闭症儿童的心理发展出现迟滞、停滞等问题。但是，究竟是大脑的哪个区域出现问题，还没有一致的结论。

二、遗传基因

1990 年代以后，医学界开始关注分子遗传研究。有关自闭症儿童的分子遗传方面的研究也开始有很多突破性的观点。自闭症属于多基因遗传病，有较高的遗传异质性（杨树林、陈刚，2009）。实际的调查研究中，不同的学者发现一些染色体异常（例如：第 2、7、13 对）可能和自闭症的病因有关。但是，因为不同学者发现的基因位置不同，因此也还未有统一的答案。不过，自闭症儿童患病至少与 10 个以上的致病基因相互作用，而个体是否发病，除了受遗传基因决定以外，还与复杂多变的环境因素有关联。

自闭症儿童的家族中，自闭症儿童的同胞患有自闭症的概率为 2%～8%，是一般人群发病率的 50 ～ 200 倍。同卵双生的同病一致率为 60%，异卵双生的同病一致率为 0（表 2-1）。

表 2-1　自闭症儿童的家庭研究——兄弟姐妹患自闭症之比率

研究者	自闭症人数	自闭症兄弟姐妹人数		诊断标准
		样　本	自闭症	
August, et al. (1981)	41	71	2 (2.8%)	Rutter (1971)
Baird, & August. (1985)	29	51	3 (5.9%)	DSM-Ⅲ
Bolton, et al. (1994)	99	137	4 (2.9%)	ICD-10 DSM-Ⅲ-R
Krishnamurthy, & Joshi. (1989)	100	146	3 (2.1%)	DSM-Ⅲ
Piven, et al. (1990)	37	67	2 (3%)	DSM-Ⅲ
Starr, et al. (2001)	47	49	2 (4.1%)	ICD-10

资料来源：杨贵芬. 自闭症学生之教育[M]. 台北：心理出版社，2005.

三、生化因素

从生化因素的角度而言，在胎儿期阶段，自闭症儿童可能会增加了病毒感染的概率，病毒又会引发中枢神经系统的损害。所以，儿童会患有自闭症。自闭症儿童的患病还可能与疫苗注射有关联。疫苗中的病毒可能诱发儿童体内的自身免疫反应，从而导致儿童患有自闭症，例如：麻疹、腮腺炎、风疹疫苗接种。但是，有关自闭症的问题是否直接来源于疫苗注射，还有待商榷。

自闭症儿童的患病还可能是由于神经化学递质出现了问题。具体表现为小板中的 5-羟色胺（5-HT）浓度显著升高，而谷氨酸和其他氨基酸显著下降，被认为是可能与自闭症的发生有关的一种化学指标（Rolf, Haarmann, & Groternyer, et al., 1993）。包括谷氨酸脱羧酶、7-氨基丁酸、N-乙酰门冬氨酸等。

目前还有较新的观点认为，自闭症儿童是因为脑发育出现了问题，而导致脑发育出现问题的原因是遗传基因发生了变异，导致遗传基因发生变异的原因是由于抗生素所致。在人体的肠道内有很多微生物，这些微生物会释放或者停止释放某种化合物，间接影响人体的发育和人体健康。抗生素可以杀死人体肠道内大量的微生物，只有一种微生物，即梭状芽孢杆菌，这种微生物对抗生素有耐受作用，并且会释放某种神经毒素，经过血液流向大脑，影响大脑发育。因此，有部分学者认为，是因为儿童在早期阶段食用或服用了抗生素而导致儿童患有自闭症倾向。

虽然，自闭症儿童的病因还不明确。但是，多种研究结果表明自闭症儿童可能在病毒感染、疫苗接种、化学递质方面存在问题，说明自闭症可能是多种因素共同作用的结果。

第三节 神经心理学因素

神经心理学因素主要包括三个方面，即心理理论缺陷、中枢性统合不足、执行功能缺陷。

一、心理理论缺陷

心理理论缺陷主要用来解释自闭症儿童的社交障碍，心理理论提出个体对于自己或他人的信念、愿望、意图等心理状态的认识和理解。心理理论缺陷对自闭症儿童最主要的解释是，自闭症儿童无法揣测他人的心理状态，更无法表现与人交往、想象和语用方面的能力。具体而言，主要包括以下几个方面的特征(Baron-Cohen，& Howlin，1993)：

(一) 对他人的感觉不敏感

主要指不会懂得理解别人的感受，例如：自闭症儿童见到教育者脸上的斑点会直接评论，而不会考虑教育者的真实感受。

(二) 无法了解他人的经验可能和自己的不同

自闭症儿童做事具有很强的主观性，从自己的角度看待问题和分析问题，例如：自闭症儿童陈述事件时，只是讲述部分内容，他会认为别人会知道其他未讲的部分或者与自己的看法相同。

(三) 无法解读他人的意图

对于别人的行为无法理解和解读，更加不懂得揣测别人的意图，例如：自闭症儿童的同学在嘲弄他时，自闭症儿童自己无法理解同学的行为是在嘲弄自己。

(四) 无法了解他人对自己的言论是否感兴趣

无法理解别人的情绪变化，不懂得察言观色，例如：自闭症儿童每次谈话只会限定在2～3种话题之内，而不会理会别人是否对话题感兴趣。

(五) 无法预期他人对自己的行为可能会产生的想法

对自己的行为后果缺乏预见能力，不懂得自己的行为会给别人带来什么样的后果，例如：自闭症儿童无法理解自己不断地询问别人的隐私，可能会被别人认为是在性骚扰。

(六) 无法了解他人可能会犯错

自闭症儿童缺乏同理心，不懂得换位思考，例如：无法原谅别人的无心过错，认为别人是故意和他作对而攻击他人。

(七) 无法欺骗他人或了解欺骗行为

不善于掩饰自己的需要或者自己的想法，例如：无法区辨好人或坏人，即使坏人询问，也一样诚实回答，导致贵重物品最后被偷走。

(八) 无法了解别人行为背后的动机

只是停留在看待事件的表面问题，而无法深入探讨事件的本质。例如：由于自闭症成人具有社会互动缺陷，亲戚好意帮自闭症成人在自己的公司安插一个轻松的工作，不需要和其他人互动；但是，自闭症成人会很生气，认为自己应该担任管理者，无法体会别人的好意。

二、中央统合功能不足

中央统合功能不足主要是解释自闭症儿童的兴趣狭窄和特殊才能，例如：自闭症儿童所表现出的优秀的机械记忆能力或者对数字的敏感度。正常人对事物的视觉加工是先进行总体特征加工，然后再进行

局部信息的分析。而自闭症儿童则专注于对事物的细节或局部特征进行加工，相反却无法理解事物的整体意义。因此，自闭症儿童对信息的加工过程是具体而零散的，缺乏整体性。这样也导致自闭症儿童对一些事件的记忆异于常人。正常人对一些事件的记忆倾向于抓住事件的主要内容，而事件本身的细节往往很快遗忘；自闭症儿童则对局部细节有特殊的偏好，反而无法回忆整件事件的情节。这样也说明，自闭症儿童存在一种特殊的认知方式，导致自闭症儿童无法进行更高层次的意义整合。

三、执行功能缺陷

执行功能缺陷主要用来解释自闭症儿童的刻板和重复性行为。有关执行功能的研究中，发现自闭症儿童和正常儿童在年龄条件匹配的情况下，自闭症儿童的分类测验总错误数、持续反应数、持续错误反应数明显高于正常组。执行功能主要包括：计划、工作记忆、心理灵活性、抑制控制和自我监控。

（一）计划

自闭症儿童在计划方面的缺陷主要表现在处理复杂问题上，例如：体察环境的变化对任务做出选择和调整的能力。自闭症儿童的计划能力只是在高级计划能力方面存在问题。但是，处理日常生活事件需要的正是高级的计划能力。因此，自闭症儿童在日常生活中所表现出来的计划能力比较困难。

情景 2. 1

杰森放学回家的路上，每天都会经过一座小桥，但是今天小桥维修，杰森不能通过小桥，需要重新设定回家的路线。杰森无法接受环境的变化而坐在地上打滚，表示自己的不满，并通过大声尖叫来发泄自己的情绪。即使周边围了很多人，杰森还是会不停地叫喊。

案例当中的杰森就是因为缺乏高级计划能力而无法面对环境的变化，当环境改变以后，杰森就会表现出异常的行为。在外人看来，这样的行为就是源于重复和刻板的结果。

（二）工作记忆

工作记忆是一种对信息进行短暂地存储并且能够对信息进行加工处理的记忆系统。自闭症儿童在视觉空间记忆和记忆容量方面都不如正常儿童。所以，自闭症儿童无法通过记忆反省和预期，从以前的经验中推断知识，并将知识应用于未来。

情景 2. 2

上一周，教育者教授杰森发音“a”，学习过程中，杰森掌握得很好，而且会在教育者的引导下做出反应。一个月之后，教育者对杰森说：“a。”杰森看看教育者，便跑开了。教育者需要重新拿起卡片与杰森一起回忆。经过两节课之后，杰森才开始继续发“a”的音。

案例中，杰森的表现就是存在工作记忆上的问题，学习过的知识很快会出现遗忘。所以，自闭症儿童之前学习过的知识需要经常复习。

（三）心理灵活性

心理灵活性是一种心理表征的能力，个体可以根据情境的不同，而不断转化思想和行为。如果心理灵活性差就会表现出刻板行为、重复行为以及行为改变的困难。自闭症儿童在进行分类实验时，表现为明知道自己按照同样的标准进行分类是错误的，但是依然不断地使用这种分类标准进行分类，很难根据情境的变化进行转移或者做出改变。因此，自闭症儿童会在生活和学习中表现出较多的刻板性和重复性行为。

情景 2. 3

杰森很喜欢这双蓝颜色的小皮鞋，不论去哪里都要穿着这双鞋。冬天到了，天气很冷，这双蓝色的小皮鞋已经不能保暖了。于是，妈妈对杰森说：“杰森，你要换一双鞋哦。”杰森听后，就是不肯换鞋，还是固执地穿着那双蓝色的小皮鞋。有一天，妈妈故意把蓝色的小皮鞋放到柜子里，把一双新皮鞋放到鞋柜上。杰森出门前发现自己的蓝色小皮鞋不见了，便大发脾气，还不断地撞头，完全不接受妈妈的解释。最后，妈妈只好再把那双蓝色的小皮鞋还给杰森。

案例当中，杰森就是一个缺乏心理灵活性的自闭症儿童，他无法接受新的事物或者不接受环境的改变，喜欢生活中的事件都是一成不变的。

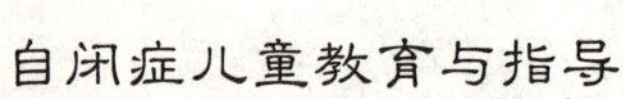

（四）抑制控制

抑制控制主要表现为在活动过程中对无关刺激的抑制能力。在抑制控制方面，自闭症儿童与正常儿童的水平相同，都能够在参与游戏活动或学习活动的过程中，主动抑制无关信息的影响，排除干扰性信息对活动进程的影响。

（五）自我监控

目前，还未有明确的研究结果能够证明，自闭症儿童在自我监控方面与正常儿童或者与其他特殊需要儿童之间的差异性。不过，由于自闭症儿童在学习活动或游戏活动过程中，缺乏灵活性，经常表现为刻板性或重复性的行为。因此，自闭症儿童在自我监控方面的不足，主要表现为无法从环境中或情境中脱离出来，例如：游戏进行到结束时，教育者要求自闭症儿童离开教室，但是自闭症儿童却依然沉浸在游戏活动中而不愿离开。有时，自闭症儿童这样的行为表现也经常被认为是自我监控能力较差。

第四节　疾病因素

虽然自闭症的病因还不明确，但是由于疾病本身而患有自闭症倾向的概率也相对较高，同时也为解释自闭症的病因提供了相关信息。大约有10%～37%的自闭症儿童患有脑伤害、先天性德国麻疹、幼儿痉挛、结节性硬化症、大脑脂质沉积症以及苯丙酮尿症等相关疾病。

一、先天性德国麻疹

先天性德国麻疹是在怀孕早期感染德国麻疹，病毒侵入成长中的胚胎，这类儿童出现自闭症的比例较一般儿童高出200～450倍。但是，自闭症儿童只有1%有先天性德国麻疹，表明德国麻疹不是自闭症儿童患病的主要原因。

二、幼儿痉挛

幼儿痉挛是婴儿出生后几个月发作的一种特殊形态的癫痫，典型的发作表现是幼儿突然出现头、手和脚部折叠起来的痉挛发作，其脑波呈现弥漫性广泛异常。患幼儿痉挛的儿童也较易患自闭症。

三、结节性硬化症

结节性硬化症是一种显性遗传疾病，患者出现癫痫、智能不足以及在鼻子两侧出现皮脂腺瘤，身体出现白斑，在脑及肾脏长结节。这种儿童患有自闭症的概率为17%～61%，而自闭症儿童中1%～14%有结节性硬化症。

四、苯丙酮尿症

苯丙酮尿症是一种新陈代谢疾病，是由于身体对某些成分的新陈代谢异常而破坏某些器官功能。苯丙酮尿症若未能及早发现进行干预，就会产生智能不足，也较为容易出现自闭症倾向。

五、大脑脂质沉积症

大脑脂质沉积症是一种代谢异常，不过它所产生的不正常代谢物是脂肪性的，沉积在大脑细胞而破坏大脑细胞的功能，除了形成各种神经症状之外也可能呈现自闭症特征。

第五节　季节因素

自闭症儿童的出生季节也被认为是与自闭症的发病因素有关。因为，在出生季节方面，瑞典

(Gillberg，1990)、丹麦(Mouridsen，et al.，1994)和美国波士顿地区(Stevens，et al.，2000)都发现自闭症儿童大多出生在3月份；以色列(Barak，et al.，1995)方面则认为自闭症儿童大多出生在3月份和8月份；但是也有国家认为，自闭症儿童的出生率或发病率大多发生在12月到1月、6月到7月、10月(Bolton，et al.，1992)。加拿大(Konstantareas，et al.，1986)方面则认为自闭症儿童大多出生在春天和夏天；日本(Tanoue，et al.，1988)方面则认为自闭症儿童大多出生在春天。

总之，有关自闭症儿童的发病率或出生率与季节的关系还未有统一的结论，仍需要更为深入的研究。

综上所述，自闭症儿童的病因可能源于家庭因素、生物因素、神经心理学因素、疾病因素、季节因素，也可能是源于多种因素的交互作用。但是，至今还未有较为一致性的结论。不过，这些因素足以引起社会的关注和重视，也可以更进一步加强社会对自闭症儿童的认识和了解。至于【案例纪实】中那两位父母的个人遭遇而言，一方面，自闭症儿童由于遗传基因所致的探讨中，有关遗传基因并非有规律性地传递，而是存在一种散状的表现。具体而言，就是指自闭症儿童的遗传问题，不会完全受父母遗传基因的影响，如果父辈几代人或者母亲家族中的几代人，有一位有类似自闭症倾向的个体，在几十年后也可能会通过遗传基因在阿成身上有所显现。也就是说，虽然其他几代人都未显现自闭症倾向，只是说明这种有问题的遗传基因在其他人体内存在隐性状态，就是我们所称谓的隐性基因。隐性基因可能在人体的一生中都不显现，但是会因为某些外界环境的刺激会有所显现。经过几代人的延续之后，这个隐性基因在阿成身体内转变为显性基因，所以就表现出我们所看到的自闭症儿童的基本表现。但是，这样的推论也不是绝对的。因为，目前全世界有关自闭症基因遗传的研究还未得出一致的结论。

另一方面，酒精有化学物质，可以麻痹神经系统，对于胎儿的生长发育有很大的刺激作用。以往的相关案例中发现，酒精可以导致胎儿出现智力障碍、酒精综合症等问题。但是，还未有明确的结论或者证据能够说明，酒精会导致儿童患有自闭症。即便如此，我们还是可以相信酒精会对胎儿产生一定的负面作用，影响胎儿正常的生理发育。

【章节要点回顾】

本章共分为五节。第一节主要介绍了自闭症儿童的病因源于家庭因素。早期，人们都认为自闭症儿童主要是由于家庭中父母的情感冷淡或教养方式不正确所致。但是，在后续的研究中，发现父母的心理特征、职业、孕期过程等因素也可能导致自闭症。因此，研究者们曾一度对自闭症儿童父母的心理特质与生活环境、工作环境进行了长期的研究。

第二节主要介绍了生物因素对自闭症儿童的影响。自闭症儿童脑发育存在问题，在不同部位都有异常；自闭症儿童存在遗传基因问题，这样的遗传是一种散状状态，并不具有连续性和规律性；自闭症儿童的患病还与生化因素有关联，这样的关联主要表现为化学物质的传递有异常，表现为语言、行为、社会性方面存在问题。

第三节主要介绍了神经心理学因素，着重阐述自闭症儿童出现的语言障碍、行为异常、社会交往障碍，可能是源于心理理论缺陷、中央统合功能不足、执行功能有障碍。

第四节主要介绍了疾病因素与自闭症儿童患病的关系。其他相关疾病中也有与自闭症相类似的问题，例如：先天性德国麻疹、幼儿痉挛、结节性硬化症、苯丙酮尿症、大脑脂质沉积症等。

第五节主要介绍了季节因素对自闭症儿童的影响。目前，对于自闭症儿童的患病率在哪个季节最多，不同国家都有不同的观点。

思考与练习

1. 自闭症是生理问题还是心理问题？
2. 自闭症儿童的病因是否存在家族遗传问题？
3. 自闭症儿童父母的教养方式会导致儿童患自闭症吗？

第三章

自闭症儿童的评估

章节重点

本章重点是评估方法与评估工具的操作要求与操作流程，教育者需能够客观地看待评估结果，并且能够合理地解释评估结果所反映的问题。

案例纪实

杰森今年3岁，是一名自闭症儿童。杰森在美国华盛顿州的一所特殊教育学校接受评估时，语言能力发展水平是8个月儿童的水平、动作发展水平是1岁10个月儿童的水平、社交能力发展水平是10个月儿童的水平、认知能力的发展水平是11个月儿童的水平。接下来，杰森的母亲带他来到田纳西州接受一家机构的评估。结果显示，杰森的语言能力发展水平是12个月儿童的水平、动作发展水平是1岁3个月儿童的水平、社交能力发展水平是1岁4个月儿童的水平、认知能力的发展水平是5个月儿童的水平。对于两次评估中不同项目的差异，杰森的母亲感到疑惑，不知道该如何做出判断。

凯姆被诊断为自闭症以后，父亲经常带着凯姆游走于不同的机构接受训练。这次，凯姆的父亲带凯姆来到一家新机构，试图能够为凯姆提供更好的学习资源。来到机构以后，凯姆的新老师让凯姆在游戏室自己玩耍，教育者只是在旁边观察，并且在游戏后与凯姆的父亲进行了简单的交流，便为凯姆制订学习计划，准备开始实施干预。对此，凯姆的父亲很疑惑，认为凯姆的新老师未能对凯姆的能力做出准确的评估。所以，认为教育者所制订的计划不具有科学性和有效性。

思考题： 1. 杰森的两次评估为什么会有较大的差异性？

2. 凯姆的新老师为凯姆做评估了吗？

【章节内容】

自闭症儿童的教育活动，在具体实施之前，都要进行评估。以往的训练机构或康复机构，经常以回避评估或者采用较复杂的评估方式，对自闭症儿童进行评估。回避评估当然不可取，首先，他们的训练内容缺乏科学的依据以及明确的目的性；其次，训练的内容也缺乏系统性，并且不易被教育者所掌控。较复杂的评估内容和手段，也不值得效仿。因为，复杂的评估工具不仅给评估者带来很多工作方面的不便，同时对自闭症儿童本身也是一种“煎熬”，因为较复杂的评估工具都要进行一个星期左右的时间，需要儿童较长期的配合。但是，自闭症儿童无法进行配合的情况下，评估结果就缺乏科学性和指导性。

那么，如何对自闭症儿童进行评估才可称其为适宜的、合理的评估呢？有效的评估首先能够了解自闭症儿童的家庭情况、现有能力、兴趣、异常行为、病史等方面的情况；其次，通过评估可以为自闭症儿童制订合理的教育计划和适宜其最近发展区的教育目标；再次，通过评估可以了解自闭症儿童的兴趣和能力，为其选择感兴趣的教具和强化物；最后，通过评估也可以减少教育者的工作负担，减少对自闭症儿童的“煎熬”。以下就着重介绍评估的目的、内容和方法。

第一节　评估的概述

一般而言，教育者是不对自闭症儿童进行诊断的，但是需要进行评估。因为诊断着重解决是不是的问题，而评估解决程度的问题。所以，究竟这个儿童是不是自闭症要取决于医生的诊断。教育者主要是结合诊断报告对自闭症儿童进行评估，以了解自闭症儿童在各个方面的能力，即生理年龄与心理年龄之间的差距，例如：小虹是3岁（生理年龄）的自闭症儿童，但是小虹的语言能力只有1岁（心理年龄）儿童的水平。通过评估结果，教育者便可以更好地了解小虹的心理发展水平，为制订教育计划提供了依据。

一、评估的概念

有关评估的概念较多，因为众多学者对评估的称谓不同。有的学者称其为测量，也有学者称其为测验、评量、诊断、鉴定、评鉴（表3-1），不同的称谓其结果和意向都有不同的内涵。

表3-1　评估的相关名词比较

项　目	定　义	特　征	举　例
测　量	根据某种量尺描述个人特质的历程	常以数值或分数表示	以韦氏儿童智力量表（Wechsler Intelligence Scale for Children，简称WISC）测量甲生的智力
测　验	评量个体行为或特质的科学工具；对行为样本进行量测	通常存在一项标准化刺激	对甲生进行WISC的测验
评　量	根据标准，对所测量到的数值予以价值判断	进行价值判断，具有主观性	甲生的社会适应行为评量结果显示甲生为社会适应不良者
诊　断	分析研判影响特殊需要儿童学习成果的现象及其原因	经常作为进一步教学策略以及安置的计划依据	甲生具有注意力不集中特质，导致计算缓慢
鉴　定	判定个体是否具备某种资格的过程	具有法定意义	鉴定甲生为中度智力障碍（Mental Retardation，简称MR）
评　鉴	根据标准对目的事件的价值予以判断评定	目的在了解方案或活动实施的成效	A校2000～2001学年度特殊教育运作成绩评鉴结果为甲等

本章节中，我们统合各家之言，折中各家之观点，统称为评估。所谓**评估，是根据一项标准，对所测量到的数值予以价值判断。**由于评估的结果经常作为各种教育决定的依据，例如：安置、教学协助等。因此，教育者在评估过程中，除了根据某项标准（常模参照）予以评估之外，更应该搜集有关个人能力以及其他相关材料，加以整理解释而作为最终的判断，方可取得具有效度的评估结果。

二、评估的目的

自闭症儿童的评估涉及多方面的问题以及儿童自身的权益，教育者应该了解评估的目的、评估的内容、评估的方法等，才能够谨慎地做好教育计划以及执行评估报告。

（一）通过评估了解自闭症儿童的整体发展障碍程度，即所谓的轻度、中度还是重度。

（二）通过评估了解自闭症儿童不同心理层面的发展程度，例如：语言、行为、社会交往、生活自理等方面与生理年龄的差距。

（三）进一步了解自闭症儿童心理发展迟缓的表现，例如：语言方面的语音怪异、语义不理解、语法混乱、语用不适当等问题。

（四）探讨自闭症儿童心理发展迟缓的原因，例如：导致自闭症儿童出现语言障碍的原因，可能是生理问题（口肌、唇、齿、颚）、心理问题（智力以及认知水平）、环境问题（家庭中的语言环境、社会中的语言环境)等。

(五)评估可以为进一步进行学习、安置、矫治提供依据。

(六)评估可以持续性地监控学习、教育、矫治的效果。

总之,为了评估而进行的评估是没有意义的。因为,评估的目的不是单纯为了评估,评估最大的目的就是为了能够更好地了解自闭症儿童,能够为有效的学习支持或教育干预提供有利的依据。所以,应该在自然的社会情境中,去真实地反映自闭症儿童的真实能力。

第二节　评估的流程与评估内容

自闭症儿童的评估,需要多方面人员的参与,需要多个部门的合作,需要获取丰富的材料,需要涉及学习前、学习中、学习后等不同阶段。因为,丰富的评估团队可以获取丰富的资料,对于更好地制订教育计划有较好的帮助作用。

一、评估的流程

评估的流程就是具体的评估过程,即教育者对自闭症儿童进行评估时所需要经历的具体步骤。

(一)评估流程的基本观点

评估的流程主要指评估所需要经历的阶段,即评估的步骤。一般而言,无论对个体还是群体,在进行评估过程中,都需要经历一些基本的步骤,方可保障评估结构的有效性和科学性。Miller(1981)提出评估的流程,具体如下(图 3-1):

获得并检视个案背景资料
1. 书面记录报告(例如:病例等)
2. 直接观察(正式评估前之直接观察)

↓

建立个案之一般功能水准

↓

发展问题

↙ ↘

个案
1. 说话机能
2. 听觉与视觉
3. 语言理解
4. 语言产生
5. 认知与社会能力
6. 动作能力

成人
1. 发展史
2. 目前家庭与学校的环境
3. 学校表现
4. 过去的诊断/矫治
5. 社区资源

↘ ↙

选择评量的方法与程序

↓

1. 儿童的功能水准
2. 儿童的感官动作能力
可变通的程序(一个特定的评量过程并非永远都是适宜的,所以需要有变通的程序)

↓

执行评量程序

↓

分析并扼要说明个案反应的资料

↓

解释结果

↓

衍生更进一层的问题(对特定方面行为应厘清其原因并提供更多个案各方面的能力,以作为教育与矫治方面的建构)

↓

做建议(依评估结果做建议)

图 3-1　评估流程图

Miller的评估流程较为全面地介绍了评估的参与者以及需要评估的内容和基本步骤，大体上可以分为五个部分：

第一，谈话。谈话主要针对父母进行，教育者与儿童的父母进行面对面的交流，通过与其父母的交流，了解父母和个案的基本情况、发育情况、能力水平。

第二，操作。操作主要指教育者通过与个案进行互动，了解个案的行为、认知、情绪以及兴趣爱好，并进行详细的记录，以利于以后的教育和康复能够顺利地进行。

第三，汇总。教育者将谈话和操作所得的翔实资料整理齐备，并做简要的总结和描述，使其对其他教育者以及父母来说一目了然。

第四，制订教育计划。根据实际的评估结果，不同领域的教育者一起开会并与父母商讨教育的内容与进度安排。

第五，备案。教育者将个案的评估报告、教育计划等材料备齐，并且统一储备和存档，以方便教育者对个案进行跟踪观察，并且及时调整教育计划，同时也方便后续的教育者可以有据可查，以制订更加翔实和补充性的教育计划。

（二）自闭症儿童的评估流程

我们总结了Miller的观点，并且从操作性的角度，提出自闭症儿童的评估流程：

1. 诊断报告。教育者是做评估工作，不是做诊断工作。诊断的目的是了解该名儿童属于哪一类的特殊需要儿童；评估是了解该名儿童的实际能力和水平。我国主要依据医生呈现的诊断报告来做进一步的评估工作(图3-2)。

姓名			性　别	男	出生年月	2010.
年龄	3周		实足月龄	37	测验日期	2013.11.31
测验方法：神经心理发育诊断量表						
测验分数	大运动	40	精细动作	33	适应能力	33
（月）	语言能力	30	社会行为	30		
测验结果	全量表分	33.2	发育商	89	智能水平分	正常（85-11
下一步训练建议：	1、大运动，身体的平衡能力还需加强，可以做一些有关平衡能力的项目，如：走平衡木→沿线走等。 2、精细动作，手腕的控制力还不够，需加强，如：点连线（4点）、沿线画（描红） 3、适应能力，对外界物体的感知与辨别，如：拼板配对，总结物体的特征、比较物体的区别。 4、语言能力：字语清晰，有简单的句型，但是还需延长句子的长度，[illegible] 5、社会行为：有简单的社交能力，但是[illegible]，不能很快速适应群体环境，[illegible]能力，加强自理的生活习惯。					

图3-2　自闭症儿童的诊断报告

2. 描述障碍表现。自闭症儿童的诊断报告中，还要陈述有关自闭症儿童的障碍表现。主要说明表现的频次、强度、时间、地点等基本信息，以便于其他教育者能够客观地了解自闭症儿童的基本情况，例如：小明总是在学校午睡的时候攻击自己，不断地击打自己的头部，使其头部产生严重变形。类似于这样的描述就是有意义的，能够客观地展现和反应个案的行为表现，能够让其他教育者对小明的行为有足够的预见性，并做好适当的准备工作。

3. 实施家庭访谈。其他教育者不仅要借助转介报告或者通过客观描述来了解自闭症儿童的基本情况，也需要与其父母进行访谈，更加深入地了解自闭症儿童的情况。

4. 观察儿童的反应。教育者除了查看自闭症转介资料、进行家庭访谈以外，还需要观察自闭症儿童的真实行为反应。教育者会定期在儿童的游戏室或者生活区内观察儿童在活动中的实际表现，并且对其不当的行为做客观的记录，为制订计划提供依据。

5. 实施心理发展方面的测验。为了更加客观地了解自闭症儿童的心理发展特点或者实际的能力，教育者还需要借助正式的测量或测验工具，对自闭症儿童进行心理发展方面的测验(表3-2)。

6. 实施非正式的评量。指不是在正规的可操作的规程引导下进行的评量，例如：杰瑞刚刚来到机构，李老师为了了解杰瑞的行为反应，就将杰瑞带到一间空置的教室，将一大罐糖果洒在地上。同时，李老师引导杰瑞把糖果放到指定的空罐子内。李老师试图通过这样的方式，观察杰瑞在活动中的行为能力。在实际的教学活动过程中，教育者往往是通过类似的教学活动或者游戏活动，才得以了解自闭症儿童的行为能力。这样的评量方式可以很好地弥补心理测验方面的不足。

7. 根据评量结果，对自闭症儿童的障碍程度提出书面报告。教育者要结合相关的信息资料以及客观的评估结果，对自闭症儿童的整体心理发展水平提出书面报告(表3-3)。

表 3-2　心理发展测验工具图样举例

项　　目	评　　分				
	S	R	B	L	S
1. 喜欢长时间的自身旋转			4		
2. 学会做一件简单的事，但是很快就“忘记”					2
3. 经常没有接触环境或进行交往的要求	4				
4. 往往不能接受简单的指令（如坐下、来这儿等）				1	
5. 不会玩玩具等（如没完没了地转动或乱扔、揉等）			2		
6. 视觉辨别能力差（如对一种物体的特征——大小、颜色或位置等的辨别能力差）	2				
7. 无交往性微笑（无社交性微笑，即不会与人点头、招呼、微笑）		2			
8. 代词运用的颠倒或混乱（如把“你”说成“我”等）				3	
9. 长时间的总拿着某件东西			3		
10. 似乎不在听人说话，以致怀疑他/她有听力问题	3				
11. 说话无抑扬顿挫、无节奏				4	
12. 长时间的摇摆身体			4		
13. 要去拿什么东西，但又不是身体所能达到的地方（即对自身与物体距离估计不足）		2			
14. 对环境和日常生活规律的改变产生强烈反应					3
15. 当他和其他人在一起时，对呼唤他的名字无反应				2	
16. 经常做出前冲、脚尖行走、手指轻掐轻弹等动作			4		
17. 对其他人的面部表情或情感没有反应		3			
18. 说话时很少用“是”或“我”等词				2	
19. 有某一方面的特殊能力，似乎与智力低下不相符合					4
20. 不能执行简单的含有介词的指令（如把球放在盒子上或把球放在盒子里）				1	
21. 有时对很大的声音不产生吃惊的反应（可能让人想到儿童是聋子）	3				
22. 经常拍打手			4		
23. 发大脾气或经常发点脾气					3
24. 主动回避与别人进行眼光接触		4			
25. 拒绝别人接触或拥抱		4			
26. 有时对很痛苦的刺激没有反应（如摔伤、割破或注射不引起反应）	3				
27. 身体表现很僵硬很难抱住（如打挺）		3			

8. 与其他相关人员进行商议。评估结束以后，教育者会提出一份书面报告，以表明自闭症儿童在哪些方面有缺陷，以及在不同心理层面的障碍程度。不仅如此，教育者还需要同不同专业的专家、教育者以及父母进行商议，商议的主题就是自闭症儿童的安置环境、接受哪些教育、获取哪些教育资源等。

9. 提供学习、干预、矫治的建议。最后，教育者经过与其他相关人员商议以后，会提出具体的教育建议。教育建议制订的依据是结合自闭症儿童的现实性表现和评估结果，所以，教育建议具有一定的科学性和可操作性。

表 3-3　自闭症儿童的书面评估报告

第一部分　儿童基本资料			
姓名：	性别：	年龄：	
出生日期：	评估日期：		
第二部分　测验分数			
发展及行为测验	原 积 分	发展年龄(月)	障 碍 程 度
认知			
语言表达			
语言理解			
小肌肉			
大肌肉			
社交互动			
生活自理			

二、评估的内容

评估的内容直接反映了教育者所要干预的方面、自闭症儿童现有的能力和发展水平，同时也是制订学习计划的参照之一。所以，评估的内容一定要反映自闭症儿童的真实能力，包括优势与不足两个方面。

(一) 评估内容的基本观点

以往学者对于评估的内容有不同的看法，因为大部分学者都是从自己的研究角度进行考量。我们以语言功能评估为例，评估的内容可以包括：儿童整体的语言表现；儿童说话的可理解程度；儿童整体的语言成熟程度(句法、语意)；儿童整体的使用语言的形态；影响语言的情境以及认知因素(刘丽荣，1990)。不仅如此，自闭症儿童的评估内容还可以包括下列范畴：对早期的认知与沟通行为的评量；对语言的知识与运用的评量(James，1985)。

可见，对于评估的内容而言，主要取决于评估者的需要，评估者想了解哪些信息，就需要评估哪些内容。同时，评估的内容不仅要反应个案的真实能力，还应该以全面、具体为主，尽量囊括较为丰富的信息，为后续开展的教育活动奠定基础。

(二) 自闭症儿童评估的内容

从个体的整体发展而言，自闭症儿童的评估内容应该包含多个方面(表 3-4)。具体而言，主要包括以下几个方面：

表 3-4　自闭症儿童的评估内容汇总

第一部分　儿童资料				
儿童姓名：	性别：		年龄：	
父亲姓名：	年龄：			
母亲姓名：	年龄：			
中心/机构：				
测试员姓名：	评估日期：			
第二部分　副测验分数				
发展及行为测验	原积分	发展年龄	百分比级数	发展与适应程度
1. 认知(语言/言语)				
2. 语言表达				
3. 语言理解				
4. 小肌肉				
5. 大肌肉				

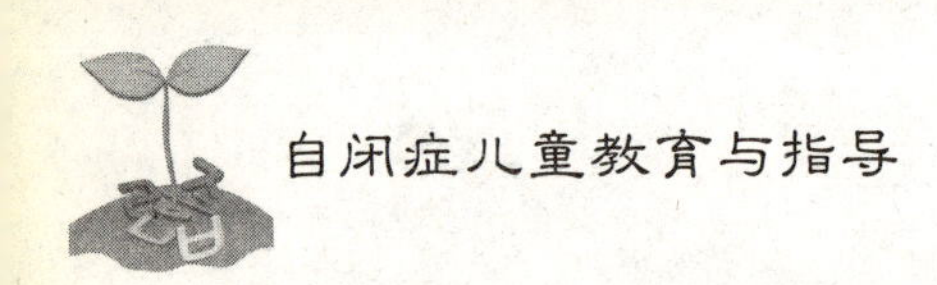

续 表

6. 模仿(视觉/动作) 7. 情感表达 8. 社交互动 9. 行为特征-非语言 10. 行为特征-语言 儿童照顾者报告副测验 1. 问题行为 2. 个人自理 3. 适应行为				
第三部分　合成分数				
	标准分总和	百分比级数	发展/适应程度	发展年龄
沟通				
体能				
行为				
第四部分　其他				
1. 儿童的分娩是否正常 2. 儿童有哪些兴趣 3. 儿童有攻击性行为吗 4. 儿童的生理发育是否正常				

1. 基本情况。此处主要介绍自闭症儿童的姓名、性别、年龄、发病年龄、父母基本情况等内容，其目的是对儿童的基本情况有大致了解，方便记入档案。

2. 异常表现。此栏目主要介绍了儿童有无语言现象、有无异常行为、有无认知能力、有无生活自理能力、有无注意力、有无社会交往能力、有无眼神交流等方面是否存在问题。

3. 生理发育程度。主要针对自闭症儿童的生理功能进行评估，因为生理功能与行为习得和应用有必然关系，所以评估中要对生理发育程度进行评估，以更加全面地了解自闭症儿童的病因。

4. 兴趣爱好。此栏目主要的目的是了解自闭症儿童对哪些种类的教具感兴趣，并且善于操作它们。因为好的教育或者康复的前提是满足自闭症儿童对教具的需求，所以了解自闭症儿童的兴趣爱好，也是评估的主要内容之一。

第三节　评估方法与评估工具

评估的实施包括具体的操作方法和操作工具，为了更科学有效地得到相关信息，要保证评估的方法与评估工具的客观性与科学性。评估方法包括了访谈法、观察法、问卷调查法；评估的工具众多，本章节着重介绍3种评估工具。

一、评估方法

(一) 访谈法

访谈法是通过口头谈话的形式从被访者那里收集第一手资料，了解被访者的基本情况。实际的评估过程中，评估者经常使用访谈法与自闭症儿童父母进行谈话，以了解父母对自闭症儿童的态度和自闭症儿童在家庭、学校、社会活动中的基本表现。

访谈过程中要注意以下事项：

1. 访谈前要设计访谈提纲。所谓访谈提纲，就是评估者事先要对被访谈者提及的问题和内容。

情景 3.1

题目 1：凯姆几岁了？

题目 2：凯姆在生活中会使用语言吗？

题目 3：凯姆有攻击性行为吗？

题目 4：凯姆能够自己上厕所吗？

……

2. 恰当地进行提问。在整个访谈过程中，评估者要对被访者回答的问题以及回答内容进行适当地回应，以进一步激发被访者对问题的深入思考，从而获取更为全面、有效的信息。

情景 3.2

A(教育者)：凯姆几岁了？

B(被访者)：凯姆今年四岁了。

A(教育者)：哦，那凯姆一定很好玩！

B(被访者)：还好，他是一个有问题的儿童，被医生诊断为自闭症。

A(教育者)：那很不幸，请问凯姆在生活中会使用语言吗？

……

3. 捕捉有效信息。访谈过程中，评估者应认真聆听，寻找访谈过程中的关键词汇或者对评估有意义的信息，例如，一位母亲在陈述自己的经历时，这样讲到："我的孩子在 3 岁之前都很正常，但是在 3 岁之后则有较大的退化现象。"

这个访谈信息中，有两处非常有效的信息，就是"3 岁之前都很正常"和"3 岁之后则有较大的退化现象"，这句话对于判断自闭症儿童的标准具有很重要的意义。

4. 及时进行记录。整个访谈过程中，评估者在征得被访者意见之后，可以使用录影、录音等方式，记录访谈过程，以方便后续的案例分析工作。

虽然访谈法简便易行，可以获得比较全面、客观的信息资料，有助于评估者在第一时间掌握有效的第一手资料。但是，访谈法还存在诸多不足，例如：只是凭借被访者口头的回答而做出的结论往往缺乏可靠性和真实性。因此，这种方法不适合单独使用，应尽量结合其他评估方法共同运用。

（二）观察法

观察法主要是用来了解自闭症儿童在不同情境中的行为表现，例如：自闭症儿童在家庭、学校、游乐场等不同场所的行为，以及与家人、兄弟姐妹、同伴的互动交流行为。

观察法是有目的、有计划地观察被观察者在一定条件下的言语、行为、表情等反应，从而分析其心理活动和行为规律的一种研究方法。观察过程中，观察者可以感官作为工具，也可借助录音、录像、摄影等现代技术设备作为辅助工具。

观察法的实施过程中，应注意做好观察前的准备工作，以及观察过程中的相关工作。

1. 观察准备阶段，包括检查相关文件、准备观察任务清单、为数据收集过程中涉及的不清楚的项目做一个注释。

2. 进行观察的过程中，需要借助相关部门和人员的协助，并且在观察过程中及时做好记录(表 3-5)。

表 3-5　自闭症个案在课堂中的行为观察记录

观察日期	观察时间	次　数	比率(次数/每节课)	备　注
2011/09/05	08:40～09:20	3	3	
2011/09/05	09:30～10:10	4	4	
2011/10/05	08:40～09:20	3	3	
2011/10/05	09:30～10:10	4	5	

3. 观察过程中，观察者还要抱以客观的态度，即不能带有任何主观判断或主观色彩。

4. 除了在实验室进行观察，观察者也可以在自然条件下进行观察，有助于获取更为客观的资料。

该观察记录显示，在四节课的观察中，自闭症个案的目标行为，平均出现次数在3～5次之间，平均3.75次。虽然，实际的评估过程中，观察法目的明确、简易方便，所获取的资料比较系统真实。但是，也存在一些不足，例如：研究难以深入，所观察到的多为表面现象，取得的资料也较为肤浅，难以进行较为深刻的分析。并且，观察到的信息难以进行推论，容易导致主观色彩浓重的现象。

（三）问卷调查法

评估者为了更快地获取信息，可以采取问卷调查法。所谓**问卷调查法，就是评估者根据调查目的和任务，编制出内容明确、表达准确的问卷，让被调查者根据个人实际情况实事求是地做出回答，从而收集所需资料和数据的方法**（表3-6）。

表3-6　幼儿园教育者对融合教育的态度问卷

尊敬的老师：

您好！下面是一份关于融合教育的态度研究问卷。需要您根据真实想法在相应的答案上画"√"，每一题仅可以选择一个。本问卷分为两部分，请您先填写基本情况。真诚感谢您的合作！

您的性别：A. 男　B. 女

您的学历：A. 专科及以下　B. 本科　C. 硕士研究生以上

您的年龄：A. 30岁以下　B. 31～40岁　C. 41～50岁　D. 50岁以上

您的现任职时间：A. 1～5年　B. 6～10年　C. 11～15年　D. 15年以上

1. 所有的儿童都应该在普通学校里接受教育。
   A. 同意　B. 基本同意　C. 不确定　D. 有些不同意　E. 不同意
2. 特殊儿童和正常儿童享有平等的教育权利。
   A. 同意　B. 基本同意　C. 不确定　D. 有些不同意　E. 不同意
3. 融合教育是实现人人受教育的有效途径。
   A. 同意　B. 基本同意　C. 不确定　D. 有些不同意　E. 不同意
4. 随班就读是融合教育思想在我国的具体实践形式。
   A. 同意　B. 基本同意　C. 不确定　D. 有些不同意　E. 不同意

问卷调查法实施的过程中，要注意如下事项：

1. 问卷的开场白必须慎重对待，要以亲切的口吻博得被调查者的重视。

2. 问题的措辞要慎重，不宜涉及被调查者的个人隐私，并且保证问题的有效性和科学性，避免问题出现重复或语法问题。

3. 问题的设置不应过多，以免引起被调查者的不悦，同时在设置问题的过程中，较难的问题尽量放置在后面，以让被调查者在问卷调查的起初就保持良好的情绪状态。

问卷调查法可以在短时间内取得大量的材料，而且可以对调查结果采用统计方法进行处理分析，获得有效的统计学意义，其结果就更具有普遍意义。但是，在实施问卷调查的过程中，所得到的资料一般比较难以进行深入的质性分析，不宜把结论与被调查者的实际行为作比较。

显而易见，不同的评估方法有不同的优势与不足，在实际的评估过程中，就需要评估者能够结合不同的评估方法，对自闭症儿童进行评估，以尽最大限度的努力，获取较为全面、客观、科学、有效的信息，为后续的学习、干预、矫治提供方案和依据。

二、评估工具

自闭症儿童的评估，除了有具体的方法以外，不可或缺的就是评估的工具。自闭症儿童的评估工具较多，本节主要介绍三种与自闭症儿童评估有关联的评估工具，分别为"社会和沟通诊断晤谈表""自闭症诊断观察表""自闭症儿童心理教育评核"。

（一）社会和沟通诊断晤谈表

"社会和沟通诊断晤谈表"（Diagnostic Interview for Social & Communication Disorders，DISCO）是欧美研究者常用的诊断测验工具。编制此问卷的人员是文英和李刊等人（Leekam，et al.，2002；Wing，et al.，2002），主要目的是为筛选自闭症群体。此量表的题目中包括自闭症最常见的症状，同时也包括语

言方面的问题。该量表包括学龄儿童和学前儿童两种版本，全部题目共有319道，包括发展技能130题、不寻常行为189题，题目可归纳为四大项：

1. 婴儿期(出生第一年)。

2. 最早发现异常发展之年龄。

3. 发展技能——共评量15项发展领域之技能，包括粗大动作、自助技巧、沟通、社会互动、模仿、想象、技巧。

4. 与发展领域无关的异常行为共分为11项，包括动作固执行为、感官刺激、重复作息、情绪、活动模式、不适应行为、睡眠模式、动作张力特性、社会互动的品质。此项共评量两次，一次评量某行为是否曾经出现和行为的严重程度；另一次评量目前某行为是否出现。

评分量表主要采取3点计分(严重、轻微、未出现)，有些题目可以标示不适用，例如：若儿童无口语能力，则有关口语异常题目如代名词反转，则标示不适用。

(二) 自闭症诊断观察表

"自闭症诊断观察表"(普通版)(Autism Diagnostic Observation Schedule-Generic, ADOS-G)也是欧美研究者常用的评估工具，编制此问卷的人员是罗德等人(Lord, et al., 2000)。观察的内容主要是配合DSM-IV和ICD-10的诊断标准，用来筛选不同的广泛性发育障碍，量表的评量主要由四个领域构成，包括社会互动、沟通、游戏和想象物品的使用。

此量表是根据最早的两个观察表："自闭症诊断观察表"(ADOS)(Lord, et al., 1989)和"语言前期自闭症诊断观察表"(Pre-Linguistic Autism Diagnostic Observation Schedule, PL-ADOS)(DiLavore, et al., 1995)所编制而成。ADOS适用于5到12岁；PL-ADOS则适用于2到5岁无口语能力的幼儿；新的ADOS-G则适用于不同发展程度和沟通能力者，从幼儿到成人，共包括四种不同的沟通方式：

量表一：适用于无法一致使用简单语法之儿童。

量表二：适用于有简单语法，但说话不流畅之儿童。

量表三：适用于说话流畅之儿童。

量表四：适用于说话流畅之青少年或成年人。

此评估量表不适用于完全无口语能力的青少年或成人，施测需要由受过训练的专业人员进行，施测后将个案出现的行为登记在记录表上，各领域施测时间约为35至40分钟。由于此量表无法获得个案过去发展历程和功能方面的信息，因此无法单独使用，必须配合其他评估工具共同使用。

(三) 自闭症儿童心理教育评核

"自闭症儿童心理教育评核"译自美国北卡罗来纳州大学Division TEACCH出版社的PEP-3 Psychoeducational Profile(Third Edition)。本评估表由感知觉(55)、粗大动作(72)、精细动作(66)、语言与沟通(79)、认知(55)、社会交往(47)、生活自理(67)以及情绪与行为(52)八个评估领域493个项目组成，每个评估领域都是一个评估的独立体，评估时不受其他评估领域的影响。

1. 感知觉领域评估项目共55项。主要评估儿童视觉、听觉、触觉、嗅觉和味觉五个范围，在注意、反应、辨别和记忆等方面的能力现状、优劣与需求。

2. 粗大动作领域评估项目共72项。分为姿势、移动与操作三部分，主要评估儿童坐姿、站姿，以及爬、坐、站立、行走、跑、跳、推、端、抛、接、踢、击、拍等动作的平衡性、协调性。

3. 精细动作领域评估项目共66项。主要评估儿童摆弄物品、基本操作能力、双手配合、手眼协调、握笔写画，以及工具使用的能力现状和需求。

4. 语言与沟通领域项目共79项。分为语言与沟通前能力、语言模仿、语言理解和表达四部分，主要评估儿童非语言沟通能力、分辨声音、口腔器官的运动、模仿单音、模仿叠音词、模仿表示物品的词、模仿动词、模仿方位词、名称指令、指认、动作指令、理解形容词的含义、理解事物关系、表达要求与回答问题、说短语、说句子、主动提问、复述与主动描述等方面的基本能力与需求。

5. 认知领域评估项目共55项。分为经验与表征、因果关系、概念三部分，主要评估儿童简单推理、分类、配对、排序以及时间概念、空间概念、颜色概念、数前概念和数概念等方面的能力优劣与需求。

6. 社会交往领域评估项目共47项。分为社交前基本能力、社交技巧与社交礼仪三部分，主要评估儿童社交中非口语能力、认识自己、评价自己、控制自己、与照顾者的互动、与陌生人互动、近距离打招呼、远距离打招呼、自我介绍、近距离的告别、电话告别、表示感谢、表示抱歉与表示称赞等方面的能力现状与需求。

7. 生活自理领域评估项目共67项。分为进食、如厕、穿衣、梳洗、睡眠以及其他日常家居自理能力六部分，主要评估儿童吸吮、合唇、喝、咀嚼、进食方式、表示如厕需要、如厕技能、脱衣、穿衣、擦、刷、洗、梳头发、睡眠、物品归位、开关、收拾餐具等方面的能力优劣以及训练需求。

8. 情绪与行为领域评估项目共52项。分为依附情绪行为、情绪理解、情绪表达与调节、关系与情感、对物品的兴趣、感觉偏好以及特殊行为七部分，一方面要评估自闭症及其他广泛性发育障碍儿童回应行为反应、情绪理解、依恋情绪行为、表达情绪、调节情绪、物品运用、接纳亲近、引发社交沟通、社交反应、适应转变、运用物品及身体等方面所表现出来的行为模式的异常与否；另一方面还要评估他们的视觉、听觉、触觉、味觉和嗅觉等感官是否具有典型的特殊偏好和局限，是否具有自闭症儿童的一些特殊行为等，以便真实了解他们在情绪和行为方面的特殊需求。

总之，由于篇幅有限我们暂且不对其他相关评估工具做一一介绍。然而，评估的本身并不是为了区别对待某个自闭症儿童，而是为教育者更加客观地看待自闭症儿童的能力提供标准。同时，自闭症儿童的评估是反映自闭症儿童多方面的能力，并非针对一个方面而决定最后的结果。评估本身也是一个较为复杂的过程，并非一次就可以决定的。因此，实际的评估过程中，教育者要结合不同的情境以及自闭症儿童不同的情绪状态，进行多次评估。经过多次评估以后，再整合评估结果，制订教育计划。教育者在实际的教学过程中，也要结合自闭症儿童的具体表现，不断地修正教育计划。

综上所述，自闭症儿童的评估不在于繁，而在于简；不在于全，而在于精；不在于华丽，而在于实用。真正的评估结果既可以反映自闭症儿童的基本情况，同时也可以为教育计划的制订服务，以保证教学的顺利进行。但是，因为自闭症儿童经常受环境因素的影响而不能在评估过程中发挥正常水平，所以需要教育者对其进行多次评估。篇章开头的【案例纪实】中，杰森的两次评估结果有差异这是无可非议的。因为，在每一次评估过程中，杰森的情绪都会影响评估的结果。所以，我们建议教育者要对自闭症儿童进行定期评估，不可以用一次评估结果做终身结论。凯姆的新老师对凯姆进行了评估，只不过这位新老师采取的是非正式的评估，通过质性的方法对凯姆的能力进行判断。虽然没有明确的数字作为依据，但是这样的评估结果也具有一定的可信度。因为，无论是何种形式的评估方法或者评估工具，最为关键的还是教育者能否客观地实施评估、客观地评价评估结果。如果凯姆的新老师可以客观地实施评估并且客观地评价评估结果，这样的评估过程和评估结果就是可信的、可取的。同时，我们也希望教育者采取多种评估方法与评估工具，以获取更多有关凯姆以前的生活经验和实际能力的相关信息。

【章节要点回顾】

本章共分为三节，第一节是评估的概述，主要叙述了评估的概念和评估的目的。评估是根据一项标准，对所测量到的数值予以价值判断。评估的主要目的是为了能够更好地了解自闭症儿童，能够为有效的学习支持或教育干预提供有利的依据。

第二节主要叙述了自闭症儿童评估的流程与评估的内容。评估的流程需要多方面的参与、借助多种评估方式与评估工具，其目的就是更好地了解自闭症儿童，以搜集更为丰富的资料，为进一步的学习、干预、矫治奠定基础。评估的内容包括基本情况、异常表现、生理发育程度、兴趣爱好。

第三节主要叙述了评估方法与评估工具。评估方法包括访谈法、观察法、问卷调查法，评估工具包括“社会和沟通诊断晤谈表”“自闭症诊断观察表”“自闭症儿童心理教育评核”。

思考与练习

1. 自闭症儿童的诊断和评估有何区别？
2. 观察属于评估吗？
3. 自闭症儿童的评估一定要在教室内进行吗？

第四章

自闭症儿童的教育方法

章节重点

本章重点是自闭症儿童教育方法的类型，以及不同教育方法的内容、基本要求与操作流程。教育者能够结合案例的特点初步采取有针对性的教育方法。

案例纪实

小刚是一名自闭症儿童，今年5岁了。小刚在学习过程中，由于不能理解学习任务而经常表现情绪问题，有时甚至会攻击他人。如果教育者对小刚的行为不予理睬，小刚的攻击性行为会持续出现。李老师发现小刚的情绪问题之后，决定采取结构化教学施以干预。李老师把小刚每天的学习任务用图示的方式进行了设计和排列，让本来抽象的学习任务变得更加直观和形象。小刚每次在参与学习活动之前，都会事先了解学习内容，以及何时完成学习任务，如何完成学习任务。如此一来，小刚在学习过程中，不再表现情绪问题，而且学习的效率有明显提升。

思考题： 1. 案例中提到的结构化教学是何意？

2. 为什么结构化教学可以调节小刚的情绪问题呢？

【章节内容】

最近20年来，针对自闭症特征所发展的教育干预方法，不论在理论和教育实证研究方面，都蕴含强劲的创造力，也缔造出许多教学成果。与此同时，教育康复训练的方法迅速增多，多样化的康复训练方法也不断涌进国门。吕晓彤曾把中国自闭症的康复教育方法分为四个阶段：1990年代的应用行为分析法；2000年开始的感觉统合训练法；2004年的音乐疗法；2005年TEACCH（结构化教学）。具体策略包括：ABA（Applied Behavior Analysis，ABA）应用行为分析疗法、地板时光、结构化教学、沙盘治疗、绘本教学、口肌训练等。根据教育干预策略目标之异同，不同的教育方法可以归结于行为主义、人本主义、精神分析理论、神经心理学等理论体系。本章节主要从历史发展的轨迹中分析个别理论的观点，从而进一步探讨理论衍生的教育方法。

第一节　应用行为分析法

19世纪70年代，美国加州大学洛杉矶校区的Lovaas创立少年自闭症训练项目（Young Autism Project，YAP）。ABA（Applied Behavior Analysis，ABA）应用行为分析疗法主要通过分析其生活环境或学习环境中的相关因素来塑造自闭症儿童的学习能力，具体的方法包括强化法、惩罚法等不同的方法。

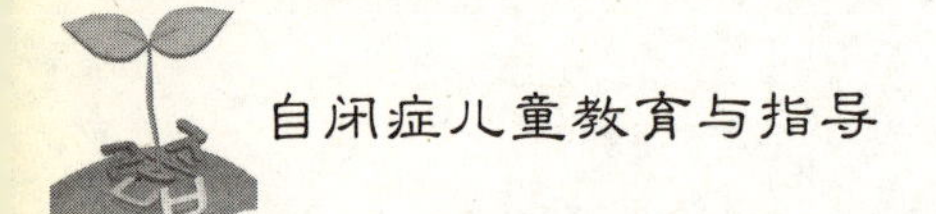

一、理论基础——操作性条件反射

操作性条件反射源于行为主义。行为主义产生于20世纪初期的美国，最早是Watson在Pavlov的研究基础上创立的。行为主义反对传统心理学，主张对人的行为进行研究的观点；认为具体的行为反应取决于具体的刺激强度，心理学的任务就是发现刺激与反应之间的规律性联系，这样就能根据刺激而推知反应，反过来又可通过反应推知刺激，从而达到预测和控制行为的目的。

图4-1 斯金纳箱

操作性条件反射的创始人是Skinner，他提出用行为、刺激、制约、增强等概念解释人类的所有行为，即所谓的R-S反应。Skinner认为，个体之所以会经常表现一些行为，是因为在表现行为之后就立刻获得了奖励。所以，建立行为的关键是，个体表现了预期的行为之后，便立即给予奖励。斯金纳箱(图4-1)中的小白鼠起初是不会按压杠杆的，但是当小白鼠不经意间的按压杠杆之后，会得到一粒食物。此后，小白鼠会不断地按压杠杆，原因是每次按压杠杆之后都会得到食物。总之，行为主义强调通过控制外界刺激建立新的行为。

二、ABA(Applied Behavior Analysis，ABA)应用行为分析疗法的内涵与实施

ABA(Applied Behavior Analysis，ABA)应用行为分析疗法源于行为主义中的操作性条件反射，即关注个体表现的行为，以及行为之后的结果。ABA(Applied Behavior Analysis，ABA)应用行为分析疗法是行为训练的方法之一，也是目前在国内比较流行的方法。这一方法是20世纪60年代由美国加州大学洛杉矶分校的心理学教授Lovaas系统研究并引入自闭症及其他发育性障碍的治疗教育中的，曾产生过一定的影响。

(一) ABA(Applied Behavior Analysis，ABA)应用行为分析疗法的内涵

ABA(Applied Behavior Analysis，ABA)应用行为分析疗法强调在一定情境下，向个体提供一定的刺激，个体做出正确反应之后，给予强化物或鼓励，以激发正确的行为反复出现；如果个体表现的行为不正确，将不提供强化物，以期待不正确的行为不会反复出现。具体而言，ABA行为分析疗法主要包括了前因(A)、行为(B)、后果(C)。即行为产生的原因，或者在什么情境下发生的行为；个体表现哪些行为；个体表现了行为以后得到什么结果。ABA(Applied Behavior Analysis，ABA)应用行为分析疗法的具体操作过程是以分解目标、强化和辅助为原则，以回合式操作教学法(Discrete Trials Teaching，DTT，又称分解式操作法、离散教学法)作为具体操作方法(包括指令、个体反应、结果与停顿)。

1. **分解目标就是强调把每个能力分成细小的、简单的单元后再进行教学。**
2. **强化是指个体表现预期的良好行为立即给予奖励。**
3. **辅助是指在学习过程中，教育者可以采取语言提示、动作辅助的方式来帮助个体完成学习任务。**
4. **回合式操作是指教育者发出指令，个体做出反应以后，教育者给予奖励，最后是停顿，等待下一个回合再重新开始。**如果个体做出的反应不正确，教育者要进行引导或纠正，直到个体做出相似或相近的反应，方可进入下一个回合。

(二) ABA(Applied Behavior Analysis，ABA)应用行为分析疗法的实际操作

【案例纪实】中，小刚表现了攻击性行为，并且影响了学习活动。从ABA(Applied Behavior Analysis，ABA)应用行为分析疗法而言，原因(A)是由于小刚不理解学习任务，所以才有攻击性行为的(B)表现，结果(C)是李老师对小刚的行为不予理睬。但是，小刚的攻击性行为会持续性出现。

如果我们使用ABA(Applied Behavior Analysis，ABA)应用行为分析疗法，帮助小刚改变攻击性行为，则需要做如下操作步骤：

1. 分析小刚表现攻击性行为的原因。由于小刚不理解学习任务，所以会出现攻击性行为。因此，小刚表现攻击性行为的原因是因为不理解学习任务。
2. 观察和记录小刚攻击性行为表现的频率和强度(表4-1)。小刚每次参与学习活动都会表现攻击性

行为，每天要有10次之多，大多发生在课室之内。

3. 观察结果。当李老师采取忽视的时候，小刚的攻击性行为没有减少(表4-2)。说明小刚的攻击性行为是不可以被忽视的。

表4-1　行为记录表举例

地　　点	行为表现	次　　数
教室游戏区	攻击小朋友	10次
教室学习区	攻击小朋友	6次

表4-2　行为记录表举例

地　　点	行为表现	次　　数
教室游戏区	攻击小朋友	9次
教室学习区	攻击小朋友	8次

4. 分解目标。教育者要为小刚建立一个新的行为，但是不可能一次性完成预定目标。所以，要把整个目标分解为几个步骤来完成。究竟需要几个步骤来完成，还需要取决于自闭症儿童的能力以及目标的难度，例如：小刚在参与投球活动时，李老师可以先将小刚的学习行为设计为3个分解目标。第一个目标，李老师要求小刚每次参与投球活动时都要先把手放好；第二个目标，李老师在小刚面前只放一个球，小刚能够拿起球并进行投掷；第三个目标，投掷结束以后，李老师要与小刚击掌，以此强化小刚的行为，希望小刚的投掷的行为会继续出现。该回合结束以后，李老师可以停顿5秒准备下一个回合的操作。

5. 辅助原则。如果小刚在投球的某个目标环节不能完成目标任务，李老师可以尝试用辅助的方式完成目标行为，例如：在投球的第一个目标环节，小刚无法持球并完成投掷。此时，需要李老师辅助小刚完成持球和投球的动作。具体的辅助，可以是语言辅助，即李老师只是用语言提示小刚如何持球和投掷。李老师也可以通过动作辅助小刚持球和投掷。但是，究竟该选择何种辅助方式，还需要根据自闭症儿童个体的实际情况灵活选择。

6. 将整个学习过程重新复习一遍，并且反复操作，直至达到良好的正确率，方可证明小刚的行为已经被建立。同时，还需要在课室内观察小刚的攻击性行为，主要观察其攻击性行为出现的频率、强度是否有所减少。如果依然没有减少，则需要更改干预方法或者重新设置学习目标。

总而言之，行为主义视野下的ABA(Applied Behavior Analysis，ABA)应用行为分析疗法注重环境与强化，利用回合式操作的方法帮助个体建立行为、维持行为或者改变行为。这种方法虽然有效，但是却不利于行为的迁移。

第二节　结构化教学

因为“结构化教学方案”对父母参与自己孩子的活动有立即性的正面影响，所以在1966年，北卡罗来纳州为“结构化教学方案”的创始人Schopler提供了首批研究经费。“结构化教学方案”拥有自己的教育策略和方法，能够与自闭症儿童的家庭一起合作，担保对全州所有自闭症儿童和他们的家庭有持续性和一贯性的服务，这个教学方法称作“结构化教学”。

一、理论基础——神经心理学

神经心理学一词源于1929年美国哈佛大学心理学教授E. G. Boring根据美行为主义心理学家K. S. Lashley的研究提出，是近30年新发展的心理学领域，与神经生理学、神经化学及临床心理学有密切关系。神经心理学主要研究脑的结构功能，以解剖、生理、生化的角度研究脑组织与言语、思维、智力、行为等心理现象的关系。神经心理学的研究结果证实自闭症儿童的世界是混乱的、压抑的，充满了各种“噪声”。存在感官刺激的物理环境（陈列的明亮物品、背景中的噪声），将会给自闭症儿童本已负担过重的感官系统增加负担，使学习任何新事物都变得无比困难。一些自闭症成人的自传报告也证实了这些研究结论。因为自闭症儿童的内心世界是支离破碎的、混乱的、压抑的，所以当教育者设计干预方案的时候，外界环境是应该考虑的关键因素，也是最基本的因素。尽管大家都认为，自闭症儿童需要一个特别设计的生活环境（Carbone，2001；Reiber，& McLaughlin，2004），因为自闭症儿童会被教室环境所束缚，会因为其他孩子的存在以及房间的大小，甚至一些如荧光灯一样普遍存在的事物而影响他们的行为（Colman，Frankel，Rivito，& Freeman，1976）。但是这些应该被考虑到的环境因素经常被教育者所低估或者忽视。

二、结构化教学(TEACCH)的内涵与实施

自结构化教学创设以来，经过不断地实践和完善，这套方法在美国、欧洲、亚洲等许多国家被广泛推广和应用，是世界范围内较为系统、全面和成熟的教育方法之一。

（一）结构化教学的内涵

结构化教学起源于自闭症儿童的视觉优势，所以在教学过程中，教育者会集合视觉信息辅助自闭症儿童理解客观信息和客观环境。所谓**结构化教学就是将自闭症儿童不同于常人的理解能力、想法和学习方式融入教育训练中，针对自闭症儿童不同的神经功能设计的教学环境。**结构化教学是一个组织班级的系统，是一个教学的过程，以自闭症儿童的认知、需求、行为为考量，调整环境，增进其独立能力与行为管理。

结构化教学包含四个要素，即物理环境结构化（physical structure）、时间表（schedules）、工作系统（work system）以及视觉线索（visual information）。

1. 物理环境结构化（physical structure）又称空间结构，是指**物理空间的规划和安排，教育者安排教具和情境，让每一个活动空间都有一致的、视觉清楚的区域或界限，来增加环境的组织与意义，增进自闭症学生对教育者的理解。**例如：将教室区域分为团体学习区、游戏区、独立工作区等(图 4-2)。

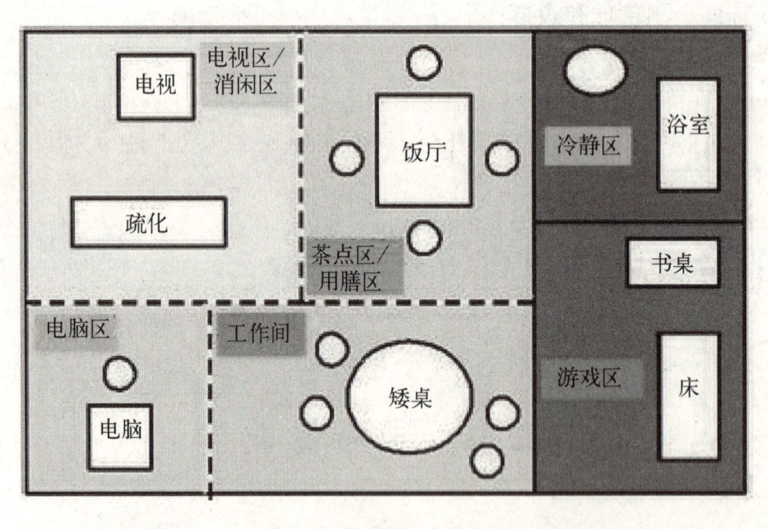

图 4-2　物理环境结构化

2. 时间表（schedules），即**提供一个视觉的提示，告诉自闭症儿童在一天中有什么活动以及活动的顺序，提醒自闭症儿童预测与了解自己将会如何，以及什么时间做什么事情。**时间表的长度需要根据自闭症儿童的能力而定，有可能只是呈现单张或者一次呈现 2 个或 3 个活动，甚至可以是半日的时间表和整日的时间表。通过文字、图像，以及图像、文字的结合清晰地显示工作内容或工作任务(图 4-3)。唯有让自闭症儿童了解他们的时间表，他们才能清楚而连贯地使用时间表，才能有助于整个班级的运作(杨碧桃，2000)。

3. 工作系统（work system），**又称为个别化工作系统，是基于自闭症儿童的时间表发展而来，其目的是为了告诉自闭症儿童某项活动或工作的实施顺序，并指导自闭症儿童要做什么**(图 4-4)。工作系统是通过视觉化的组织方法，帮助自闭症儿童有效地完成工作。自闭症儿童被安排在“独立工作区”，自闭症儿

时间　星期	星期一	星期二	星期三	星期四	星期五
4点~4点9	换衫　冲凉				
4点9~5点半	看电视	听音乐	看电视	画画	看电视
5点半~6点3	玩电脑	做功课	做功课	做功课	玩电脑
6点3~7点	做功课	画画	听音乐	听音乐	做功课
7点~8点	晚饭				
8点~8点半	洗碗	洗碗	洗碗	扫地	扫地
8点半~9点3	看电视	玩电脑	看电视	玩电脑	看电视

图 4-3　时间表

童在“独立工作区”有自己的工作桌椅，以及用来摆放工作材料的层架，在有组织以及不受干扰的学习环境下，专心地自行完成工作。工作系统将引导自闭症儿童在有系统的结构环境下主动工作，达成其能力内可以达成的目标(许素贞，2008)。

4. 视觉线索(visual information)，又称为视觉提示，主要包含三个方面，分别为视觉清晰、视觉组织以及视觉教导(图 4-5)。**视觉清晰，也称为视觉澄清，即运用视觉的明显区分，在重要或相关的信息上吸引自闭症儿童的注意力，让自闭症儿童一看见图片就知道自己要做什么。视觉组织，即以清楚的视觉引导，将空间和工作篮组织起来，协助自闭症儿童了解部分和完成之间的关系位置。视觉教导，是用文字或者图像的提示，给予自闭症儿童如何完成工作的讯息，或者将不同部分的工作整合在一起，包括文字、文字搭配图像、图片或者实物范例等方式，用来说明工作的步骤以及完成的目标。**

图 4-4　工作系统

图 4-5　视觉线索

(二) 结构化教学的实际操作

案例中,小刚由于不能够理解学习任务而表现了攻击性行为。从结构化教学的角度而言,教育者需要为小刚建立结构化的学习方案。

1. 确定小刚的学习能力。通过评估,间接了解小刚在不同能力构面的表现(表 4-3)。

表 4-3　小刚心理发展评估结果举例

项　　目	原积分	发展年龄	发展/适应程度
认　　知	35	32	恰当
语言理解	9	16	中度

2. 根据小刚的能力设计结构化方案,并且从理论上判断结构化教学能否实施。

小刚的攻击性行为是由于无法理解学习任务而造成的。从小刚的评估结果而言,小刚的认知发展水平较好,但是语言理解能力则较差。对此,结构化教学会有一定优势。

3. 教室环境结构化设计。

利用隔间将教室区分为学习区、游戏区、独立工作区、情绪转换区等。

4. 时间表。

时间表以图像加文字的形式,利用不同的颜色,由上而下呈现不同的学习活动内容,根据小刚的能力一次呈现 1～2 个活动,让小刚能够理解学习活动的内容。

5. 工作系统。

将学习内容以图示或文字等视觉线索的方式呈现于卡片之上,以从左至右或从上至下的方式呈现,使小刚了解学习工作的内容一共有多少个。

6. 视觉线索。

将单个的学习任务以图示或者文字的视觉线索形式呈现于卡片之上,让小刚明白如何完成这个学习任务,这个学习任务都需要做什么。

总之,结构化教学的一个主要特点就是利用了自闭症儿童的视知觉能力。通过视知觉而获取客观环境的信息,帮助自闭症儿童更好地了解环境的要求,以及与客体进行沟通和交流。但是,在使用结构化教学时不可以忽视语言刺激,以免造成自闭症儿童对结构化教学的过度依赖。同时,结构化教学过程中的卡片不方便携带;对于图片的使用方面,教育者要着重关注图片内容的呈现方式、图片大小、图片内容的颜色,因为自闭症儿童对红色和绿色的图片有积极的突显(林云强,2013)。这些也都是结构化教学的束缚和弊端。

第三节　地板时光

"地板时光"是以个体发展、个别差异、人际关系为原则的早期干预方法。20 世纪 80 年代在欧美发起,并且在欧美广泛应用于各个年龄阶段的自闭症儿童的干预与治疗。"地板时光"主要是以家庭为核心,利用家庭的环境与家庭关系,促进自闭症儿童的语言、行为、社会性得到良好的发展。

一、理论基础——人本主义

人本主义的代表人物是 Maslow 和 Rogers。该学派强调人的尊严、价值、创造力和自我实现,把人的本性的自我实现归结为潜能的发挥,而潜能是一种类似本能的性质。人本主义最大的贡献是看到了人的心理与人的本质的一致性,主张心理学必须从人的本性出发研究人的心理。

心理学家 Maslow 从微观角度把人的需求由较低层次到较高层次分为:生理需求、安全需求、社交需求、尊重需求和自我实现需求五类(图 4-6)。他认为,个体成长发展的内在力量是需求,而需求是由

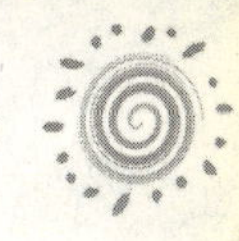

多种不同性质的需求所组成的，各种需求之间，有先后顺序与高低层次之分，某一层次的需求相对满足了，就会向高一层次发展，追求更高层次的需求就成为驱使行为的动力。每一层次的需求与满足，将决定个体发展的境界或程度。

自我实现需求
被尊重的需求
爱与归属的需求
安全需求
生理需求

图 4-6　马斯洛需求层次理论

（一）生理需求

也称级别最低、最具优势的需求，例如：食物、水、空气、性欲、健康等。

（二）安全需求

同样属于低级别的需求，其中包括对人身安全、生活稳定以及免遭痛苦、威胁或疾病等。

（三）社交需求

属于较高层次的需求，例如：对友谊、爱情以及隶属关系的需求。

（四）尊重需求

属于较高层次的需求，例如：成就、名声、地位和晋升机会等。尊重需求既包括对成就或自我价值的个人感觉，也包括对他人认可与尊重自己的需求。

（五）自我实现需求

是最高层次的需求，包括对真善美至高人生境界获得的需求。只有前面四项需求都能满足，最高层次的需求方能相继产生，是一种衍生性需求，例如：自我实现、发挥潜能等。

需求各层次之间并没有截然的界限，层次与层次之间是相互叠合、相互交叉的，随着某一项需求的强度逐渐降低，另一项需求将逐渐上升。此外，可能有些人的需求始终维持在较低的层次上，而没有向上一层次发展的机会。而各项需求的先后顺序，不一定适合每一个人，即使两个行业相同的人，也并不见得有同样的需求，正所谓世界上没有两片同样的叶子。

二、地板时光(Floortime)的内涵与实施

地板时光是一种系统的、以发展为取向、以家庭环境和人际互动为主的干预模式，强调通过创设宽松自由的学习环境，让教育者或者父母与自闭症儿童在平等的基础上进行积极的互动交流，从而引发自闭症儿童的主动性行为。

（一）地板时光内涵

美国脑神经科医师 Greenspan 根据多年经验发展了地板时光疗法，因儿童的活动通常在地板上进行而得名。在地板时光训练中，教育者或父母根据儿童的活动和兴趣决定训练的内容，以儿童为主导，教育者或父母配合儿童的活动，强调和儿童建立情感联系，提倡与儿童进行良好的互动，通过手势、语言和假想性游戏帮助儿童，促进儿童的情绪稳定、情感逐渐健全和社会交往能力的发展(图 4-7)。

图 4-7　地板时光

（二）地板时光的实际操作

如果使用“地板时光”对案例中小刚的攻击性行为进行干预，需要从以下几个方面着手：

1. 观察。首先教育者要积极倾听、参与小刚的学习活动，在游戏活动中观察小刚的表情、身体语言、动作、行为等，如果发现小刚的兴趣点，则将此作为介入点。例如：虽然小刚在学习活动中情绪波动很大，而且伴有攻击性行为，但是小刚很喜欢玩汽车，对于汽车玩具情有独钟。那么，接下来的学习就可以从玩汽车玩具开始。

2. 开始交流。经过观察之后，教育者就要利用观察结果介入交流。交流初期小刚会不配合，而且很难参与互动的游戏活动。此时，教育者要保持信心和耐心。此时的关键是需要教育者和父母跟随小刚关

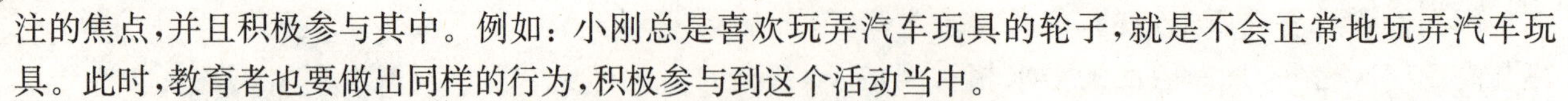

注的焦点，并且积极参与其中。例如：小刚总是喜欢玩弄汽车玩具的轮子，就是不会正常地玩弄汽车玩具。此时，教育者也要做出同样的行为，积极参与到这个活动当中。

3. 以孩子为主导。此时要根据介入点慢慢地融入小刚的学习活动中，但是要让小刚成为活动的主导者。教育者只是协助者。例如：小刚玩弄汽车玩具的轮子之后，又马上将汽车推向远处，并且不断重复这样的行为。此时，教育者也应该参与到此活动当中。

4. 拓展游戏。在与小刚进行一段时间的学习活动以后，教育者要开始拓展小刚的学习活动，帮助小刚提升沟通能力、社会交往能力等。这个过程需要教育者及时回应小刚有意识或者无意识的行为，巧妙地引导小刚融入学习活动中。例如：学习活动中小刚有意识或无意识地发出“呜呜”叫的声音，教育者要立即给予回应：“哇，小汽车在叫哦。”教育者迅速将这个发音与游戏活动进行联结，激发小刚学习的兴趣和动机。

5. 结束交流，这一步要求教育者要引导小刚逐步结束沟通，不能过于草率。因为对于小刚来说，学习活动不能说停就停，教育者可以在学习活动开始时就要设计好学习活动结束的形式。例如，教育者要对小刚说：“小刚，学习任务完成了，你好棒啊！我们接着做另一个游戏吧！”

总而言之，“地板时光”作为一种教学方法，看似结构松散，但是在实际的操作过程中，有较为完整的流程。“地板时光”最大的优势就在于能够以自闭症儿童为中心，由儿童自己决定学习的任务和学习的进度。但是，在整个学习过程中，操作者需要有较高的能力方可操控整个学习过程。

第四节　个别化教育计划

个别化教育计划(Individualized Education Program，IEP)产生于1957年美国福特总统签署的《所有残疾儿童教育法案》，其内容中将个别化教育计划作为回归主流的基本原则，确立了为残疾儿童提供“免费、适当、公立教育”的目标。由于个别化教育计划的核心主要是以特殊需要儿童的个体差异为基础，提供符合特殊需要儿童个别化需求的教育，为特殊需要儿童参与融合教育奠定了基础。因此，20世纪80年代，个别化教育计划风靡世界，成为特殊需要儿童学习支持的主要依据。

一、理论基础——融合教育

个别化教育计划的产生与特殊教育的发展密切相关。最早在18世纪至20世纪，很多国家都建立了特殊教育学校，目的是为特殊需要儿童提供特殊的教育支持。但是，这种隔离式的教育方式很快就得到人们的批评与质疑。因为，在这种隔离式的教育环境之下，加剧了世人对特殊需要儿童的歧视和偏见，更加剥夺了特殊需要儿童与常态儿童之间的交流与合作的机会。所以，融合教育才应运而生。

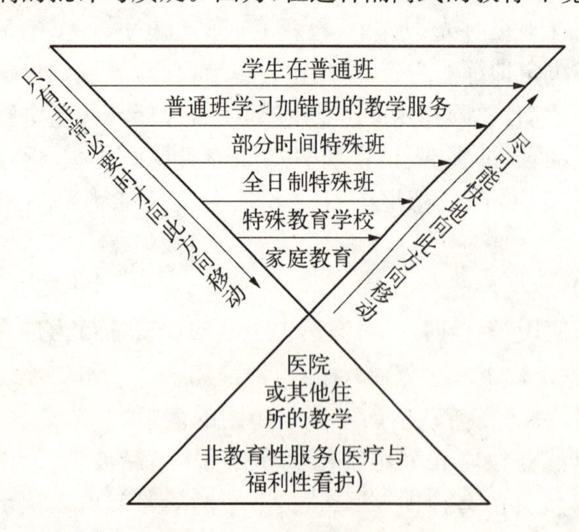

图4-8　残疾儿童安置模式

资料来源：Wyne，M. O'Connor，P. D. *Exceptional children: A developmental view*. Lexington，MA：D. C. Heath，1979，16(4)：181.

融合教育在最早的阶段被称为回归主流、一体化、全纳教育(完全全纳和部分全纳)，直至今日才出现融合教育这个称谓。融合教育思想的出现是历史发展的必然结果，而关于融合教育思想的起源却众说纷纭。早期，由于科学技术的落后、人们思想的蒙昧，众人对于残疾人还是采取抛弃、杀戮、玩弄、嘲笑、排斥的对待方式。直至美国1950年代以来的民权运动，更远可以追溯到文艺复兴、法国启蒙运动时期西方对平等、自由追求的一系列社会运动开始，残疾人逐渐受到社会的普遍关注和重视。例如，关于残疾人的安置问题(回归主流)、人权问题(一体化)、反标签问题(正常化)都受到社会的广泛关注，也是融合教育的发展历程。所以，融合教育最为根本的观点就是反对隔离，应该

加强特殊需要儿童在心理、生活、社交多个方面的融合(图 4-8)。

正是在这样的历史背景之下,人们才开始考虑实施个别化教育计划,以保证特殊需要儿童都能够与常态儿童一样获得同等的学习资源。最早实施个别化教育计划的方式主要是通过立法的形式,例如:美国的《所有残疾儿童教育法案》等。

二、个别化教育计划的内涵与实施

个别化教育计划是美国规定学校必须针对每一位身心障碍学生所设计的计划,由教育专业人员与身心障碍学生的父母相互沟通、合作设计教学活动,根据身心障碍学生的学习状况进行监督的学习计划。由于个别化教育计划充分体现了教育资源的公平性、教育权利的平等性,因此,个别化教育计划受到社会的广泛关注。

(一) 个别化教育计划的内涵

个别化教育计划是以西方自由、民主、平等的文化背景为基础发展而来的。因此,个别化教育计划具有科学化、程序化、法制化、标准化、民主化的特征(邓猛、郭玲,2010)。从 1975 年至 1996 年,美国个别化教育计划经历了四个重要的发展阶段:第一个阶段是规范阶段或解释个别化教育计划的规则和标准(1970 年代晚期至 1980 年代早期)阶段;第二个阶段是分析或研究阶段(1980 年代);第三个阶段是技术反应阶段(1980 年代中晚期);第四个阶段是质量与实施阶段(1990 年代早期至 1996 年)(丁素红,2011)。个别化教育计划在每个阶段的变化,其本质都是教育观念的转变,都是在为特殊需要儿童提供有益的教育资源而努力的过程。因此,这也是个别化教育计划得到推崇的重要原因之一。

个别化教育计划不同于个别化教学,个别化教育计划比个别化教学更为丰富。所谓的**个别化教育计划是指以个别化教育为基础,为保障学生的教育质量而制订的针对个体能力的教育方案。**个别化教育计划的目的就是针对特殊需要儿童的特殊需要提供个别化的教育与服务,使每个特殊需要儿童都能够受到适切的、个别化的教育,并且在整个计划中,教育者与父母都共同参与其中,保证了计划的完整性和科学性。个别化教育计划大致包括了学生的基本现状描述、计划的起止日期、教育目标、评估结果等相关信息(表 4-4)。

表 4-4　个别化教育计划表

姓名:	性别:	出生日期:			
计划人		起止日期:			
目标领域	教　育　目　标	评估结果			
		3	2	1	0
认　知					
语言表达					
语言理解					
小肌肉					
大肌肉					
社交互动					
生活自理					

个别化教育计划方案的内容,对特殊需要儿童的各个方面的能力发展都有具体的规划,包括时间、方法,让本来抽象的教育形式变得具体化和程序化,有助于教育者进行长期的跟踪与合作。

(二) 个别化教育计划的实际操作

个别化教育计划的制订依据是评估结果。所以,首先要对特殊需要儿童进行评估,根据评估结果制订长、短期的个别化教育计划。案例中小刚表现了攻击性行为,原因是小刚不能够理解学习任务。因此,学习方案要适合小刚自身的能力水平,即个别化教育计划。制订个别化教育计划之前就要做一份详细的评估报告，了解小刚在不同心理层面的表现。

1. 个案的评估。

教育者通过《自闭症儿童心理教育评核》对小刚的心理发展水平进行评估，评估结果较为客观地呈现小刚已有的能力水平、干预后的能力水平、目标能力水平(图 4-9)。

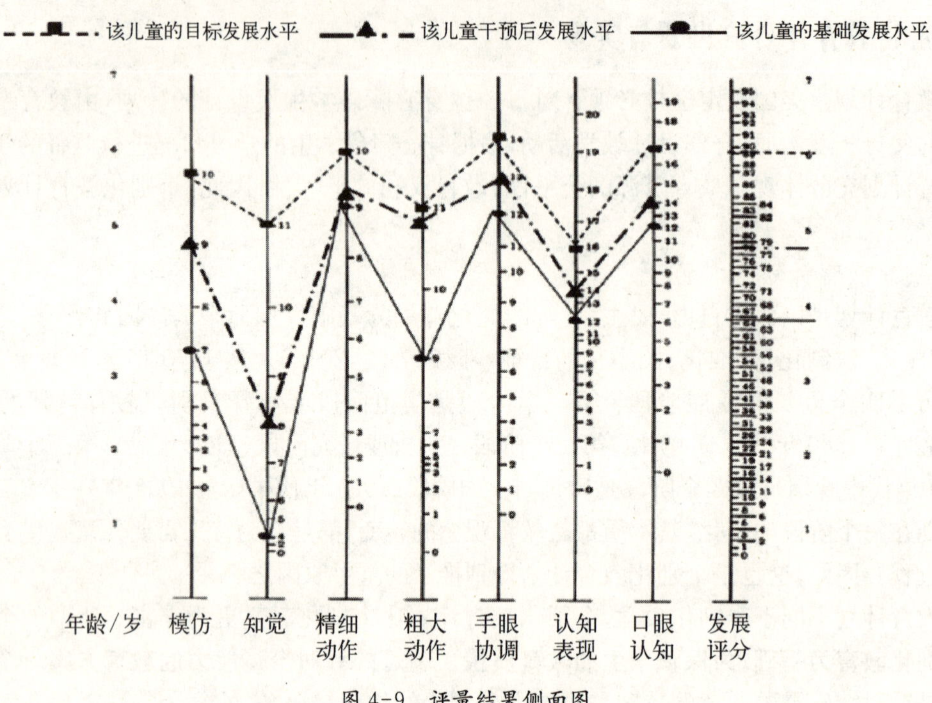

图 4-9 评量结果侧面图

2. 制订个别化教育计划。

教育者可以根据评估结果为小刚制订个别化的教育计划(表 4-5)。

表 4-5 小刚的个别化教育计划方案(略)

姓名：小刚	性别：男	出生日期：2000 年 12 月 12 日			
计划人	V 教育者	起止日期：2015 年 12 月 13 日 2016 年 12 月 13 日			
目标领域	教 育 目 标	评 估 结 果			
		3	2	1	0
粗大动作	1. 双脚一起跺脚 2. 双脚交替跺脚				
精细动作	1. 两根手指从碗中拿取珠子 2. 将拿取的珠子用线串好				
认知表现	1. 能够拿取一样的红色卡片配对 2. 能够指认红色的卡片 3. 能够对红色的卡片命名				

表 4-5 是一份个别化教育计划的样例，由于篇幅有限，其他领域便不能一一呈现。通过个别化教育计划，小刚的学习方向更为明确，避免了由于学习任务过难，不利于小刚的理解，而导致小刚出现情绪问题的可能。但是，个别化教育计划的实施还需要注意以下问题：

第一，个别化教育计划要定期修改。因为，每一个个案都可能在学习一段时间以后出现能力进步或者退步的现象。所以，原有的个别化教育计划可能不再适用。

第二，个别化教育计划的制订需要结合不同群体的意见。虽然个别化教育计划是依据评估结果而定，但是，评估有时也未能完全测得个案的实际能力。因此，个别化教育计划在制订过程中，需要征求管理者、

父母、不同领域的治疗师(语言治疗师、感统治疗师、行为治疗师、家庭教育者)的意见。

第三,个案的直接负责人可以根据个案的实际情况,在学习过程中对个案的个别化教育计划进行适当的修订,以保证个别化教育计划的有效性和科学性。

第四,个别化教育计划需要全体成员的共同配合,不可以只是作为摆设或流于形式。

总而言之,个别化教育计划有其优势,能够将学习内容更为客观、科学、程序化地呈现,有助于教育者进行实践操作。但是,个别化教育计划也有弊端,尤其是在实际的制订过程中较为繁琐,不便于制订。

综上所述,不同的教育方法都有其优势也有其不足。篇章开头的【案例纪实】中,教育者对小刚采取了结构化教学。结构化教学的优点就是能够利用自闭症儿童的视觉优势,将学习任务结构化,便于自闭症儿童理解,有效解决了自闭症儿童的情绪与行为问题。但是,结构化教学也有其不足,如果长期使用也会让自闭症儿童产生依赖性。因此,应该结合不同情况,采取多种教学方法。

【章节要点回顾】

本章共分为四节,第一节叙述了 ABA(Applied Behavior Analysis, ABA)应用行为分析疗法。ABA(Applied Behavior Analysis, ABA)应用行为分析疗法源于行为主义,主要是通过强化、辅助、回合式操作等方法或原则对自闭症儿童进行早期干预。

第二节主要叙述了结构化教学。结构化教学法主要是将学习任务或者学习环境结构化,利用自闭症儿童的视觉优势解读已经被结构化的学习环境和学习任务,帮助自闭症儿童更好地完成学习任务。

第三节主要叙述了地板时光。地板时光是源于人本主义,以自闭症儿童为核心,根据自闭症儿童的实际需求和能力选择学习的任务和学习的方向。虽然这个方法较为灵活,但是对教育者的能力提出了较高的要求。

第四节主要叙述了个别化教育计划。个别化教育计划是针对自闭症儿童的个体差异,将学习任务程序化、科学化地呈现,以指导教育者的实际教学工作。

1. 沙盘治疗的理论基础和目的是什么?
2. ABA 应用行为分析疗法的理论基础是什么?
3. 结构化教学都包括哪些要素?请简要说明。

第五章

自闭症儿童的绘本教育

章节重点

本章节的重点主要是教育者在了解绘本教育的概念、意义的基础上，掌握自闭症儿童绘本教育的原则、内容；结合自闭症儿童的评估结果，设计绘本教育的主题活动，初步对自闭症儿童施以绘本教育。

案例纪实

杰瑞是一名自闭症儿童，3岁时被诊断为自闭症。由于家长不知道该如何与杰瑞建立关系，于是变得很苦恼。有一天，杰瑞的妈妈拿来一本绘本，试图通过绘本来与杰瑞建立关系，并引导杰瑞学习。妈妈拿来绘本以后，很认真地与杰瑞沟通，并且详细讲述绘本中的内容。可是，杰瑞根本无法持续地关注妈妈所讲的内容，杰瑞经常大叫或者做出自我刺激的行为。杰瑞的表现，让妈妈很难再继续坚持进行绘本教育，绘本教育不得已而终止。

第二天，杰瑞的妈妈还是没有放弃自己的想法。这一次，杰瑞的妈妈很强硬，将杰瑞固定在一个角落里，用命令的语气要求杰瑞对绘本教育的内容做出一定的反应。这时，杰瑞的反抗行为更多了，也更加暴躁，使得学习更加无法顺利进行。最后，也只能以失败告终。

思考题： 1. 为什么妈妈对杰瑞进行的绘本教育失败了呢？
2. 应该怎样对杰瑞进行绘本教育呢？

【章节内容】

绘本教育最早源于日本，后经台湾地区传入祖国大陆。目前，在我国广为流传，并且得到社会的广泛关注。但是，绘本教育多为常态儿童所设计或者使用，较少应用在自闭症儿童的教育活动中。那么，自闭症儿童是否需要绘本教育，以及如何对自闭症儿童进行绘本教育，还是一个值得探讨的问题。

第一节　绘本教育概述

从人类对自身的探索开始，绘画艺术便诞生了。从原始的绘画形式到现代绘本艺术，大概经历了4万年的历史。虽然绘画作为一种艺术形式，早已经受到人们的极大青睐。然而，绘本作为一种教育形式或者教育手段，也只是发生在17世纪末期。因此，绘本作为一种教育形式或者教育手段，在幼儿教育中所扮演的角色还有待进一步地探索和发现。

一、绘本教育的相关概念

在幼儿早期的教育中，绘本扮演着重要的角色。绘本内容中所陈述的故事情节，往往蕴含较深刻的价

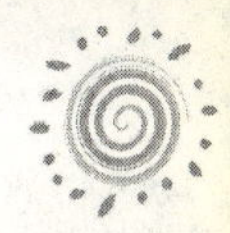

值观或生活规范，可以让幼儿进行模仿或者学习。长此以往，有助于幼儿将其所蕴含的知识内化到自身的行为中。

（一）绘本的概念

绘本原本指的是日本德川幕府时代的浮世绘，也就是日本的风俗画、版画。后来绘本被翻译成英文“Picture Books”，即图画书。图画书与绘本这两个概念在一般情况下是可以通用的，但是从狭义的角度而言，这两者是有区别的。“图画书”的内涵更为广泛，而“绘本”范围小一些，大多数人所理解的“绘本”一词的内涵更接近于“图画故事书”。因此，**狭义的绘本专指“以图和文共同演绎的一个故事书”；广义的绘本则是指“通过一系列的图画与少许相关文字或完全没有文字的结合，达到传递知识或者说明故事目的的书籍”。**

（二）绘本教育的概念

有关绘本教育的概念，较为普遍的观点是，认为教育者是绘本教育的主体，由教育者有目的地引导儿童对绘本内容进行思考和想象。具有代表性的观点主要包括：教育者引导幼儿主动阅读绘本，辅以必要的讲解和简单的分析，在让幼儿身心愉悦的基础上，促使幼儿阅读理解能力和想象力的发展（王嘉莉，2014）；教育者以绘本为主要载体，对绘本主题与价值进行挖掘和利用，有目的、有计划地面向多名幼儿所开展的集体教学活动（李春光，2013）；运用绘本为主要素材，由教育者面向学生集体或多名学生开展的教学活动（姚雪姣，2011）；教育者利用绘本材料，完成有目的、有计划的课程设计，用讲故事的方式完成教学目标的过程（李素梅，2013）；将绘本作为阅读文本，教育者充分挖掘、利用绘本中的丰富资源，有目的、有组织地开展幼儿园集体阅读活动（张彤，2009）；教育者有目的、有计划、有组织地把绘本作为教材，面向幼儿集体，为提升幼儿阅读能力服务的教与学的全过程，是促使师生共同进步的活动（赵媛，2013）。

通过对绘本教育相关概念进行梳理，可以看出在绘本教育的概念中，主要有三个重要的因素：即教育者、儿童、绘本。绘本教育的实施过程中，主要由教育者操控绘本素材并且决定儿童阅读绘本的进程和范围。但是，自闭症儿童属于特殊需要儿童，对于自闭症儿童进行的绘本教育要与常态儿童的绘本教育有所区别，应该主要以自闭症儿童为核心，自闭症儿童主导着绘本教育的进程。因此，我们所称谓的**绘本教育是指自闭症儿童主导绘本阅读的进程和范围，教育者只是辅以必要的讲解和简单的分析，让自闭症儿童在身心愉悦的基础上，促进其理解能力、想象能力、沟通能力的发展。**

二、绘本教育的意义

绘本教育的最大特点就在于化静为动、化枯燥为有趣、化无声为有声，让声、光、影、色、字融于一体，用形象、生动、逼真、直观的方式激发儿童的阅读兴趣，拓宽儿童的知识视野，提高儿童的阅读能力。因此，绘本教育对儿童的心理发展有重要的意义。

（一）促进儿童的认知发展

一方面，绘本教育能够提高儿童的逻辑推理能力和理解能力，进一步地培养儿童认识事物发展规律的思维能力。

另一方面，绘本教育可以激发儿童无拘无束的、天马行空的想象力，绘本教育掀起了儿童头脑中的创意风暴，为儿童想象力和创造力的发展提供了必要的条件。

最后，绘本教育可以丰富儿童的词汇，提高儿童的语言表达能力。绘本教育通过以图叙事的方式，有效促进儿童语言能力的发展。在整个学习过程中，幼儿与教育者以口头语言的形式分享自己喜欢的绘本，这个过程就是一个提高语言表达能力和沟通技能的过程。

（二）促进幼儿社会性行为发展

儿童通过学习和模仿绘本中蕴含的社会性行为表现，逐渐形成分享、诚实、责任、友爱、礼貌、坚持等人格品质，有助于儿童在现实生活中形成积极的自我概念，学会与同伴友好相处，以及增加儿童对行为规则的认识，激发儿童表现良好的社会性行为。

（三）提高儿童的生活经验

绘本故事中蕴含着许多生活经验，教育者应该善于发现这些细节，并加以引导，让儿童在阅读的过程中，潜移默化地习得日常生活的礼仪和规范的行为举止。因为，儿童期是儿童掌握生活常识的敏感时期，

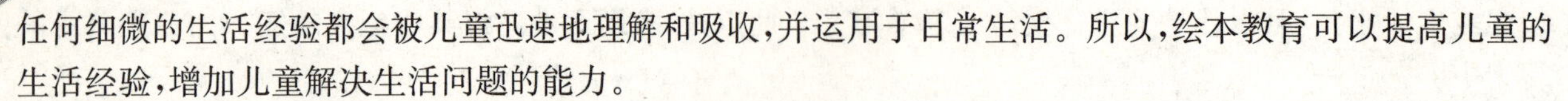

任何细微的生活经验都会被儿童迅速地理解和吸收，并运用于日常生活。所以，绘本教育可以提高儿童的生活经验，增加儿童解决生活问题的能力。

（四）产生积极的情感体验

绘本教育可以帮助儿童缓解精神压力，抒发情绪，给儿童带来积极的情感体验。绘本的情感描写真挚、细腻、丰富，有助于儿童在阅读绘本时，把自己和主人公联系起来，情绪伴随着主人公的喜怒哀乐而波动。这不仅有助于丰富儿童的情绪情感，还能培养儿童的移情能力。不仅如此，绘本中描写的有关情谊间的故事，还有助于亲子关系、同伴关系的发展，并可能使儿童产生对动植物、大自然的热爱之情。因此，通过绘本教育可以激发儿童情绪情感的发展，有助于儿童建立正面、积极、乐观的情绪情感。

总而言之，绘本教育对于儿童的心理发展有积极的意义，能够促进儿童的认知发展、建立良好的社会性行为、提高儿童的生活经验以及建立积极的高级情感。

第二节　自闭症儿童绘本教育的原则与内容

既然绘本教育对儿童的心理发展有很重要的意义，那么自闭症儿童就有必要参与绘本教育。通过绘本教育，提升自闭症儿童的认知水平、改善社会性行为、积累生活经验、建立高级的情感。

一、自闭症儿童绘本教育的原则

绘本故事的内容主要是由文字和图画组成。图画是表达意义的主要手段，既是文字的附庸又是绘本的生命。绘本故事中的每幅图片之间都存在着关联，形成了一条连续的视觉映像，需要儿童自己借助视觉映像来推进故事的情节。自闭症儿童在阅读绘本的过程中缺乏主动推进故事情节的能力。因此，自闭症儿童绘本教育必须遵循如下原则：

（一）连续性原则

连续性原则是指在绘本教育的过程中，教育者应该让自闭症儿童有机会反复地、连续地进行阅读，以增加自闭症儿童对绘本内容的理解。一本绘本，教育者可以尝试进行多次的阅读。因为自闭症儿童无法对割裂的图画内容进行大量的整合，每一次处理的信息有限。所以，绘本将每个故事情节进行分别呈现的过程中，会增加自闭症儿童的认知负担。为了减轻自闭症儿童的认知负担，教育者要采取连续性的阅读方式，通过不断地反复阅读增加自闭症儿童的学习经验。

（二）整合性原则

整合性原则是指绘本教育的组织应该是一种横向组织，要求打破学科的界限和传统的知识体系，能够让儿童有机会更好地探索绘本故事中的社会、科学、文学、美术等不同领域的知识，兼顾认知、情感、技能、行为等方面的内容。因为个体在参与教育活动的过程中，个体的心理表现是无法单独出现的。也就是说，各个心理活动都在参与教育活动，并且各个心理活动之间相互影响。所以，自闭症儿童绘本教育的组织要充分整合不同方面的教育内容，扩大教学内容，延展教学范围，深化教学内涵，凸显绘本价值，尊重儿童的全面发展，

（三）顺序性原则

自闭症儿童绘本教育的顺序性原则，是指要将自闭症儿童的心理发展顺序与绘本教育的内容相结合。教育者要结合自闭症儿童的心理年龄结构和知识水平开展教育活动，将教育内容按由简单到复杂的顺序进行排列，循序渐进地促进自闭症儿童认知、情感、社会性等方面的发展。大致上可以将自闭症儿童的绘本教育分为三个阶段，分别为初级阶段、中级阶段、高级阶段。

初级阶段：基本上以自闭症儿童自己为绘本的主人公，以自闭症儿童的生活经历为绘本的内容。

中级阶段：主要以卡通人物为主人公，卡通人物的生活经历作为绘本的内容(图 5-1)。

高级阶段：主要以火柴人为绘本教育的主人公，教育者引导自闭症儿童结合火柴人的动作进行想象(图 5-2)。

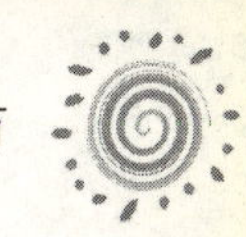

图 5-1　旅游

图 5-2　好朋友

（四）衔接性原则

自闭症儿童的绘本教育要注重知识与知识之间的衔接性。教育者组织实施的绘本教育，既应该按照由易到难的原则进行教育，又要注意知识的衔接性，每次的绘本教育活动都应该联系以前学过知识的同时再拓展现在学习的知识。

情景 5.1

教育者首先向杰瑞提问道："杰瑞，我们上一节课学习了什么？"杰瑞默不作声。于是，教育者把上一节课叠被子的绘本拿给杰瑞。杰瑞看到绘本以后大叫道："叠被子。"教育者继续问道："你看到了什么？小朋友们都在做什么呢？"杰瑞只是翻动自己的绘本，对于教育者的提问似乎没有反应。此时，教育者拿出新的绘本，试图吸引杰瑞的注意力。杰瑞看到绘本以后很开心，教育者立即讲道："昨天我们看到的是叠被子，今天这些小朋友们在叠衣服。"

从教育者的引导内容与教育过程而言，教育内容之间有衔接性。虽然教育者拿出的第二本绘本的内容不是叠被子，但是第二次也是在叠物品，与第一次的学习经验有所相关。

二、自闭症儿童绘本教育的内容

自闭症儿童绘本教育的内容完全从自闭症儿童个人的生活经验进行考量，期望绘本教育的内容能够让自闭症儿童在生活中进行实践或者能够引起自闭症儿童的情感体验。

（一）自闭症儿童能够参与的活动

绘本教育不仅仅就是"静态"的教育过程，绘本教育过程也需要儿童有参与的行为，包括动作表现与能力表现等。因此，自闭症儿童的绘本教育内容，要选取一些自闭症儿童能够参与的或者能够实际操作的教育内容(图 5-3)。这样的绘本教育，不仅重视自闭症儿童对知识的内化，同时也强调自闭症儿童的动手操作能力。

图 5-3　我喜欢的游戏

（二）自闭症儿童的生活琐事

教育即生活，绘本教育的内容要贴近自闭症儿童的生活，丰富自闭症儿童的生活经验，使自闭症儿童成为社会中一分子。因此，绘本教育内容中的人物、背景等因素越贴近自闭症儿童的生活，就越能丰富自闭症儿童的知识经验，让自闭症儿童获得自我意识，体验社会交往过程中的愉悦感。例如：自闭症儿童很烦躁不喜欢与人交流，于是教育者就呈现相关的绘本内容，贴近自闭症儿童的个人经验(图 5-4)。

图 5-4　烦躁的我

因为，绘本教育内容贴近自闭症儿童的生活，符合自闭症儿童的生活经验。所以，还原生活事件的绘本教育内容能够更好地激发自闭症儿童对绘本内容进行主动地思考。

（三）自闭症儿童的兴趣

教育者和家长都期望绘本教育的内容能够被自闭症儿童所同化，成为自闭症儿童自身的一部分。因此，绘本教育内容的选择，要考虑自闭症儿童的兴趣。首先，绘本教育的内容以有趣、娱乐的方式表现重要的事情。如果一直从知识或批判的角度去阅读，就可能使自闭症儿童产生不正确的理解，失去应有的学习乐趣。因此，教育者都试图让自闭症儿童先爱上绘本，再参与绘本教育。如果强迫性地阅读，只会让自闭症儿童厌倦绘本。

其次，绘本教育内容中漂亮的画面、逼真的人物形象、生动的故事情节，都可以吸引自闭症儿童调动多种感官去感受、体验、表现与创造(图 5-5)。因此，绘本教育中要多创设这样的故事情节，激发自闭症儿童参与绘本教育的主动性和积极性。

图 5-5　开心的一天

图 5-5 所呈现的绘本内容，就是通过丰富性和多样化的内容满足自闭症儿童的学习兴趣和情感发展的需要。所以，教育者将自闭症儿童感兴趣的内容，以丰富多样的图片形式呈现，更加利于自闭症儿童对绘本内容的理解和感受。

总而言之，自闭症儿童的绘本教育，不同于传统意义的绘本教育。绘本教育的过程中既要符合自闭症儿童身心发展的需要，遵守特殊的原则，也要设计有趣的内容，便于自闭症儿童接受。

第三节　自闭症儿童的评估与教育计划

自闭症儿童绘本教育的过程中，首先是要了解自闭症儿童的兴趣和能力水平，教育者才能够制订有效的长期计划，后续的绘本教育过程才能够顺利进行。因此，首先要对自闭症儿童进行评估；其次是要制订详细的教育计划；最后，才能够实施绘本教育。

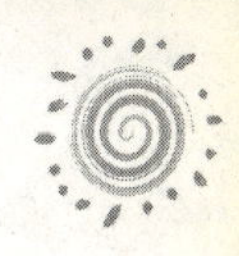

一、自闭症儿童的评估

自闭症儿童的评估主要是看自闭症儿童在各方面的实际能力，以此方便进行教育计划的制订，有助于高效地实施绘本教育。自闭症儿童的评估一般通过以下几种途径进行。

（一）借助访谈法的评估

访谈主要是教育者带着一定的目的，对自闭症儿童的家长或者主要监护人进行提问，并且对提问的内容进行录音和记录，以了解自闭症儿童参与绘本教育的兴趣和基本能力。

情景 5.2

教育者：杰瑞喜欢绘本吗？

父　母：杰瑞很喜欢绘本，经常自己翻书看。

教育者：杰瑞经常参与阅读活动吗？

父　母：我们很少带杰瑞参加阅读活动。

……

通过访谈，教育者就可以得知杰瑞对绘本的兴趣，也可以间接了解绘本教育是否适合杰瑞。访谈结果表明，杰瑞对绘本有较为浓厚的兴趣。因此，教育者可以考虑对杰瑞施以绘本教育。

（二）借助观察法的评估

教育者可以通过观察的方式，了解自闭症儿童在游戏活动过程中的兴趣和实际能力，并且对自闭症儿童的表现进行翔实地记录，为正式的绘本教育实施奠定基础。

情景 5.3

杰瑞一个人坐在游戏室的角落里，手里捧着一本绘本，而且不断地翻阅绘本，就是没有停留在某一页进行长时间阅读。此时，皮特走了过来，拉着杰瑞的手去做游戏，但是杰瑞并没有与皮特进行语言和眼神交流，杰瑞低着头离开了。杰瑞来到桌子旁，一个人继续翻阅绘本。几分钟之后，李老师叫大家去吃饭，杰瑞才把看过的绘本都会放回到指定的位置，而且每一本都放回到准确的位置。

通过观察结果可以了解到，杰瑞喜欢看绘本，但是一直都是一个人看，不喜欢与人合作。同时，杰瑞有很好的阅读习惯，每一次阅读结束以后都会把绘本放回指定的位置。除此以外，教育者还对杰瑞的行为进行了观察记录（表 5-1）。

表 5-1　杰瑞的观察记录表

地　点	次　数	行　为　表　现
教　室	10	主动翻阅绘本，而且翻阅动作很快，中间没有停顿。翻阅后，主动将绘本放回书架
教　室	6	从同伴处抢夺绘本，很焦躁而且会尖叫
家里的书房	5	从书桌上和椅子上拿取绘本，对绘本内容不是很关注，翻阅动作很快。结束以后，会主动把绘本放回桌子和椅子上

从杰瑞的观察记录来看，虽然杰瑞喜欢绘本但是不喜欢与同伴分享。同时，杰瑞需要有教育者的引导，才能够真正表现阅读行为。因此，教育者可以尝试对杰瑞进行绘本教育。

（三）借助评估量表的评估

教育者还可以借助一些具体的量表，对自闭症儿童进行评估。通过客观的数据，显示自闭症儿童的实际水平和能力，为更加客观地制订教育计划奠定基础。教育者对杰瑞进行了 PEP 的量表评估。评估中涉及了语言、社交、大肌肉、小肌肉等不同心理层面。评估结果表明，杰瑞在语言方面的得分是 0 分、社交方面是 0 分、大肌肉方面是 7 分、小肌肉方面是 6 分……

教育者通过评估结果可以了解到，杰瑞在不同心理层面的发展都相对较弱。结合评估结果，教育者制订的教育计划要偏于简单化。

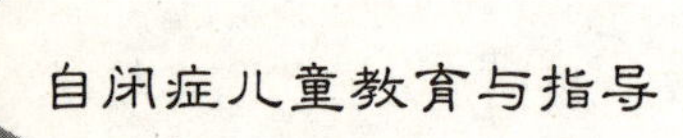

（四）形成书面报告

所有的评估工作都结束以后，教育者要对评估结果进行总结，并且形成书面报告。下面，我们以案例中杰瑞的评估结果为例（表 5-2）。

表 5-2　杰瑞的评估结果

第一部分　儿童基本资料			
姓名：杰瑞	性别：男		年龄：3 岁
出生日期：2012 年 7 月	评估日期：2015 年 8 月		
第二部分　测验分数			
发展及行为测验	原积分	发展年龄(月)	障碍程度
认知	2	<12	严重
语言表达	0	<12	严重
语言理解	0	<12	严重
小肌肉	6	<12	严重
大肌肉	7	15	中度
社交互动	0	<12	严重
生活自理	2	<12	严重

根据杰瑞的评估结果，教育者要制订相应的教育计划。从杰瑞的评估结果而言，杰瑞在各个方面的评分都较低。说明杰瑞的障碍程度较重，绘本教育计划的内容要偏于简单化，以适合杰瑞的实际能力。

二、自闭症儿童绘本教育的计划

教育者根据杰瑞的评估结果制订了绘本教育计划，杰瑞的绘本教育计划包括大肌肉、小肌肉、生活自理等方面，并且有具体的教育目标为教学活动提供参照（表 5-3）。

表 5-3　杰瑞的绘本教育计划(12 月份计划)

姓名：杰瑞	性别：男	出生日期：2012 年 7 月			
计划人	V 教育者	起止日期：2015 年 12 月 13 日 2016 年 12 月 13 日			
目标领域	教育目标	评估结果			
		3	2	1	0
认　知	1. 认识自己的名字 2. 能够认识自己的五官				
语言表达	1. 简单的惊叹语(啊、呀) 2. 第一批词语：爸爸、妈妈				
语言理解	1. 听到呼唤名字有回应 2. 按照语言要求过来				
小肌肉	1. 抓握勺子 2. 钳式抓握				
大肌肉	1. 双脚一起跺脚 2. 双脚交替跺脚				
社交互动	1. 模仿敲打动作 2. 模仿触摸身体部位				
生活自理	1. 拿奶瓶喝水 2. 用杯子喝水				

根据杰瑞的评估结果，教育者制订了教育计划。绘本教育过程中，应该有“静”的活动，也应该有“动”的活动。实际的教育过程中，应该充分调动杰瑞多方面的心理能力。

三、自闭症儿童绘本教育的方法

教育者针对自闭症儿童的绘本教育计划提出的教育方法，主要包括 ABA 应用行为分析疗法、结构化教学、地板时光。

（一）ABA 应用行为分析疗法

ABA 应用行为分析疗法在自闭症儿童的绘本教育过程中，主要应用在行为的建立方面。如果自闭症儿童表现了好的行为，教育者要给予积极的关注，以期待同样的行为在下一次的绘本教育活动中能够重复出现。

（二）结构化教学

结构化教学在自闭症儿童的绘本教育过程中，主要的表现就是把教室或者绘本教育的活动室结构化，将原有的教室进行适当地区域划分或者将室内墙壁进行适当地装饰，以凸显教室内的视觉冲击。环境的结构化可以帮助自闭症儿童更好地适应学习环境，更好地参与绘本教育活动。

（三）地板时光

地板时光可以让自闭症儿童在宽松自由的环境中选择适宜的绘本内容，以及选择绘本教育的起点。所以，利用地板时光开展自闭症儿童的绘本教育，能够充分体现自闭症儿童学习的主动性和自主性，让自闭症儿童在学习过程中表现积极的社会性行为。

总之，教育者在绘本教育过程中会综合使用各种方法。其目的就是更好地完成预定的教育计划，更好地为自闭症儿童服务。实际的教学过程中，教育者也可以视情况的不同而对不同的方法进行灵活地选择和组合。

第四节　自闭症儿童绘本教育的实施

绘本教育以其精美的画面和巧妙的语言文字给自闭症儿童带来了一个崭新的教育契机。因为，每本绘本就是一座浓缩了的博物馆、童话王国，在这里每一个自闭症儿童都可以感受到学习的乐趣。将绘本教育应用在自闭症儿童的教育活动中，主要目的还是希望能够唤起自闭症儿童的情感，激发自闭症儿童与外界环境交流的动机。所以，自闭症儿童绘本教育的实施就显得很重要。

一、创建绘本教育的物理环境

自闭症儿童绘本教育的实施，首要问题就是创建环境。常态儿童的绘本教育可以随意进行，不受环境因素的影响。但是，自闭症儿童对学习环境的要求较高。绘本教育的物理环境主要包括了教室内的明暗程度、桌椅的摆放、教室的空间面积、教室墙壁的颜色等，物理环境的设计要完全符合自闭症儿童的感知觉特征，良好的物理环境对自闭症儿童的绘本教育有较大的影响作用。因此，经过选择、组织、创造的有效的绘本教育物理环境才可能促进杰瑞安心专注地学习（图 5-6）。

图 5-6　绘本教育的物理环境

如图 5-6 所示，房间内的颜色尽量以黄色、蓝色为主，主要限定在 5 种颜色之内；灯光以温柔的光线为主，不宜过于昏暗，影响阅读质量；墙壁和地面要设置防撞的保护措施，而且以整洁、明亮为主，不宜过度装饰，以免分散自闭症儿童的注意力。

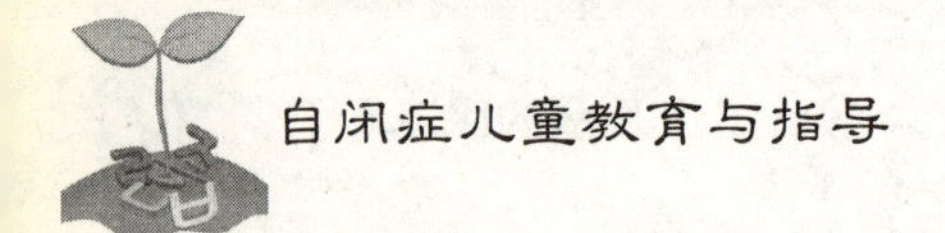

二、选择适合自闭症儿童的绘本阅读工具

自闭症儿童的绘本教育有其特殊之处，常态儿童的绘本教育，往往采取纸质版的绘本，在教育者的引导下进行绘本教育。但是，自闭症儿童的绘本教育，需要借助 iPad、多媒体等现代化的电子设备。这些现代化的阅读工具可以化无声为有声，化静为动，化枯燥为有趣；同时，将画面一幅一幅呈现在自闭症儿童面前，有助于自闭症儿童在脑中建构故事情节。

三、引导自闭症儿童做出决定

整个学习过程中都是由教育者做组织者、指导者、帮助者和促进者的角色，利用情景、绘本、电子设备等要素充分发挥自闭症儿童学习的主动性。这个学习的过程大致可以包括三个方面：

（一）由自闭症儿童选择学习的起点

每一次进行绘本教育的起点都是由自闭症儿童来决定。首先争取自闭症儿童的意见，让自闭症儿童拿取绘本，并且选择自己感兴趣的一页。尽管你认为自闭症儿童无法完成这样的动作，但是教育者还是需要尝试这样做。

情景 5.4

教育者带着杰瑞走入教室。杰瑞径直走向书柜，从书柜上拿了好多绘本。杰瑞把绘本抱到角落处，一个人坐在角落主动翻阅已经选择的绘本。教育者轻轻地坐在杰瑞的身旁，不对杰瑞的行为做出任何阻挠和干预，只是看着杰瑞做出的行为表现，并辅以语言方面的称赞。可是，杰瑞并没有对教育者做出任何反应。

绘本教育的起点就是从这里开始的。如果自闭症儿童无法表现教育者预期的行为，教育者就应该对自闭症儿童进行适当地辅助。

（二）由自闭症儿童选择学习的进度

绘本教育的过程中，能够学多少知识或者学习多少内容，完全由自闭症儿童自己来决定。如果自闭症儿童决定停止学习活动，教育者此时也要做出回应，并且要服从自闭症儿童的选择。不可以过度强迫自闭症儿童继续参与绘本教育活动。刚开始，自闭症儿童都会有抗拒或者不配合的行为。但是，在参与绘本教育活动一段时间以后，自闭症儿童会慢慢适应绘本教育这种学习形式。

（三）不要塑造自闭症儿童的行为

绘本教育的过程既是一个获取新知的过程，也是一个敞开心扉的过程。因此，在绘本教育的过程中，教育者不能有意识地塑造自闭症儿童的行为，例如：教育者一定要求自闭症儿童坐好、认真翻书、对指令做出积极的反应。这些要求都是教育者的期望和主观目的，这些期望和目的强加在自闭症儿童身上就是塑造。塑造的结果就是刻板行为、强迫性行为，无法在生活中进行复制或者应用。因此，绘本教育的过程中要杜绝塑造自闭症儿童的行为。

四、关注自闭症儿童积极的行为

自闭症儿童在参与绘本教育的过程中，如果表现了积极的行为，教育者应该给予关注和回应，例如：当自闭症儿童看到绘本故事中的某个情节而兴奋地大叫时，教育者也应该模仿同样的行为或者称赞自闭症儿童的行为。所以，作为教育者，并不是只是关注自闭症儿童不良的行为，对于积极的正向行为更应该给予关注。反之，对于自闭症儿童在绘本教育过程中所表现的异常行为，可以适当采取忽视的方法，对其不良行为不予关注。

情景 5.5

杰瑞在参与绘本教育活动的过程中很安静，而且不断地与教育者有眼神交流。对此，教育者给予积极的回应，而且会不断地称赞杰瑞。可是，几分钟之后，杰瑞开始故意大叫，随意翻动绘本，打乱了原本的平静。对此，教育者没有给予干预，反而会模仿杰瑞的行为，引起杰瑞的注意。

当杰瑞表现好的行为时，教育者会积极地表扬杰瑞。但是，杰瑞有异常的行为时，教育者会采取另一

种措施，反而不会对杰瑞的行为给予过度的惩罚。在整个教育过程中，杰瑞的积极行为就这样不断地被关注和不断地重复着。

五、绘本情景模拟与场景再现

如果幼儿园条件允许，教育者应该组织自闭症儿童针对绘本故事做角色扮演的游戏，并配以相应的环境布置，使自闭症儿童有身临其境的感觉。情景模拟与场景再现的一个最主要的目的还是期望通过活动，加深自闭症儿童对绘本内容的理解，以及将理论应用于实践的目的。绘本教育不是为了让自闭症儿童获取抽象的概念，而是期望能够唤起自闭症儿童的情感交流与语言交流能力。所以，绘本教育的过程中还应该体现情景模拟与场景再现的环境，真正做到“在玩中学”。

第五节　自闭症儿童绘本教育的主题活动

本节我们分享两例自闭症儿童绘本教育的主题活动，以此，更好地诠释如何在绘本教育过程中对自闭症儿童施以有效的教育支持。

主题一：我 知 道

一、绘本教育目标

1. 自闭症儿童能够与教育者建立良好的学习关系。
2. 自闭症儿童能够主动参与绘本教育活动。
3. 自闭症儿童能够有主动性发音。

二、课前准备与人数安排

1. 课前准备：绘本、电脑、投影仪。
2. 人数安排：1～3人。
3. 障碍程度：轻度。

三、活动过程

1. 教育者与自闭症儿童打招呼，要求自闭症儿童坐好。教育者向自闭症儿童说明上课规则。

2. 教育者将绘本的第一页经过投影呈现给自闭症儿童。请一位口语能力较好的自闭症儿童说一下图画中有谁、去哪里、做什么等，教育者需要视情况协助、提示、发问以及适当地鼓励。

3. 第一位自闭症儿童讲完之后，教育者将绘本的第二页呈现给自闭症儿童，引导其他自闭症儿童逐一介绍画面内容。如果自闭症儿童不会说，教育者将手指着这位自闭症儿童不会说的内容，引导自闭症儿童有发音表现，例如：教育者指着“房子”图片，引导自闭症儿童仿说。

4. 学习过程中，有个别自闭症儿童离开座位或者自言自语，助教将协助自闭症儿童进行学习，并适当满足其需要。但是，教育者不会强制要求这些自闭症儿童参与学习活动。

5. 自闭症儿童在参与活动的过程中，教育者针对每位自闭症儿童的表现给予赞美和鼓励，并且和每一位自闭症儿童击掌、拥抱作为强化物，以激发自闭症儿童的积极行为。

6. 活动结束以后，教育者会引导自闭症儿童收拾教具，然后排队离开教室。

四、反思

“我知道”这个主题活动的思路是通过仿说的方式，帮助自闭症儿童认识绘本中的内容，并尝试建立基本概念。具体而言，主要的优点和不足有以下几个方面：

1. 优点。

(1) 能够尊重自闭症儿童个人的意愿和需要。

(2) 充分锻炼自闭症儿童的言语能力。

(3) 能够善于引导,并施以差异性教学。

2. 不足。

(1) 学习过程中缺乏总结。

(2) 没有将绘本教育进行延展。

主题二:下雨的一天

一、绘本教育目标

1. 自闭症儿童能够参与绘本教育活动。

2. 自闭症儿童能够选择自己喜欢的绘本。

3. 自闭症儿童能够指点画面内容。

二、课前准备与人数安排

1. 课前准备:绘本、电脑、投影仪。

2. 人数安排:1～3人。

3. 障碍程度:中度及重度。

三、活动过程

1. 教育者先创设一间适合做绘本教育的房间,同时对房间内的墙壁做特殊设计,例如:房间墙壁的颜色要尽量迎合自闭症儿童的兴趣。

2. 教育者在教室内只会呈现与绘本教育有关的工具,例如:事先做好的纸片、绘本所用的电子设备或者绘本图书。教育者把这些教学用具都放在指定的位置,便于自闭症儿童拿取和摆放。

3. 自闭症儿童来到教室以后,刚开始自闭症儿童会不停地走动,似乎对教室内的活动很不感兴趣。

4. 教育者不会强迫自闭症儿童参与活动,但是教育者在教室内会不断地重复自闭症儿童的行为,似乎要引起自闭症儿童的关注和兴趣。

5. 一段时间以后,自闭症儿童开始注意教育者的行为,而且有眼神交流。教育者抓住这样的机会,有目的性地把自闭症儿童的注意力迁移到绘本教育的活动中来。刚开始,教育者只是把绘本呈现给自闭症儿童,不对自闭症儿童做任何要求,只等待自闭症儿童自己做出反应。

6. 自闭症儿童不断地翻阅一本名为《下雨的一天》的绘本,而且是很迅速地就翻阅完整本绘本。接下来,自闭症儿童会停在某一页上,这就是教育的契机。教育者及时抓住这个契机,并且主动指点绘本内容,慢慢陈述绘本中的情节。此时,自闭症儿童也会比较安静地坐着,与教育者分享绘本中的内容。

7. 简单的绘本教育过程只需要2分钟左右,而且只需要看完一页或者两页即可。接下来,教育者会把绘本中的情节在生活中再现,例如:刚刚看到了绘本中有下雨的情节。于是,教育者就会引导自闭症儿童把纸张撕碎,将碎纸片抛向空中,模仿下雨的情节。

8. 最后,教育者用一首儿歌结束整节课的学习,让自闭症儿童在快乐的情绪中离开教室。

四、反思

“下雨的一天”这个主题活动,主要是遵从自闭症儿童自己的选择和需要,以自闭症儿童个人的经验和兴趣作为主要的切入点。具体而言,主要的优点和不足有以下几个方面:

1. 优点。

(1) 有了一个适合绘本教育的空间,能够让自闭症儿童更好地参与绘本教育活动。

(2) 教学过程中,教育者的耐心引导和积极的关注,换取了自闭症儿童的信任与后面的积极参与。

(3) 能够将绘本内容进行生活化的延展。

(4) 善于把控自闭症儿童的情绪，能够做到最好的引导。

2. 不足。

(1) 活动过程缺乏程序性，所以会对教育者的个人经验有较高的要求。

(2) 课后结束环节缺少总结。

通过对两例绘本教育的主题活动进行分享和反思，可以让我们更好地发现自闭症儿童绘本教育的实施过程不同于常态儿童的绘本教育。自闭症儿童绘本教育的实施过程中，还需要教育者能够创建一定的学习环境，用耐心和责任心对待自闭症儿童的选择和需要，循序渐进地进行引导和学习。篇章开头的【案例纪实】中，妈妈对杰瑞进行了绘本教育。但是，这次的绘本教育活动以不愉快的结果而收场，最终以失败告终。对于这次失败的绘本教育而言，妈妈没有尊重杰瑞的选择，更加没有考虑杰瑞的需要。因此，杰瑞的妈妈在第一次失败以后还依然采取了强硬的方式对杰瑞进行绘本教育。这样的方式、方法，只会让杰瑞更加抗拒参与绘本教育活动。自闭症儿童的绘本教育不是为了教会自闭症儿童如何阅读绘本，而是期望自闭症儿童在绘本教育过程中有情感的交流与语言的互动，期望自闭症儿童能够有自然性的行为与主动性的亲社会行为。所以，杰瑞的妈妈不应该强制性地要求杰瑞做出表现。反而，应该多创设情景，并且以引导、尊重为主，对杰瑞自然性的正向行为给予积极的回应，以期待杰瑞能够逐渐适应绘本教育活动，以及将绘本教育活动的内容迁移到生活中。

【章节要点回顾】

本章共分为五节，第一节叙述了什么是绘本教育以及绘本教育的意义。传统的绘本教育是一种以教育者为主导而进行的辅导儿童学习阅读的教育活动。而自闭症儿童的绘本教育，是期望能够以自闭症儿童为主体进行学习，教育者只是作为辅助者和引导者，对于儿童认知发展、社会性行为、生活经验、情感体验有积极的意义。

第二节主要叙述了自闭症儿童绘本教育的原则和绘本教育的内容。自闭症儿童绘本教育的原则包括：连续性原则、整合性原则、顺序性原则、衔接性原则。自闭症儿童绘本教育的内容包括：自闭症儿童能够参与的活动、自闭症儿童的生活琐事、自闭症儿童的兴趣。

第三节主要叙述了自闭症儿童的评估与计划制订。自闭症儿童在参与绘本教育的过程中，必须要进行评估并制订合理的教育计划。

第四节主要叙述了自闭症儿童绘本教育的实施。自闭症儿童绘本教育的实施包括：创建绘本教育的物理环境、选择适合自闭症儿童的绘本阅读工具、发挥自闭症儿童的主动性、关注积极的行为、情景模拟与场景再现。

第五节主要讲述了两例自闭症儿童绘本教育的主题活动。两例绘本教育主题活动，分别以“轻度”和“中度及重度”的自闭症儿童为例，通过讲述过程和自我反思阐明了其优点和不足。

思考与练习

1. 自闭症儿童的绘本教育一定要使用纸质的绘本吗?

2. 为什么绘本教育中要首先创设物理环境?

3. 绘本教育的评估目的是什么?

第六章

自闭症儿童的感觉统合教育

章节重点

本章重点是教育者在了解感觉统合教育的概念、意义的基础上，掌握自闭症儿童感觉统合教育的原则、内容；结合自闭症儿童的评估结果，设计感觉统合教育的主题活动，初步对自闭症儿童施以感觉统合教育。

案例纪实

小康是一名自闭症儿童，在学校经常走路摔倒，或者不停地转圈，而且不会晕倒。对此，小康的班主任告诉小康的妈妈，这是因为小康感觉统合失调所致。所以，小康的妈妈每天为小康在家进行感觉统合教育。每天小康的妈妈都要求小康完成爬滑板100次、桶帽的旋转200次、拍球500次，以此帮助小康提升感觉统合的能力。如果小康很疲惫而拒绝参与活动，小康的妈妈会强制小康完成学习任务或者用食物强化，一定要求小康完成当日感觉统合教育的内容。

时间过了大概半年，小康在学校虽然摔倒或者自己旋转的行为有所减少，但是小康会有较多的情绪问题，经常发脾气或者自伤。

思考题： 1. 你对于小康妈妈的教育方式有何看法？

2. 小康为何会有情绪问题？

3. 你认为应该怎样对小康进行感觉统合教育？

【章节内容】

早在1972年，美国南加州大学心理学家Dr. J. Ayres就通过大量调查研究发现并提出了感觉统合理论(Sensory Integration Theory)。虽然Ayres提出了感觉统合理论，但是并未提出具体的训练建议和方法，因此不同领域的研究者对此理论的解释和观点出现了很多不同见解，例如感觉统合是否一定需要通过运动进行、感觉统合训练以强制还是以自由选择为基础等问题，一直影响和困扰国内一线教育者和家长，同时也因此出现了很多的矛盾以及分歧。以下着重对感觉统合的相关问题逐一介绍。

第一节　感觉统合教育概述

儿童在参与学习活动的过程中，都会遇到一些感觉统合方面的问题，例如：学龄前以及学龄儿童中感觉统合失调的发病率较高，约有5%～10%的学龄儿童因为有比较严重的感觉统合功能失调而造成学习困难、情绪障碍或行为异常等问题(刘金同、郭传琴，2002)。具体表现为，有的儿童会出现写字写得不工整、有的儿童会走路摔倒、有的儿童到了一定年龄还无法区别左右等问题。对于这些儿童所表现的问题，

我们都可以称其为感觉统合失调。但是，究竟什么是感觉统合呢？什么是感觉统合失调呢？什么是感觉统合教育呢？以下就相关概念进行详细阐述。

一、感觉统合教育的相关概念

感觉统合是儿童大脑本身所具备的基本功能，这种功能的表现对儿童的认知、动作以及较好地适应内外环境和身心健康都有积极的作用。但是，感觉统合并不是高深的学理，反而是幼儿教育领域最基础的概念。

（一）感觉统合的概念

有关感觉统合的概念，大多学者都认为这是源于人脑的一种对客观环境刺激的反应，例如：感觉统合是指将人体器官各部分的感觉信息输入然后组合起来，经大脑整合，完成对身体内外的知觉并做出反应；只有经过感觉的统合，才能使神经系统的不同部分工作协调，个体与环境的接触才能顺利进行（吴艳芳，2013）。感觉统合是指脑通过个体从视、听、触、本体、前庭等不同感觉器官对输入的感觉信息进行选择、联系以及统一的神经心理过程，是脑对信息的加工过程，是人日常生活、学习甚至工作的基础（张众宜，2015）。感觉统合是机体在环境内有效利用自己的感官，从环境中获得不同感觉通路的信息（视觉、听觉、味觉、嗅觉、触觉、前庭觉和本体觉等）输入大脑，大脑对输入信息进行加工处理（包括：解释、比较、增强、抑制、联系、统一），并作出适应性反应的能力（杨强，2013）。

看来，人脑对客观环境的积极反应是需要有感官参与，并非凭空产生。同时，感觉统合的过程中，大脑是经过对信息加工后才做出的反应。诸如此类的观点众多，在此不做一一赘述（表 6-1）。

表 6-1　感觉统合的概念

学者（年代）	观　点	关 键 词
刘晓莉（2004）	感觉统合是将人体器官各部分的感觉信息输入组合起来，经大脑的统合作用，完成对身体内外的知觉并做出反应。只有经过感觉统合，神经系统的不同部分才能协调整体工作，使个体与环境接触顺利	人体器官、大脑、统合、神经系统、协调
胡秀杰（2006）	机体在环境内有效利用自己的感官，从环境中获得不同感觉通路的信息（视觉、听觉、味觉、嗅觉、触觉、前庭觉和本体觉等），输入大脑，大脑对输入信息进行加工处理（包括：解释、比较、增强、抑制、联系、统一），并作出适应性反应的能力	机体、感官、感觉通路、信息、大脑、加工处理
朱　江（2011）	感觉统合，将人体器官各部分感觉信息输入组合起来，经过大脑的整合，来完成对身体内外的知觉，并做出相适应的反应	人体、器官、感觉信息、输入、组合、整合、知觉、反应

从不同学者的观点可见，感觉统合是大脑对感官系统获取的客观环境信息做出主观反应的过程（图 6-1）。所以，我们认为**感觉统合就是机体有效地利用自身感官，将从环境中获得不同感觉通路的信息（视觉、听觉、味觉、嗅觉、触觉、前庭觉和本体觉）输入大脑，大脑对输入信息进行加工处理（包括：解释、比较、增强、抑制、联系、统一），并做出适应性反应的能力。**

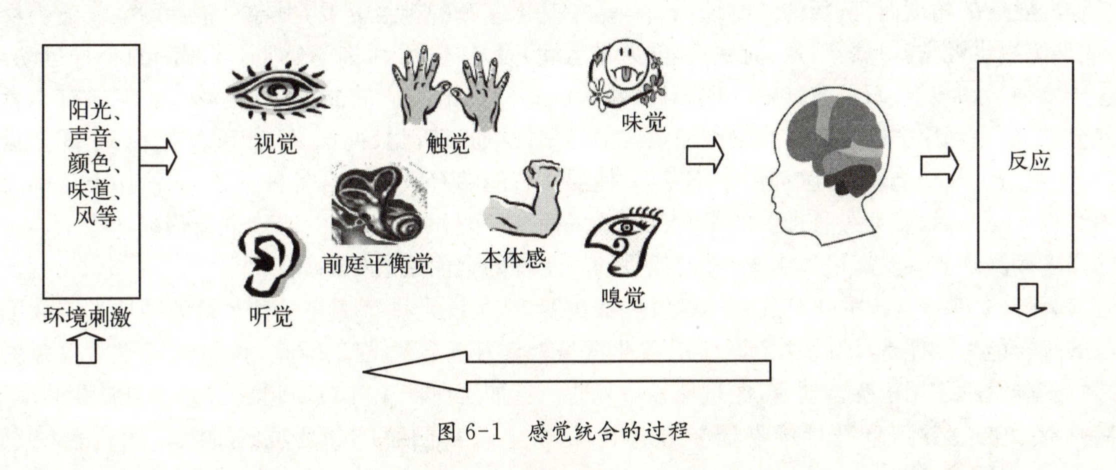

图 6-1　感觉统合的过程

（二）感觉统合失调的概念

从感觉统合的过程而言，因为感觉统合是指大脑对各种不同的感觉信息进行吸收、组织和反馈的整个过程，所以，在排除儿童任何其他发展性障碍时，当儿童表现出感觉统合困难（低于常态儿童两个标准差以上）时就被称为感觉统合失调（丁芳玉，2011）。还有学者认为，感觉统合失调是指任何原因使个案无法将环境中所接触到的各种感觉刺激加以组织、整合，使整个身体不能和谐有效地运作（朱国伟，2012）；感觉统合失调指的是外部的感觉刺激信号无法在幼儿的大脑神经系统进行有效地组合，从而使得机体不能和谐地运作，最终导致形成各种障碍而影响身心健康（李茜，2013）。

综合不同学者的观点，感觉统合失调一定是在大脑对感觉信息的处理过程中出现了问题，才导致儿童出现写字不工整、摔倒、分不清楚方向等问题。所以，所谓**感觉统合失调是指任何原因使感觉刺激信息不能在中枢神经系统进行有效组合，使个体机能不能和谐有效运作，就称为感觉统合失调**（王艳玲，2012）。感觉统合失调主要包括前庭障碍、本体障碍、触觉障碍、视知觉障碍、听觉系统障碍。

1. 前庭感觉障碍的表现：多动不安、走路易摔倒、原地转圈、上课不专心、爱做小动作、调皮任性、兴奋好动、粘人、自控能力差、情绪不稳定、容易违反课堂纪律、容易与人冲突、爱挑剔、很难与其他人同乐、很难与别人分享玩具和食物、不能考虑别人的需要，有些孩子还可能出现语言发展迟缓、说话词不达意、语言表达困难等。

2. 本体感觉障碍的表现：方向感失调、容易迷路、容易走失、不能玩捉迷藏、闭上眼睛容易摔倒、站无站姿、坐无坐相、容易驼背、近视、过分怕黑。

3. 触觉障碍的表现：害怕陌生的环境、吃手、咬指甲、爱哭、爱玩弄生殖器等，过分依赖父母、容易产生分离焦虑或过分紧张、过分碰触各种东西，有强迫性的行为（一再地重复某个动作），个人表现缺乏自信、消极退缩，语言和行为表现笨嘴笨舌、笨手笨脚、惹是生非、爱惹别人、偏食或暴饮暴食、脾气暴躁。

4. 视知觉障碍的表现：尽管能长时间地看动画片或者玩电动玩具，却无法顺利地阅读，经常出现跳读或漏读以及多字、少字；写字时偏旁部首颠倒，甚至不认识字，学了就忘，不会做计算，常把数或字写颠倒，例如：把 9 写成 6，把 79 写成 97，把“朋友”写成“友朋”，常抄错题或抄漏题等。

5. 听觉系统障碍的表现：对别人的话听而不见，丢三落四，经常忘记老师说的话和留的作业等。

（三）感觉统合教育的概念

感觉统合教育与感官教育是一脉相承的，感官教育是感觉统合教育理论提出的基础。20 世纪意大利幼儿教育家 Montessori 非常重视儿童的感觉学习，提出了感官教育。蒙台梭利提出感官教育是指以系统的感官教育为依据，采用能个别刺激感觉的感官教具为媒介，从不断训练、强化的过程中来获得智能教育中不可欠缺的各种概念，从而为发展知觉和思维奠定基础。

目前，国内外许多学者在研究或者教学过程中都将其称为感觉统合训练。从儿童的角度而言，所谓感觉统合训练是指让儿童有目的地进行身体活动，依靠运动刺激后产生的感觉信息传输至大脑，经由大脑的有效组合，从而推动集体产生正确行为反应的训练（南丁丁，2013）；还有学者认为，感觉统合训练就是儿童参与到有计划、有指导，以及有针对性的游戏活动当中。通过各种专业器械进行感觉刺激作用，以此来增强及改善大脑的整合功能（崔刚，2013）。

从神经发展的角度而言，所谓感觉统合训练是指基于儿童的神经需要，引导对感觉刺激作适当反应的训练，此训练提供触觉、视觉、听觉、前庭觉（重力与运动）及本体觉（肌肉与感觉）等刺激的全身运动，其目的不在于增强运动技能，而是改善脑处理，组织并构成感觉资讯方法的能力（赵媛，2013）。还有学者认为感觉统合训练，是利用个体发育过程中神经系统的可塑性，通过听觉、视觉、基础感觉、平衡、空间知觉等方面的训练，刺激大脑功能，促进脑神经细胞发育，使受试者能够有效地整合各种感觉，从而作出正确反应的一种训练方法。所以，感觉统合训练的根本目的是发挥孩子的积极主动性，让孩子在感统训练中通过各种外来的强度刺激唤醒并提高机体水平，进而促进神经系统的全面发展（郑鸣晓，2014）。

看来，无论是基于儿童的角度还是神经发展的角度，感觉统合训练都是一种有目的性地训练大脑对感官刺激的统合能力。但是，训练这个词应用在儿童身上实在有待商榷。因此，我们建议使用教育更为妥当。感觉是刺激物作用于感觉器官，经过神经系统的信息加工所产生的对该刺激物的个别属性的反映；统合是将所接受的感觉信息进行接收分类的过程，是个体对自己躯体和环境的神经作用过程（史筱蕾，

2014)；而教育主要是指根据一定的社会或阶级要求，有目的、有计划、有组织地对受教育者身心施加影响，把他们培养成一定社会或阶级所需要的人的活动。所以，综合感觉、统合、教育的定义，所谓**感觉统合教育就是根据一定的教育目的，培养儿童的大脑对感官获取的信息进行接收、分类的能力，使个体能够更好地适应环境要求。**

二、感觉统合教育的意义

感觉统合失调明显地会影响儿童的学习成绩(李丹，1998)。虽然在日常生活、学习过程中，儿童的感觉统合失调问题会得到自愈(黄悦勤、李旭东，2002)。但是，儿童处于身心发展的关键时期，早期的干预无疑能够促进儿童认知能力的发展(张胜彪，2005)。因此，感觉统合教育才对儿童有重要的意义。

(一) 促进儿童的生理成熟

感觉统合的训练提高了前庭功能，增强了肌肉、关节的动觉和触觉的功能以及将视听感觉与其他感觉讯息相统合的能力，促进了感觉器官与肢体间的协调，也就相应地发展了脑整合的能力(陈国庆，2008)。同时，幼儿骨骼、肌肉成长的同时，也促进幼儿神经系统组织整合功能的发展，而这种能力是日后进行高级运动以及学习阅读的基础(刘建恒，2008)。不仅如此，感觉统合训练对原发性遗尿症儿童具有改善作用，能够改善原发性遗尿症患儿对膀胱容量变化的感知和睡眠觉醒障碍，而且有助于原发性遗尿症患儿的中枢神经系统发育成熟，减少无意识排尿行为的发生(刘芳等，2010)。

实际研究中也发现，通过对22例5～8岁实施感统训练的自闭症儿童的静态平衡能力、动态平衡能力以及多项身体素质与运动能力的测试数据得出，感觉统合训练可以有效改善自闭症儿童的静态平衡能力与动态平衡能力，可以增强自闭症儿童下肢以及腰腹部肌群力量、运动协调能力以及心肺耐力，尤其对增强下肢肌肉爆发力的效果显著(戴昕、马廷惠，2008)。

所以，通过感觉统合教育，儿童机体动作变得更加灵活、协调、平衡、柔软，为儿童将来的运动能力和协调性打下坚实的基础。总之，无论从理论层面还是实践层面而言，感觉统合教育都可以更好地提升儿童的生理成熟度。生理的成熟为心理的发展奠定了基础，为儿童更好地参与社会活动或者学习活动提供了可能。

(二) 促进儿童的心理发展

感觉统合教育不仅能够提升儿童运动的协调能力、注意力集中程度，还有手眼协调能力、自我控制能力、运动速度和稳定性等方面(吴彩虹、邹卫英、吴华、李岩，2012)。而且对于儿童的智力、情绪与情感、社会性等心理行为发展具有明显的作用(王宇中、陈书香，2005)。

一方面，感觉统合教育可以有效提高儿童的智力水平(苑金美、张大伟，2005；许剑虹，2004；张秋菊，2012)。因为，感统教育可以改善儿童的大脑功能，而大脑功能的改善与智力水平的提升有积极的正相关。

另一方面，感统教育能够通过丰富多彩的游戏活动，使得幼儿在身体动作协调性方面得到锻炼，心理、情绪、精神方面也能得到陶冶(张慧，2011)。因为，让儿童在环境中获得充分的探索和操作机会，使神经、肌肉及骨骼均获得正常的发展，才能形成开朗主动的个性、愉快稳定的情绪以及适当的行为，日后才能顺利地适应团体生活和学习。

最后，感觉统合训练不仅仅是一种生理上的功能训练，儿童在训练过程中也获得熟练的感觉，增强儿童的自信心和自我控制能力，在指导下感觉到自己对躯体的控制能够让儿童由原来焦虑的情绪变得积极愉快(王渊，2012)。

(三) 有助于改善儿童感觉失调的问题

感觉统合训练能明显地纠正儿童前庭平衡失调、触觉过分防御、本体感失调、学习能力发展不足等感觉统合失调情况。包括粗大动作、小肌肉精细动作、手眼协调能力等都会有所提高，肌张力、注意力也会有所改善。

(四) 有助于提升儿童的学习能力

感觉统合训练在改善儿童感觉失调症状以及人际关系、学习障碍等方面收到了较明显的效果(邓红珠，2002)。具有阅读跳读、漏字，写字笔顺颠倒、偏旁部首错误等学习能力不足的儿童，在接受感觉统合训练之后，症状得到改善，能够基本顺利阅读、能书写简单的汉字(刘照佩，2013)。

第二节　自闭症儿童感觉统合教育的原则与内容

感觉统合教育是通过科学设计的特殊器材，以游戏的方式对儿童进行训练，让儿童在滚、爬、仰、卧、摇、跳等运动中感受大量的感觉刺激，促进感觉统合能力的形成和提高，达到改善大脑信息加工行为和促进大脑整体平衡的目的（钟凤英、沈锦红、胡建玲，2007）。但是，在自闭症儿童感觉统合教育的过程中，有其特殊之处需要教育者必须遵守相应的教育原则，选择适当的教育内容。

一、自闭症儿童感觉统合教育的原则

自闭症儿童感觉统合教育的原则，主要以自闭症儿童为核心，着重考量自闭症儿童自身的需要、能力、兴趣等信息。所以，自闭症儿童感觉统合教育的原则，与常态儿童的感觉统合教育原则有较大的差异性。

（一）多元性与全面性原则

从感觉统合教育的内容而言，一种感觉统合教育项目可以变化一些其他方式或者联合其他的器材共同为自闭症儿童增加输入感觉刺激。也就是说，一种器械可以呈现多种形式的教育内容。

情景 6.1

小康在感统室选择了一个滑板，于是教育者便先引导小康坐在滑板上面让其他小朋友拉动滑板，带动小康向前行进。一段时间以后，小康再用同样的动作拉动其他小朋友向前行进；活动结束以后，教育者又让小康趴在滑板上面向前爬行，如此反复进行 10 次。

小康对滑板不同方式的使用就体现了一种器械可以呈现多种教育内容。同时，感觉统合教育中要包含多个方面。具体而言，主要包括速度的快慢、头和地面的垂直与平行，坐、站、躺、卧等姿势，各个方位和旋转的刺激方向，以及时间的长短都可以增加感觉刺激的输入。

（二）自然性与自主性原则

从自闭症儿童的角度而言，感觉统合教育要遵循自然性、自主性原则。具体而言，就是在实际的感觉统合教育过程中，每一个游戏都是精心设计的，教育者可以让自闭症儿童选择自己喜欢的游戏进行活动从而达到感觉统合教育的目的；教育者也可以通过布置丰富的教室环境帮助自闭症儿童自然而然地投入游戏活动中。

（三）适宜性与安全性原则

从自闭症儿童的角度而言，感觉统合教育要遵循适宜性与安全性原则。适宜性原则主要指感觉统合的教育内容要与自闭症儿童的生理年龄和心理年龄相一致；安全性原则是指在实际的感觉统合教育的过程中，教育者要注意保护自闭症儿童的人身安全不要受到二次伤害。

（四）游戏性和快乐性原则

从感觉统合教育的形式和内容而言，感觉统合教育要遵循游戏性与快乐性原则。一方面，教育者应创设一些有挑战性的但是自闭症儿童能够成功实现的游戏活动；另一方面，感觉统合教育能够让自闭症儿童在学习过程中获得快乐而产生自信心和自尊心，让自闭症儿童在玩中学、玩中练，以达到学习的目的。

（五）渐进性与持续性原则

从感觉统合教育的方式而言，教育者要注意渐进性与持续性的原则。一方面，感觉统合教育的难度要适度，遵循从易到难、循序渐进的原则。有些任务对个别自闭症儿童来讲有一定的难度，这些难度容易引发自闭症儿童产生负面情绪，教育者在实际的教育过程中要对自闭症儿童给予及时的提示和必要的帮助；另一方面，对自闭症儿童进行感觉统合教育的持续过程一般是 3 个月至 2 年，就部分感觉统合失调较为严重的自闭症儿童而言，其接受教育的时间更加长。自闭症儿童感觉统合教育的过程必须遵循持续性原则，有始有终才能达到感觉统合教育的效果。

综上所述，自闭症儿童感觉统合教育的原则主要是基于教育者、受教育者、教育方式和教育内容而言。

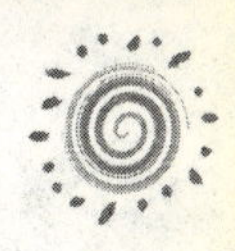

目的就是最大化地激发自闭症儿童参与感觉统合教育的积极性，凸显感觉统合教育的意义和价值。

二、自闭症儿童感觉统合教育的内容

感觉统合教育是基于大脑组织协调感觉信息不良的假设，提出感觉统合教育应提供感觉输入的控制，特别是从前庭系统、肌肉关节和皮肤等而来的感觉输入。所以，感觉统合教育的内容主要集中在前庭、本体、触觉、视知觉、听觉系统五个方面。由于篇幅有限，以下只呈现部分游戏活动。

（一）前庭觉方面的感觉统合教育

前庭觉是利用内耳的三个半规管与耳石来侦测地心引力并控制头部或大脑的方位，从而提供身体重力与空间的感觉信息，以便让身体不管是不是在移动中，还能保持平衡状态。借由前庭系统，人能够清楚知道身体各部位的位置、动作，以及自己与地心引力之间的相对位置，维持全身肌肉的张力、姿势。前庭觉方面的感觉统合教育主要运用的运动器械有大龙球、滑梯、平衡踩踏车、袋鼠袋、晃动独木桥、圆筒、圆形滑车、平衡台（表6-2）。

表6-2　前庭觉方面的教育内容

活动1	跳　数　字
目　　的	增强身体平衡能力及重力感
要　　求	用不粘胶剪出大的数字1～10或1～20贴到地板上，让儿童从一个数字跨到另外一个数字上，以跨到圆形内为胜
难度设置	1. 如果儿童还不懂得数字，可贴不同颜色的数字，然后让儿童按颜色跳 2. 让儿童按指定的数字跳或者按单、双数跳 3. 可玩双人游戏，创造出各种玩法，以最终达到终点为胜
给予帮助	1. 如果儿童跳跃技巧不成熟，可在开始时握他（她）的双手或夹着儿童的腋下帮助他（她）跳跃 2. 如果儿童不懂得或不遵守游戏规则，要随时给予身体或口头的辅助
活动2	**平衡台互相扶持**
目　　的	改善身体协调不良的情况，对身体协调、触觉感、前庭体系都起到刺激的作用
要　　求	教育者和儿童共同站上平衡台，两人双手紧握，互相保持平衡。由于站姿使重力感不稳定，两人配合的动作对相互合作关系的建立有一定的帮助作用。摇晃时可先练习由教育者带动儿童，再由两人在同一速度上配合彼此摇动的韵律，速度要适中，不要过快
难度设置	1. 儿童与教育者共同站立在平衡台上进行摇晃 2. 儿童与儿童共同配合站立在平衡台上进行摇晃
给予帮助	1. 用夸张的身体晃动动作来带动儿童，充分调动起儿童的兴趣，但速度不要快 2. 鼓励儿童配合你晃动的速度来调节自己的身体平衡
活动3	**手抱大型物挡住视线还能走至少3米远**
目　　的	改善儿童的身体控制以及平衡能力
要　　求	让儿童拿着或双手抱着大型的物件向前走
难度设置	1. 选择重量适中的物品做训练 2. 选择较重的物品进行训练
给予帮助	注意随时提醒儿童走路的姿势和前面的方向，站在离儿童不远的地方，随时注意防止儿童摔倒等情况发生

（二）本体觉方面的感觉统合教育

本体觉又称为运动觉或肌肉关节运动觉，接受来自皮肤、肌肉、肌腱、关节、韧带、骨骼等的刺激，使个人意识到关节运动或其位置的感觉；察觉动作的方向、速度和大小，以在正确的时间点产生动作；察觉肌肉使力的大小，从而使个体决定用多大的力去抓握或举起物体。本体觉方面的感觉统合教育用到相关训练器械有：滑板、晃动独木桥、跳床、垂直平衡木、平衡台、S形水平平衡木、圆形平衡板（表6-3）。

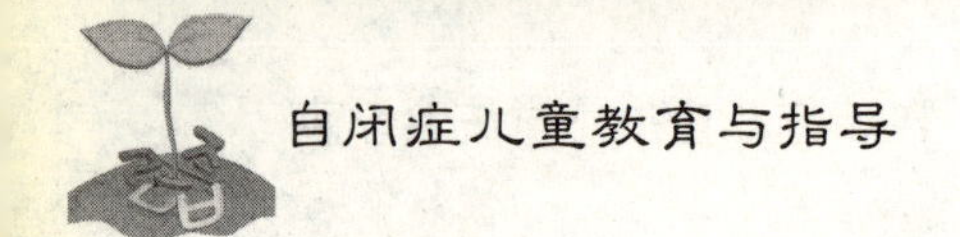

表 6-3　本体觉方面的教育内容

活动 1	打保龄球
目　　的	发展手眼协调能力
要　　求	把儿童保龄球放在 1 米左右的距离，让儿童用黑色的大球击倒远处的保龄球
难度设置	1. 开始时距离可以很近，以便让儿童容易击中，有成就感 2. 要求儿童按训练要求的距离击球 3. 逐个地把球摆在地上让儿童击打，开始时距离要近一些，5 次击球中有 3 次击倒球瓶便可以通过
给予帮助	1. 开始时给予儿童大量的身体协助，直至儿童掌握要领 2. 每一次增加难度时都需要随时给儿童提醒、纠正，并做出示范动作
活动 2	滑　　雪
目　　的	促进身体两侧协调与计划动作的能力
要　　求	让儿童两脚分别踩着一张纸，当作是雪橇，可前进或后退地踩着纸行走
难度设置	1. 只用一只脚踩纸前进 2. 双脚踩纸前进 3. 赤脚踩纸前进 4. 赤脚踩纸前进或后退
给予帮助	给予适当的搀扶；提醒儿童如何保持身体的平衡和适当的运动
活动 3	俯卧大龙球抓东西
目　　的	改善身体协调，强化手眼协调及双侧肢体的平衡控制，促进运动企划能力
要　　求	协助儿童俯卧到大龙球上，保持平衡姿势。把儿童喜欢的一个玩具放在大龙球滚动时儿童伸手可触的地方。协助儿童卧在球上前后慢慢滚动，让儿童探身去摸玩具，必要时可使用会发声的玩具，以帮助儿童辨明玩具所在的方位
难度设置	1. 开始时玩具只放在很近的距离，让儿童容易取到 2. 逐渐地可以将玩具放稍远一点，并在儿童探身取球时提醒他(她)尽量自己保持身体的平衡
给予帮助	1. 由始至终的身体协助 2. 口头指导或提醒

（三）触觉方面的感觉统合教育

触觉指人利用全身皮肤上的各种感觉接收器来接收周遭环境中的温度、湿度、压力、痛痒、物体的材质、形状，以及体积大小等感觉信息。触觉方面的感觉统合教育主要用到的器械有平衡触觉板、按摩球、波波池(表 6-4)。

表 6-4　触觉方面的教育内容

活动 1	滚筒式时光隧道游戏
目　　的	改善触觉敏感或不足，以及调节前庭感觉
要　　求	让儿童倒爬到隧道里
难度设置	1. 开始时儿童可能害怕或不理解要求，可以先培养儿童对隧道的兴趣，把球滚到隧道里，鼓励儿童爬进去捡球，表扬他/她的勇敢尝试 2. 协助儿童双脚放在前面，倒爬到隧道里，边帮助边给予口头提示，语气要轻柔，以免引起儿童紧张而拒绝合作
给予帮助	1. 由始至终身体协助 2. 由始至终的口头指导及适当的鼓励表扬
活动 2	糊　壁　纸
目　　的	提供触觉刺激，改善计划动作能力

续　表

要　　求	让儿童靠墙壁站立，以身体当作滚筒贴着墙壁滚动，好像在糊壁纸。先向一个方向滚动，然后再向反方向滚动
难度设置	1. 只滚动3～5下 2. 从墙壁的一端滚到另外一端
给予帮助	提醒儿童注意头不要碰到墙壁。必要时给予身体协助，例如：儿童滚动时离墙壁太远
活动3	**抱　球　翻　滚**
目　　的	提供前庭刺激，抑制颈部张力反射
要　　求	儿童躺在垫子上，双手抱着一个排球大小的球，高举过头，由垫子的一端往返滚动，球不可以松掉
难度设置	1. 滚3～4下 2. 从垫子一端滚到另外一端
给予帮助	开始时儿童可能无法呈直线滚动，成人需要给予身体协助推动他的肩膀或脚，把他的身体尽量推到呈直线的姿势

（四）视知觉方面的感觉统合教育

视知觉是指为儿童提供视觉注意力、视觉记忆、视觉区辨及视觉想象等。视知觉方面的感觉统合教育主要用到的器械包括插棍、皮球、套环等（表6-5）。

表6-5　视知觉方面的教育内容

活动1	**手 摇 旋 转 盘**
目　　的	改善视觉阅读能力
要　　求	让儿童用双手抓住转盘的两端，独立坐在转盘上摇动，但是不许从转盘上掉下来
难度设置	1. 开始时儿童可能害怕或不理解要求，可以先培养儿童对转盘的兴趣，并尝试鼓励儿童勇敢一点，慢慢尝试坐在转盘上 2. 协助儿童双脚盘好，坐在转盘里，边帮助边给予口头提示，语气要轻柔，以免引起儿童紧张而拒绝合作
给予帮助	1. 由始至终身体协助 2. 由始至终的口头指导以及适当的鼓励表扬

（五）听觉方面的感觉统合教育

听觉方面主要指能够通过中枢听觉神经系统，有效地处理所有声音来源，包括对声音的定位、分辨、确认、解读、排序、比较与记忆对比等过程。听觉方面的感觉统合教育主要用到的器械包括哨子、铃铛、音响等（表6-6）。

表6-6　听觉方面的教育内容

活动1	**听一听，说一说**
目　　的	改善听觉记忆能力
要　　求	让儿童背对着教育者站好，教育者在距离儿童身后2米左后的距离手摇铃声，要求儿童说出铃铛发出了几次声音
难度设置	1. 开始时儿童不理解游戏规则而拒绝参与游戏，教育者要经过多次示范，并尝试引导儿童参与游戏活动 2. 要求儿童独立背对教育者站好，教育者适当增加与儿童之间的距离
给予帮助	1. 由始至终身体协助 2. 由始至终的口头指导以及适当的鼓励表扬

综上所述，自闭症儿童感觉统合教育的内容可以从前庭、本体、触觉、视觉、听觉等方面进行考量。每个游戏活动本身不仅仅是一个游戏项目，例如：前庭项目的游戏活动，也同时可以成为视觉、听觉游戏活

动项目。因为，个体在参与游戏活动的过程中，心理活动是不可能单独出现的，所有的心理活动都在共同参与学习活动。所以，每个项目的游戏活动是可以相互服务、相互交叉、相互合作的。

第三节 自闭症儿童的评估与教育计划

自闭症儿童在参与感觉统合教育活动之初要先接受评估。此时的评估可以是有关自闭症儿童心理能力的评估，也可以是感觉统合的评估。一般而言，教育者都会根据自闭症儿童心理能力的评估结果制订教育计划。个别学校或机构也会对自闭症儿童进行感觉统合的评估。

一、自闭症儿童的评估

自闭症儿童的评估，主要通过访谈、观察、量表三种方式完成。

（一）借助访谈法的评估

教育者可以与自闭症儿童的父母或者监护人进行交流，进一步了解自闭症儿童平日在家中的实际表现，尤其是在动作方面的表现。

情景 6.2

教育者：小康平时走路会不会跌倒？

父　母：小康走路很稳，一般都不会摔倒。但是，小康很喜欢转圈。

教育者：可以形容一下吗？

父　母：小康会大声尖叫、小康会不停地旋转等。

……

教育者通过访谈，对小康的感觉统合情况有了初步的了解，为教育计划的制订提供了帮助。访谈结果表明，小康存在一定的感觉统合失调问题。因此，教育者可以对小康实施感觉统合教育。

（二）借助观察法的评估

教育者也可以借助观察的方法，对自闭症儿童在日常生活和学习中的表现进行记录。观察之前，需要做好记录的准备工作，以便于对被观察者的行为进行翔实地记录。

情景 6.3

一位教育者在教室内对小康的行为进行了观察，小康走进教室以后，径直走向粗糙的物品，不停地用指尖进行摩擦。不一会儿，小康会不断地咬自己的手，情绪很激动。教育者曾尝试阻拦，但是效果不好。小康会拒绝教育者的动作干预，而且情绪急躁时，咬手的次数会更多。

这就是通过观察获取的信息。但是，这样的观察要进行多次，因为只有小康的行为出现多次，甚至持续有一年之久，教育者才可以初步判定，小康有感觉刺激方面的问题，他需要接受感觉统合教育（表 6-7）。我们截取了小康行为观察记录的部分数据，以此来说明如何客观地评估小康是否需要接受感觉统合教育。

表 6-7　小康的观察记录

时　间	次　数	行　为　表　现
2015 年 3 月 7 日	21 次	小康在教室内不停地转圈或者咬手，有时小康会不断地撕纸
2015 年 3 月 8 日	29 次	小康在教室内不断地咬手，情绪兴奋时会不断地撕纸
2015 年 3 月 9 日	18 次	今天，小康的情绪有点低落，一个人坐在角落里不停地咬手，有时还会撕纸
2015 年 10 月 10 日	25 次	这一天，小康表现的行为问题更多了，不仅会转圈、咬手、撕纸，有时小康还会不断地出现撞头行为

行为观察记录的内容表明，小康的行为问题大概持续了有半年之久。从小康的行为表现来看，小康可能会存在感觉统合失调的问题。所以，教育者可以初步判定小康需要接受感觉统合教育。

（三）借助评估量表的评估

教育者也可以借助量表，通过客观的数据，可以更加客观地了解自闭症儿童的心理发展水平，为自闭症儿童制订科学的教育计划奠定基础。教育者对小康进行了 PEP 的量表评估，评估中涉及了语言、社交、大肌肉、小肌肉等不同心理层面。评估结果表明，小康在语言方面的得分是 12 分、社交方面是 10 分、大肌肉方面是 9 分、小肌肉方面是 7 分……

教育者通过评估结果可以了解到，小康心理不同层面的发展水平相对均衡。结合评估结果，教育者就可以制订较为客观的教育计划。

（四）形成书面报告

教育者需要对自闭症儿童进行评估，并且在最后形成书面的评估报告。下面，我们以案例中小康的评估结果为例（表 6-8）。

表 6-8 小康的评估结果

第一部分 儿童基本资料			
姓名：小康	性别：男	年龄：6 岁	
出生日期：2009 年 3 月	评估日期：2015 年 9 月		
第二部分 测验分数			
发展及行为测验	原积分	发展年龄(月)	障碍程度
认知	35	32	恰当
语言表达	8	20	中度
语言理解	9	16	中度
小肌肉	7	15	中度
大肌肉	9	16	中度
社交互动	10	17	中度
生活自理	12	22	中度

从小康的评估结果而言，小康的各方面能力较好，尤其在认知层面的发展最好，其他方面的发展程度均呈现中度水平。针对小康的感觉统合教育计划的难度可以适当提高，以促进小康各方面能力的发展。

二、自闭症儿童感觉统合教育的计划

小康的感觉统合教育包括了认知、语言、生活自理等方面（表 6-9）。教育者依据小康的评估结果，制订了感觉统合教育计划，为实际的感觉统合教育活动奠定了基础，也提供了参考。

表 6-9 小康的感觉统合教育计划（10 月份计划）

<table>
<tr><td>姓名：小康</td><td>性别：男</td><td colspan="5">出生日期：2009 年 3 月</td></tr>
<tr><td>计划人</td><td>V 教育者</td><td>实施
起止日期</td><td colspan="4">2015 年 10 月 13 日
2016 年 10 月 13 日</td></tr>
<tr><td rowspan="2">目标领域</td><td rowspan="2" colspan="2">教 育 目 标</td><td colspan="4">评估结果</td></tr>
<tr><td>3</td><td>2</td><td>1</td><td>0</td></tr>
<tr><td>认 知</td><td colspan="2">1. 能够对不同的感统工具进行分类
2. 理解物品的摆放位置（上、下）</td><td></td><td></td><td></td><td></td></tr>
<tr><td>语言表达</td><td colspan="2">1. 激发自闭症儿童的主动性语言
2. 能够初步根据个人兴趣表达需要</td><td></td><td></td><td></td><td></td></tr>
</table>

续 表

目标领域	教 育 目 标	评估结果			
		3	2	1	0
语言理解	1. 听到呼唤名字有应答 2. 回答"你想要什么"				
小肌肉	1. 徒手拧螺丝 2. 使用工具拧螺丝				
大肌肉	1. 双脚向前跳跃 2. 双脚向后跳跃				
社交互动	1. 与同伴一起玩玩具 2. 帮助他人做事				
生活自理	1. 会自己穿鞋子 2. 会自己脱鞋子				

总之,教育者根据小康的评估结果,制订了感觉统合教育计划。虽然小康参与的是感觉统合教育活动,但是在感觉统合教育活动中,小康也会有语言、社会交往、生活自理方面的表现。因此,小康的感觉统合教育计划的目的是促进小康所有心理活动的共同发展。

三、自闭症儿童感觉统合教育的方法

对自闭症儿童采取的感觉统合教育的方法,主要包括ABA应用行为分析疗法、结构化教学、地板时光。

(一) ABA应用行为分析疗法

ABA应用行为分析疗法在感觉统合教育活动中,最大的作用是帮助教育者分析自闭症儿童不能参与学习活动的原因,设计不同的基线水平和外界刺激,辅助自闭症儿童积极参与感觉统合教育活动。

(二) 结构化教学

结构化教学在自闭症儿童的感觉统合教育活动过程中,最大的作用就是将一个学习活动分解为几个步骤来完成。其目的就是帮助自闭症儿童了解教育的目的以及学习任务的完成标准。同时,可以更好地解决自闭症儿童的情绪与行为问题。

(三) 地板时光

地板时光在自闭症儿童的感觉统合教育活动中,最大的意义就是教育者能够在宽松自由的学习环境中,尝试了解自闭症儿童的学习需要和学习兴趣,并且引导自闭症儿童自己选择学习项目,以此更好地发挥自闭症儿童在学习活动中的主动性和自主性。

总之,每一种方法都有其优点和不足,在实际的感觉统合教育过程中,要合理地组织和应用不同的方法,以便更好地实现预期的教育计划。

第四节　自闭症儿童感觉统合教育的实施

感觉统合教育的核心是通过使用滑板、秋千、按摩球、滚筒、跳袋、蹦床等,整合前庭、本体感和触觉、视觉等刺激的运动项目,控制感觉信息的输入,帮助自闭症儿童启动通往神经系统部分的通路,从而达到改善脑功能的目的(王纯,2006)。感觉统合教育的实施必须依靠多种训练器材的辅助,例如:阳光隧道、跳跳床、独脚椅等。不仅如此,更加需要教育方式、教育方法的有序安排。

一、创设良好的感觉统合教育环境

感觉统合教育的首要前提是需要一间专业的教室。良好的感觉统合教育环境,可以激发自闭症儿童

参与教育活动的积极性和动机。良好的感觉统合教育环境中，教室内的灯光要以柔和为主，色调控制在3种以内，注意做好墙壁的安全隐患等问题(图6-2)。

图6-2　感觉统合教室

二、选择适合的教育方式

自闭症儿童的感觉统合教育的方式需要集体式与个训相结合。当自闭症儿童还无法参与集体活动，或者对感觉统合教育还不适应甚至是有抵触情绪时，教育者首先要做的就是让自闭症儿童参与个训，一对一地进行感觉统合的教育。这样的教育方式可以适应自闭症儿童的个别差异性，而且很容易满足自闭症儿童的个别需要。对此，自闭症儿童才会更快地熟悉与喜欢感觉统合的游戏活动。

经过一段时间的个训之后，教育者要引导自闭症儿童参与集体活动。此期间有两点需要注意：第一，自闭症儿童刚开始会对集体形式的游戏活动有点抗拒，因为自闭症儿童还无法理解游戏的规则或者目的，因此教育者要善于有耐心地引导；第二，集体式的活动人数一般要在5个之内，如果同质性较高或者集体成员的能力较好，可以适当增加人数，但是一般不能超过7～8个人。集体式的教育活动可以增加感觉统合教育活动的合作性，帮助自闭症儿童增加社会性行为，为参与社会活动奠定基础。

三、由自闭症儿童选择教育的起点

自闭症儿童的感觉统合教育活动由哪里开始，是由自闭症儿童来决定的。当自闭症儿童走入教室以后，自闭症儿童喜欢哪个教具或者喜欢哪个活动，就应该从哪里开始。这个过程，不是教育者的主观强加，也不是教育者的行为塑造。因此，自闭症儿童在参与感觉统合教育活动的过程中，会具有一定的主导性，能够有参与的决定权。

情景6.4

小康走进教室以后，教育者本想让小康进行爬滑板的学习。但是，小康径直走向了大龙球。对此，教育者便改变了初衷，引导小康玩大龙球。小康玩了5分钟左右，又改变主意，去玩平衡板。于是，教育者再次更改计划，引导小康学习如何操控平衡板。

教育者这样的表现就是在尊重自闭症儿童的选择，真正体现了教育活动的起点，由自闭症儿童来决定的理念。虽然自闭症儿童会不断地更换学习内容，但是这也是在选择，也是需要的客观表现。所以，教育者应该给予尊重。

四、将感觉统合教育活动进行适当地分解

分解式的教学主要是针对感觉统合教育活动的过程中，由于动作的复杂和难于操作，不便于自闭症儿童进行操作和学习而设计的。所以，教育者在对自闭症儿童实施感觉统合教育的过程中，要将一个动作分解为几个步骤来完成(图6-3)。但是，一个动作至少要分解为多少步来完成，取决于自闭症儿童的能力，最多不能超过5步。因为繁琐的步骤本身也会增加活动的难度。

图6-3　感觉统合教育活动的分解图

五、积极观察并科学记录

经过一段时间的学习以后，教育者还应该对自闭症儿童参与感觉统合教育的过程和结果进行详细地记录，例如：案例中小康什么时间参加了什么游戏活动，活动的基本情况(表6-10)。对于感觉统合教育活

动的记录，可帮助教育者更加客观地了解自闭症儿童的学习进程，为以后的游戏活动的开展奠定了基础。

表 6-10　感觉统合观察记录表

游戏项目	参与时间	参与情况
大滑板滑行	2015 年 9 月 3 日	小康在参与游戏活动时很被动，需要妈妈的反复催促
桶　帽	2015 年 10 月 6 日	小康的注意力会被其他玩具吸引，玩几下桶帽就会离开，需要妈妈时刻监督
拍　球	2015 年 10 月 6 日	小康需要妈妈的辅助才能够完成拍球活动

总之，自闭症儿童感觉统合教育的实施过程大致包括五个方面。每个方面都构成了实施的具体环节，保证了自闭症儿童感觉统合教育的顺利实施。不仅如此，自闭症儿童感觉统合教育的实施过程，也需要一定的耐心、责任心、专业精神，需要教育者秉持正确的教育观念，坚持不懈地为自闭症儿童提供科学有效的感觉统合教育支持活动。

第五节　自闭症儿童感觉统合教育的主题活动

下面，分享两例自闭症儿童感觉统合教育的主题活动。以此，更好地诠释如何在感觉统合教育过程中对自闭症儿童施以有效的教育支持。

主题一：坐　　下

一、感觉统合教育目标

1. 自闭症儿童能够认识“坐下”的卡片。
2. 自闭症儿童能够听从指令。
3. 初步提升自闭症儿童的动作协调性。

二、课前准备与人数安排

1. 课前准备：椅子、图片。
2. 人数安排：1～3 人。
3. 障碍程度：中度及重度。

三、活动过程

1. 教育者先带领自闭症儿童走入教室，要求自闭症儿童坐好后点名。此后，教育者向自闭症儿童说明本节课所要学习的内容和活动。

2. 教育者示范“坐下”的动作，然后要求自闭症儿童跟着教育者做一次。如果有能力较好的自闭症儿童，可以让其辅助或者协助其他自闭症儿童完成教育者的指令。

3. 教育者反复让自闭症儿童模仿“坐下”的动作。

4. 教育者先说：“注意。”等待自闭症儿童直视教育者以后，出示“坐下”的卡片，并同时念出“坐下”，再做“坐下”的动作，让自闭症儿童了解图片上的意思。

5. 教育者拿出“坐下”的卡片时，自闭症儿童要立即做出卡片上的动作。如果有能力较好的自闭症儿童，可以让其辅助或者协助其他自闭症儿童完成教育者的指令。

6. 教育者重复第一步，并且不呈现卡片支持，直至自闭症儿童能够独立完成。

7. 下课前，教育者播放轻松的音乐，与自闭症儿童一起击掌和拥抱，最后再带领自闭症儿童离开教室。

四、反思

“坐下”这个主题活动，主要将感觉统合教育的元素融合到教育活动中来，通过活动更好地锻炼自闭症儿童的感觉统合能力与沟通能力等相关心理活动。具体而言，主要的优点和不足有以下几个方面：

1. 优点。

(1) 结合多种形式开展感觉统合教育活动，把抽象的语言和形象的卡片相结合，达到对语言的理解。

(2) 能够激发同伴之间的协作与合作性行为。

(3) 学习过程中，教育者有积极的引导和支持。

2. 不足。

(1) 学习内容过于简单。

(2) 学习的内容没有迁移到生活中。

(3) 学习过程过于程序化，对于自闭症儿童的自主性关注不够。

主题二：不发脾气

一、感觉统合教育目标

1. 自闭症儿童能够克制情绪。

2. 自闭症儿童能够自主安排学习进度。

3. 能够初步解决自闭症儿童前庭觉失调的问题。

二、课前准备与人数安排

1. 课前准备：球、结构化图表、尾巴道具。

2. 人数安排：1～3人。

3. 障碍程度：轻度。

三、活动过程

1. 教育者首先要创建一间适合做运动的教室或者房间。主要是保证安全性，以及能有效地完成预定的学习任务。

2. 教育者把事先准备好的感统教具摆放好，以便于自闭症儿童选择。

3. 教育者把所有要进行的活动都用图表的方式进行呈现，并且在每个活动后面都会用“小纸贴”注明是否完成(表6-11)。

表6-11　自闭症儿童的课程表

课　程	次　数	时　间	完　成
课前准备	2	5分钟	
趴地推球	300个	10分钟	
背驼背游戏	20次	5分钟	
课间休息	1次	10分钟	
面墙推球	300个	10分钟	
揪尾巴游戏	20次	10分钟	

4. 刚开始自闭症儿童还是有点不适应，对于教育者的指令似乎没有反应。不过，教育者还是坚持，每次都是由自闭症儿童来决定从哪个活动开始做，哪个活动最后做。

5. 每一次自闭症儿童完成预定的学习任务以后没有发脾气，教育者就要奖励自闭症儿童一个“小纸贴”，让自闭症儿童自己贴在完成栏处，使自闭症儿童理解已经完成的项目，不需要再重复进行。

6. 整节课的学习过程中，自闭症儿童的情绪更加稳定，而且参与感觉统合教育活动的兴趣更浓，完成的速度更快、效率更高。此时，教育者会与自闭症儿童击掌和拥抱，鼓励儿童的正向行为。

7. 教育者总结本节课的学习内容，并且带领自闭症儿童收好教具准备下课。

四、反思

"不发脾气"这个主题活动，主要是采取了结构化教学法，使原本抽象的学习活动更加具体和形象，能够切合自闭症儿童的认知方式，所以收效甚好。具体而言，主要的优点和不足有以下几个方面：

1. 优点。

(1) 利用结构化教学法，帮助自闭症儿童理解学习任务的进度和要求，解决了自闭症儿童的情绪与行为问题。

(2) 教学活动的设计能够借助其他的教学方法，使教学成效更为明显。

(3) 能够充分发挥自闭症儿童的自主性。

2. 不足。

(1) 将学习内容过度程序化，限制了学习的内容。

(2) 过度关注自闭症儿童的情绪问题，对其他方面的关注较少。

两例主题活动更好地说明了感觉统合教育活动不仅能够解决自闭症儿童感觉统合失调的问题，对于提升自闭症儿童的认知能力、解决情绪与行为问题都有较大的益处。对于感觉统合教育而言，不单单只在室内或需要专业的器械，在日常生活中自闭症儿童的感觉统合教育都可以随时随地进行。自闭症儿童感觉统合教育活动和形式也应该灵活多样，不应该限制于环境或器械。环境和器械固然重要，但不是绝对重要。篇章开头的【案例纪实】中，小康的妈妈过度地塑造小康的学习行为，对小康的抗拒置之不理，这样的学习结果是不利于小康身心发展的。因此，小康在接受一段时间的学习之后，表现了较多的情绪与行为问题。感觉统合教育需要以自闭症儿童为中心，根据自闭症儿童的需要选择适当的游戏活动或者游戏形式。同时，感觉统合教育活动不应该用次数来计量，因为我们不是在训练运动员。

【章节要点回顾】

本章共分为五节，第一节叙述了什么是感觉统合教育以及感觉统合教育的意义。感觉统合教育就是根据一定的教育目的，培养儿童的大脑对感官获取的信息进行接收、分类的能力，使个体能够更好地适应环境要求。感觉统合教育活动对于自闭症儿童的生理、心理等方面都有积极的意义。

第二节主要叙述了自闭症儿童感觉统合教育的原则和自闭症儿童感觉统合教育的内容。自闭症儿童感觉统合教育的原则包括：多元性与全面性原则、自然性与自主性相结合原则、适宜性与安全性原则、游戏性和快乐性原则、渐进性与持续性原则。自闭症儿童感觉统合教育的内容可以从前庭、本体、触觉、视知觉、听觉系统五个方面进行考量。

第三节主要叙述了自闭症儿童的评估与教育计划。自闭症儿童在参与感觉统合教育活动之初，需要接受评估，并且制订合理的教育计划。

第四节主要叙述了自闭症儿童感觉统合教育的实施。自闭症儿童感觉统合教育的实施包括：创设良好的感觉统合教育环境、选择适合的教育方式、由自闭症儿童选择教育的起点、将感觉统合教育活动进行适当地分解、积极观察并科学记录。

第五节主要讲述了两例自闭症儿童感觉统合教育的主题活动。两例感觉统合教育主题活动，分别以"轻度""中度及重度"的自闭症儿童为例，并通过讲述过程和自我反思阐明了其优点和不足。

思考与练习

1. 自闭症儿童的感统统合教育一定要以大量的运动为基础吗?
2. 自闭症儿童感觉统合教育的目的是什么?
3. 自闭症儿童的感觉统合教育活动，有严格地区分具体干预哪个领域的问题行为吗?

第七章

自闭症儿童的音乐教育

章节重点

本章重点是教育者在了解音乐教育的概念、意义的基础上，掌握自闭症儿童音乐教育的原则、内容；结合自闭症儿童的评估结果，设计音乐教育的主题活动，初步对自闭症儿童施以音乐教育。

案例纪实

米莉是一名自闭症女童，主要表现就是不与人来往，拒绝与小朋友玩耍。家人呼唤她的名字，她能够回答，但是没有视线接触。平时说话很多，但都是自言自语、重复语言、广告词或者无法理解的语言。米莉喜欢从高处往下跳，在房间内跑来跑去。米莉的妈妈针对她的情况，采取了音乐治疗的方法。每一次的音乐教育活动，米莉的妈妈都会要求米莉坐好，从一段小的乐曲开始，进行点名、发音等。米莉对这些流程很不喜欢，总是不停地走动或者无法专注于妈妈的引导。

一段时间之后，米莉的妈妈认为米莉根本没有进步，音乐教育活动也无法改变米莉的行为。于是，米莉的音乐教育活动就此而终止。

思考题： 1. 你认为应该怎样对自闭症儿童开展音乐教育活动呢？
2. 米莉的案例失败的原因是什么呢？
3. 如果你是米莉的老师，你会对米莉采取音乐教育吗？

【章节内容】

音乐教育是一个系统的干预过程，是教育者利用音乐体验的各种形式发展起来的。20 世纪 50 年代初期，自闭症儿童音乐教育的研究，主要倾向于自闭症儿童对音乐敏感性方面的研究。研究中发现，自闭症儿童对音乐的兴趣要远远大于其他的声音(Pronovost, 1961)。同时，相关研究认为人类的语言在发生发展之前，人天生就具有运用声色、音调、节奏等方式交流的能力。所以，音乐完全可以作为促进自闭症儿童语言交流的发生和发展的一种媒介。

第一节　音乐教育概述

目前，最为核心的音乐教育手段就是自由即兴法。音乐教育的过程中，即兴音乐创作可以有效地提升自闭症儿童的交流技能和社会互动能力(杨伶、兰继军，2010)。即兴音乐也可以更好地帮助教育者了解自闭症儿童的内心状态。但是，即兴音乐也只是音乐教育的一种形式而已，不能作为音乐教育的代名词。那究竟什么是音乐教育呢？怎样做才算是音乐教育呢？

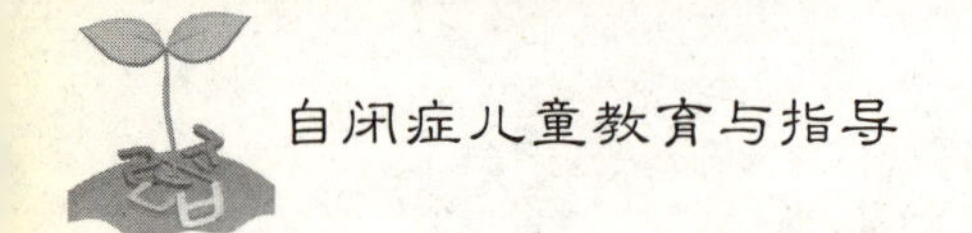

一、音乐教育的相关概念

音乐教育是儿童生活、学习、身心发展过程中不可或缺的内容。但是，当我们分析50多年来有关音乐教育的概念时，我们会发现在不同的哲学观或者不同学科背景下，以往学者对音乐教育的范围、内容、功能都有不同的看法。总体而言，大致包括对音乐教育的对象、工具或手段等方面的不同观点或看法。

（一）音乐的概念

音乐是声响的组织、构造艺术，而声响感知依赖于听觉器官，声响则产生自器物颤动（王沛纶，1968）。音乐中，其音、乐二字恰是分别指声乐、器乐。而依据声源分类，音乐可以被分为声乐与器乐。“音”本意为口声，后来才被称为歌唱或歌声，而后又泛指一切声响；“乐”本意为建鼓，后来被称为乐器奏鸣或者综合性歌舞活动，并基于此而衍生愉悦、快乐等语义（王虹霞、林桂榛，2011）。从社会学的角度而言，音乐只是人类所创造的诸多文化现象之一。但是，从科学的角度而言，音乐是凭借声波震动而存在，在时间中展现，通过人类的听觉器官而引起各种情绪反应和情感体验的艺术门类（胡菁华，2009）。所以，**音乐只不过是一种声波而已，是一种机械波，即机械震动的传播。**

（二）音乐教育的概念

所谓音乐教育，是指音乐经验的解释或者关于音的逻辑组织的经验之解释（康建东、张君仁，1999）。从广义的角度而言，音乐教育可以分为专门教育和普遍教育。专门的音乐教育是指音乐学校培养艺术家的教育；普遍的音乐教育是指一般教育中关于人的陶冶问题（竹内敏雄，1988）。显然，我们所谈的音乐教育不是在培养专业的艺术家。我们所称谓的音乐教育是指借助音乐形式或者音乐手段，对特殊需要儿童进行培养和干预的过程。目前与特殊需要儿童音乐教育有关的词汇较为丰富，包括音乐治疗、特殊音乐教育、听觉统合训练等。由于专业领域的不同，我们对其理解也存在差异。

所谓音乐治疗，是指音乐治疗师利用各种音乐手段或治疗对象通过参加各种形式的音乐体验活动，达到改善情绪、解除心理问题，促进心理健康发展的一种方法（刘东青，2011）。

所谓特殊音乐教育，是指针对特殊需要儿童所进行的音乐教育。其手段是音乐性的，大多是以音乐为载体的活动，例如歌唱、乐器演奏、律动和音乐剧等形式，目标却是非音乐性的。教育者试图通过音乐形式提高特殊需要儿童的认知、语言、运动、社交等能力，或者试图改善特殊需要儿童的神经系统功能（杨畅，2014）。

所谓听觉统合训练，是指由教育者通过调制、过滤特定音乐来矫正听觉系统对声音处理失调的现象，并刺激脑部活动，从而达到改善言语障碍、交往障碍、情绪失调和行为混乱的目的，由此促进机体和神经系统各项能力的发展（鲍艳敏，2009）。

可见，以上有关音乐治疗、特殊音乐教育、听觉统合训练，都不是在传递音乐知识或者音乐经验，而是在利用音乐形式对个体的心理活动进行干预。教育者或者治疗师，只是把音乐作为教育的一种手段。所以，我们在本章中所称谓的**音乐教育是普遍的音乐教育，试图将音乐作为一种手段或者工具，目的是期望音乐能够对自闭症儿童的身心发展产生积极的影响，促进自闭症儿童的语言、行为、社会性等方面的发展，**而并非让自闭症儿童掌握歌曲或者乐谱、乐器操作等知识。

由于我们是从教育的角度谈音乐对自闭症儿童的影响作用，因此，我们的视角不同于心理治疗专业、医学专业。我们姑且将其称为音乐教育，而且是专指对特殊需要儿童施加的特殊音乐教育，是普遍的音乐教育。

二、音乐教育的意义

音乐是一种情感艺术，具有调节人的情绪、升华人的情感的功能（方文心，1998）。音乐通过有组织的音响，以及抑扬顿挫的音高变化来表达人类的情感信息，能够直接刺激人的听觉神经，引起心灵共鸣。同时，良好的音乐刺激对大脑的功能、结构以及身体发育来说都具有重要的影响（田雯雯，2013）。因此，音乐教育对儿童的心理发展有积极的意义。

（一）音乐教育可以培养儿童的社会性行为

音乐作为一种有意义的业余生活的活动形式，可以帮助儿童更好地适应社区生活。经众多音乐治疗师研究证实，儿童对音乐的反应明显较其他教育或治疗方法更为积极，音乐可以有效地引导儿童的情绪反

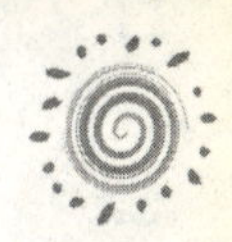

应，提升儿童的社会性行为，有助于儿童参与集体游戏活动。

（二）音乐教育可以促进儿童的交流能力

音乐活动是一种学习交流、沟通技能的理想方法。音乐教育者利用音乐的旋律、节奏、速度、音高、力度和歌词来发展他们的表达语言（传达语言或非语言信息的能力）、接受语言（理解信息的能力）和接受指导的能力。另外，音乐活动可以帮助儿童扩大语音的范围，提高音高辨别的能力，提高语音的清晰性和语音的质量（滕飞，2007）。

（三）音乐教育可以调节儿童的情绪

音乐能够引起人愉快与舒适的情绪反应，能够改善与调整人的大脑皮层与边缘系统的生理功能，从而调整人体内部器官的生理功能，使音乐具有治疗作用（汪佳蓉，2009）。所以，儿童在情绪低落时听一听音乐可以更好地调节情绪变化。

（四）音乐教育可以培养儿童的兴趣

音乐教育的多样性，丰富了儿童的活动形式，提高了儿童的学习兴趣、娱乐能力，同时在乐器和合唱合奏的过程中，增强儿童的自信心和满足感（刘英曼，2010）。这种自由化和愉悦的学习过程，可以更好地培养儿童对音乐、学习、游戏的兴趣。

（五）音乐教育可以提高儿童的艺术修养

儿童经常接触各种风格的音乐或者做一些音乐活动，可以刺激儿童右脑表现积极的活动状态，增强大脑的活动机能，有利于培养儿童的艺术修养（李亚平，2011）。早期的音乐教育能激发儿童对美的追求，有利于培养儿童的审美情趣，有利于儿童艺术修养的提高。音乐教育以美育为核心，培养儿童形成正确的审美观，以高尚的审美情趣提高儿童创造美、表现美、感受美和鉴赏美的能力。

总之，音乐教育对儿童的心理发展具有积极的意义，能够促进儿童心理不同层面的正向发展。对于参与音乐教育活动的特殊需要儿童而言，音乐教育也同样具有其他教育形式所不可替代的意义。

第二节　自闭症儿童音乐教育的原则与内容

音乐教育对自闭症儿童的心理发展有积极的作用。但是，在实际的教学过程中，需要教育者秉持正确的教育观、积极的教育态度，遵循基本的教育原则、教授有意义的音乐教育内容。

一、自闭症儿童音乐教育的原则

虽然音乐教育对儿童个体的心理发展有积极的作用，但是自闭症儿童属于特殊需要儿童，其身心发展的水平与常态儿童之间存在迥异。对此，教育者应该结合自闭症儿童的实际情况，采取有针对性的教育原则，以满足自闭症儿童对音乐教育的需求。

（一）全面性与发展性原则

音乐教育具有多种教学属性，首要问题就是要求教育者要注重自闭症儿童的全面发展。音乐是一种听觉艺术，也是一种极具表现力的艺术。因此，教育者应该让自闭症儿童在课堂上发散思维跟随音乐一起律动，从而促进自闭症儿童的全面发展（王琦，2013）。

情景 7.1

起初，米莉刚刚接触打击乐的时候，还不会握住鼓棒，甚至存在语言障碍、动作发育迟缓、缺乏眼神交流等问题。所以，教育者一边辅助米莉握住鼓棒，一边用语言指导，为米莉数着鼓点，“1、2、3”。随着学习的不断深入，敲击鼓面的速度会不断加快，以此带动米莉的积极反应。米莉在节奏的引导下，一边挥舞鼓棒，一边也模仿教育者的发音，轻轻地数着，“1、2、3”。经过一年以后，米莉的评估报告显示，米莉在语言、动作、社会性等方面都有很大的进步。

米莉参与打击乐活动的过程中，语言、动作、社会性行为等心理现象都有所表现，这就是全面性；一年之后，米莉各方面的心理发展都有所进步，这就是发展性。自闭症儿童的音乐教育必须秉持以促进全面性和发展性为基本原则，调动所有心理活动的共同参与。

(二) 差异性与补偿性原则

音乐心理学研究表明，儿童在各个阶段音乐能力和素质存在着明显的差异，各种音乐能力更是因人而异。因为，自闭症儿童既是具有一般共性的群体，又是各具特性的个体，这就要求教育者应该坚持正确的儿童观和教育观，使音乐教育活动既要满足全体自闭症儿童的一般发展需要，又要满足自闭症儿童的特殊发展需要。这种从自闭症儿童实际存在的音乐能力的差异性出发是教学要遵循的原则(刘小红，2009)。教育者不仅仅要尊重个体差异，还应该发掘自闭症儿童的优势潜能和优势因素，对自闭症儿童的身心缺陷进行补偿。

情景 7.2

米莉经过一段时间的个训以后，就需要参与集体的音乐教育活动。但是，米莉所在的小组当中，10位自闭症儿童的能力差异都很大。米莉的特长是打击乐，其他同学的特长分别是键盘、管弦等。对此，米莉的母亲建议教育者把米莉分配在其他小组。但是，教育者则拒绝这样分配。米莉的特长是打击乐，所以教育者会极力挖掘米莉的优势特长，以弥补米莉其他方面的不足；对于喜欢键盘的儿童，可以自由地操控键盘；喜欢管弦乐的儿童也可以自己操控管弦乐。教育者对米莉的母亲讲，“多接触不同的音乐形式，对于米莉的心理发展更加有帮助”。

米莉与其他同学在特长方面的不同，就是个别差异；教育者帮助米莉大力发展打击乐的能力，就是缺陷补偿。教育者必须正视自闭症儿童之间的差异性，并且做好积极的缺陷补偿。

(三) 开放性与主体性原则

自闭症儿童对成年人或同伴有不同程度的知觉障碍，无法参与社会性的团体活动或者与人互动。因此，教育者不能够强制地要求自闭症儿童完成指定的学习任务。所以，自闭症儿童的音乐教育应该是开放式的，即不受约束的形式。不仅如此，音乐教育的过程中，自闭症儿童应该是学习的主体，是活动的直接实践者；教育者是活动的设计者、组织者和评估者。由于每一个自闭症儿童的生活经验、家庭背景、个体素质、性格的不同，他们对音乐的兴趣、爱好、感受体验以及表达方式都会存在差异。所以，教育者不能用统一的标准来引导自闭症儿童参与音乐教育活动。教育者可以允许、鼓励、尊重自闭症儿童对音乐的不同感受所带来的不同理解和自我表达。

(四) 直观性与生活化原则

音乐各学科的教学无论是声乐、钢琴、舞蹈、合唱教学、视唱练耳等音乐技能技巧教学，还是音乐游戏、和声、乐理、音乐教学法、音乐欣赏等音乐理论教学，教育者都应善于充分调动自闭症儿童的听觉和视觉，在教学中尽可能地充分运用并展现一些符合直观教学的教学方法，让自闭症儿童通过直观教学的原则进行各种实践和教学活动(王瑶、刘纪秋，2010)。同时，教育者要结合生活中的工具进行音乐活动，增加音乐教育活动的直观性的同时也表现了生活化的音乐教育，例如：可以让自闭症儿童敲击水杯或者碗来引发声响，激发自闭症儿童的行为反应。

二、自闭症儿童音乐教育的内容

音乐教育对自闭症儿童的心理发展有辅助作用，并且，音乐教育的内容主要以即兴音乐为主。即兴音乐通过即兴的手段，自由演奏乐器，达到与教育者之间的交流与合作的目的。除此以外，还包括了再创造式音乐教育与接受式音乐教育两种。具体而言，主要包括以下三个方面：

(一) 即兴音乐

即兴音乐的演奏在欧美国家十分普遍，一般是由自闭症儿童挑选自己喜欢的打击乐器即兴演奏，或者自闭症儿童根据对教育者确定的主题的理解即兴演奏。这种演奏多数规律是“和谐—杂乱—新的和谐”。演奏完之后教育者与自闭症儿童进行交流、评估、分析指导，以达到教育的目的。

情景 7.3

米莉喜欢打击乐，有一次在教室里，米莉自己拿起鼓棒开始随意敲击鼓面。刚开始，米莉的母亲前去阻拦，但是被教育者制止了。因为米莉没有按照教育者之前教授的内容进行练习，而且刚开始的时候，鼓

点杂乱，让人难以接受。此时，教育者会不停地在旁边鼓励米莉，而且会适当地用动作辅助米莉完成整个演奏过程。很快米莉便调整好自己，并且敲击出很有节奏感的鼓点。

米莉没有按照预先学习的内容进行练习，而是随意地根据自己的想法进行练习，这样的表现就是即兴音乐。教育者是最大的支持者和鼓励者，应该时刻引导自闭症儿童不断做出积极的行为表现。

（二）再创造式音乐

再创造式音乐不仅强调让自闭症儿童聆听音乐，更重要的是亲身参与各种音乐活动。通过在学习演唱、演奏的过程中提高自闭症儿童的音乐能力，达到改善自闭症儿童的心理问题，例如：教育者播放一段音乐，学生听后本能地表现走动或者跑、跳、滑、蹦等行为动作，也可以是表现随着音乐节奏拍掌、摇摆、转动、哼唱等。这样的表现就是再创造，自闭症儿童根据自己的理解所做的实际行为表现。

（三）接受式音乐

接受式音乐是主要指自闭症儿童通过聆听音乐（歌曲或乐曲等）引起各种生理、心理体验，之后与教育者交流感受，或用律动、歌唱等形式表达对音乐的理解和感受。对于能力较好的自闭症儿童，教育者可以尝试这样的音乐教育方式，能更好地激发自闭症儿童的行为表现。

总之，音乐教育并不是简单放一些放松的、愉悦的音乐，让自闭症儿童的情绪得到暂时缓解，而是通过组织系统的音乐活动，让自闭症儿童体验各种性质的音乐，特别是在自闭症儿童情绪不良的情况下，激发自闭症儿童相应的情绪体验，产生情感共鸣，达到宣泄负性情绪的效果。当负性情绪得到宣泄，内心的积极力量就会提升，这时再用一些积极的音乐来支持和强化自闭症儿童的积极情感。

第三节　自闭症儿童的评估与教育计划

音乐教育过程中，教育者首先要了解自闭症儿童对音乐的兴趣和实际参与音乐活动的能力，以便于教育者制订合理的教育计划，指导自闭症儿童音乐教育活动的实施。因此，评估对于自闭症儿童的音乐教育活动而言，具有重要的现实意义。

一、自闭症儿童的评估

以往的音乐能力的评估不太适合对自闭症儿童进行评估，因为自闭症儿童的心理发展水平不同于常态儿童。自闭症儿童的评估，可以包括访谈、观察、量表三种。

（一）借助访谈法的评估

教育者可根据一定的目的，对自闭症儿童的父母或者监护人进行访谈。访谈的内容主要是有关自闭症儿童对音乐的兴趣和实际操控乐器的能力。通过访谈，可以深入地了解自闭症儿童更加适合参与哪些音乐教育活动。

情景 7.4

教育者：米莉喜欢音乐吗？

父　母：米莉很喜欢音乐，一听音乐就很开心。

教育者：米莉会弹钢琴吗？

父　母：米莉不喜欢钢琴，她很喜欢敲鼓。

……

通过米莉父母的回答，教育者对米莉是否适合参与音乐教育活动有了更加客观的了解。访谈结果表明，米莉喜欢音乐，而且对敲鼓有较高的兴趣。这样，教育者就可以考虑为米莉安排打击乐的音乐教育活动。

（二）借助观察法的评估

教育者也可以借助观察法，在日常的学习活动和生活当中，对米莉的行为表现进行观察。这样的观察一般是在一个自然场所中或者在自然条件下进行。教育者主要对米莉在音乐活动方面的兴趣和实际能力进行翔实地观察记录，以便为制订教育计划奠定基础。

情景 7.5

一位教育者这样叙述自己的观察结果："有一次，米莉在音乐教室大发脾气，而且不停地喊叫，影响课堂纪律，所有的学生都无法集中注意力。米莉把所有的乐器都翻倒在地，不停地自言自语。米莉的情况很不好，好像是别人惹怒了她。"

从这位教育者的个人观察记录来看，米莉会在音乐教室产生一些异常情绪。但是，我们只是看到了一个片面的结果，我们还不能确定米莉不喜欢音乐教育活动，更加无法确定米莉不具有音乐天赋。所以，教育者对米莉的行为进行了翔实的记录(表 7-1)。

表 7-1　米莉的观察记录

地　点	时　间	行为表现
音乐教室	8:30～9:00	音乐教室只有米莉一个人，米莉很专注地玩着打击乐器，并且情绪很好
音乐教室	10:00～10:30	音乐教室里有很多小朋友，大家在上集体课，但是米莉显得很焦躁，不停地破坏乐器，而且还大叫。教育者只好将米莉带离教室
办公室	11:00～11:30	米莉在办公室很安静，听着悦耳的音乐，情绪很好

从教育者的记录来看，米莉还是很喜欢音乐的。只是在个别环境下，米莉会表现得很焦躁，尤其是集体环境中，米莉的情绪问题会表现得更糟糕。所以，教育者可以对米莉进行音乐教育活动，但是尽量是以个别化教学为主。同时，教育者还需要对米莉进行更客观地评估。

(三) 借助评估量表的评估

教育者要借助一定的评估量表，对自闭症儿童的心理发展水平进行评估，通过数据客观地了解自闭症儿童心理发展的实际水平。教育者对米莉进行了 PEP 的量表评估，评估中涉及了语言、社交、大肌肉、小肌肉等不同心理层面。评估结果表明，米莉在语言方面的得分是 22 分、社交方面是 16 分、大肌肉方面是 29 分、小肌肉方面是 36 分……

教育者通过评估结果可以了解到，虽然米莉在各个方面的发展水平与同年龄儿童有差异，但是总体发展水平都较好。结合评估结果，教育者就可以制订较为客观的教育计划。

(四) 形成书面报告

教育者在对自闭症儿童进行音乐教育之前，还是需要对自闭症儿童进行评估，并且形成常规性的书面评估报告，保存资料做好备案工作。下面，我们以案例中的米莉的评估结果为例(表 7-2)。

表 7-2　米莉的评估结果

第一部分　儿童基本资料			
姓名：米莉	性别：女		年龄：5 岁
出生日期：2010 年 1 月	评估日期：2015 年 9 月		
第二部分　测验分数			
发展及行为测验	原积分	发展年龄(月)	障碍程度
认知	44	39	轻微
语言表达	20	24	中度
语言理解	22	24	中度
小肌肉	36	39	轻微
大肌肉	29	36	轻微
社交互动	16	32	中度
生活自理	16	26	中度

从米莉的评估结果而言，米莉的各方面能力较好，尤其在认知层面、小肌肉层面、大肌肉层面的发展最好。其他方面的发展程度均呈现中度水平。针对米莉的音乐教育计划的难度可以适当提高，以促进米莉各方面能力的发展。

二、自闭症儿童音乐教育的计划

米莉的音乐教育计划可以包括认知、语言、大肌肉等方面(表 7-3)。教育者结合评估结果，针对米莉的不同心理层面制订教育计划，为音乐教育活动的执行提供保障和可参考的标准。

表 7-3　米莉的音乐教育计划(11 月份计划)

姓名：米莉	性别：女	出生日期：2010 年 1 月				
计划人	V 教育者	起止日期：2015 年 11 月 13 日 2016 年 11 月 13 日				
目标领域	教育目标		评估结果			
			3	2	1	0
认　知	1. 能够初步认识鼓的颜色、形状 2. 能够初步了解操纵乐器“鼓”的方法					
语言表达	1. 能够主动表达个人需要 2. 能够初步陈述个人感受					
语言理解	1. 听到呼唤名字有应答 2. 回答“你想要什么”					
小肌肉	1. 在辅助下能够握住鼓棒 2. 初步独立对鼓棒进行操作					
大肌肉	1. 双手击打乐器 2. 双手交替击打乐器					
社交互动	1. 与他人轮流击打乐器 2. 帮助他人做事					
生活自理	1. 会自己收拾乐器 2. 会自己摆放乐器					

教育者根据米莉的评估结果，制订了音乐教育计划。虽然米莉参与的是音乐教育活动，但是在音乐教育活动中，米莉也会有语言、大肌肉、社会交往、生活自理等方面的表现。因此，米莉的音乐教育计划的内容能够促进米莉所有心理活动的共同发展。

三、自闭症儿童音乐教育的方法

教育者对自闭症儿童采取的音乐教育方法，主要包括 ABA 应用行为分析疗法、结构化教学、地板时光。

(一) ABA 行为分析疗法

ABA 行为分析疗法在音乐教育活动中，最大的作用就是教育者帮助自闭症儿童建立良好的学习行为，以及设计不同的基线水平和外界刺激，帮助自闭症儿童极富兴趣地主动参与音乐教育活动。

(二) 结构化教学

结构化教学在自闭症儿童的音乐教育活动过程中，最大的体现就是学习环境结构化。其目的就是帮助自闭症儿童了解在哪里进行学习，在哪里学习什么。同时，也可以更好地解决自闭症儿童的情绪与行为问题。

(三) 地板时光

自闭症儿童在参与音乐教育活动之初，教育者要在宽松自由的环境中引导自闭症儿童，主动表现自己的学习需要和学习兴趣，并且辅助自闭症儿童自己选择学习项目，更好地发挥自闭症儿童在学习过程中的主动性和自主性。

总之，每一种方法都有其优点和不足，教育者在实际的应用过程中要客观地看待不同的方法；实际的音乐教育过程中，也要合理地组织和应用不同的方法，以便更好地实现预期的教育计划。

第四节　自闭症儿童音乐教育的实施

《乐论》中写道："乐者，乐也！"说明音乐可以给人带来愉悦的作用。所以，音乐教育已经成为一种促进自闭症儿童情绪性交流和社会性互动的有效方法。同时，音乐教育活动同其他种类的游戏一样，对自闭症儿童的情感、规范性行为、社会规则意识和与人协作的意识都有积极的影响。具体的实施过程中，既要考虑个别化教育计划，也要考虑自闭症儿童音乐教育的本质特点。

一、创建物理环境

自闭症儿童对空间物理环境的感知要远远好于对其他信息的感知。也就是说，客观的物理环境会影响自闭症儿童的知觉信息的结果，间接影响自闭症儿童的情绪与行为。对此，教育者需要在音乐教育活动中，创设有效的教学情境，将音乐融进与教学内容相关的情境中。米莉的案例中，教育者就是要给米莉创造一个开放、熟悉、有信任感的环境，继而用新鲜、生动、形象的事物来吸引米莉的注意力，激发起米莉与教育者、同学互动的兴趣点，在感受音乐、获得审美体验的同时，培养米莉适应环境变化、有效控制情绪以及行为的能力(图 7-1)。

图 7-1　音乐教室

二、乐器摆放在结构化的环境中

第二个最为重要的因素就是乐器。乐器的数量不宜过多，因为这样会导致自闭症儿童失去选择的能力，主要呈现自闭症儿童感兴趣的乐器就可以。呈现的乐器要摆放在适当的位置，能够让自闭症儿童轻松拿取或者能够轻松地放回指定位置。如果自闭症儿童不能够参与音乐教育活动，也可能是因为音乐教室缺乏结构化的环境，导致自闭症儿童对物理环境的识别出现问题。

情景 7.6

米莉来到音乐教室，不断地巡视着柜子上的乐器以及在每一层贴的不同乐器的图片。米莉找了一会儿便在其中的一个柜子内找到了一个鼓，米莉不断地敲击鼓面，还随着鼓声发出"咚咚"的叫声。放学后，米莉又把鼓准确地放回指定位置。

米莉能够顺利拿取乐器并且能够将乐器放到指定位置，这些都是因为结构化的环境。结构化的环境便于米莉对空间环境的感知，减少米莉的情绪问题，更加有助于米莉参与音乐教育活动。

三、允许自闭症儿童自由活动

刚刚进入音乐教室以后，教育者不要强行或者急于进入主题。教育者可以允许自闭症儿童在教室内走动或者随意活动，等待自闭症儿童熟悉了学习情境以后，再慢慢引导自闭症儿童进入学习状态。案例中米莉的妈妈没有给米莉适应的时间，而是直接导入音乐活动，将整个音乐活动设计的过于程序化。这样做，不利于米莉对新环境的适应。

情景 7.7

米莉一个人在音乐教室内走动，突然看到一面鼓。米莉走到鼓的面前，不断地触摸鼓面，偶然间，米莉的一个动作触碰了鼓面，导致鼓面发出声响。米莉很开心，米莉对这个声音很满足。教育者见机把鼓棒交

予米莉，引导米莉握住鼓棒并敲击鼓面。

米莉的这个动作和情绪就是在自由活动阶段的表现。这个表现不是教育者的主观塑造，而是米莉的自我探索。

四、激发自闭症儿童的主动性

教学过程中，教育者可以利用多种教学手段，把抽象的音乐变成直观的形象来启发自闭症儿童的情感。形象是情感的载体，教育者只有准确地抓住自闭症儿童的现有经验，正确地表达、描述音乐形象，才能激发自闭症儿童的情感。有了积极的情感共鸣，自闭症儿童才会积极主动地选择乐器并参与到音乐教育活动中，参与的表现不仅仅是感受音乐，也可能是对乐器的操纵。案例中米莉正是因为没有被具体的音乐活动或者乐器所吸引，不能产生情感共鸣，所以不能够积极地参与母亲所设计的音乐教育活动。

情景 7. 8

教育者主动做示范，不断地敲击出有节奏的鼓点，引起米莉的注意。米莉很开心，也模仿着教育者的动作不断地敲击鼓面。教育者在演奏的过程中偶然停顿，等待米莉的反应。米莉也停了下来，用疑惑的眼睛看着教育者，教育者立即呼唤道："米莉。"米莉对此立即做出回应，并大声回答："到。"接下来，教育者便继续敲击有节奏的鼓点，引导米莉模仿自己的动作。

显然，刚开始米莉的行为是受到教育者演奏的鼓点所激发。虽然起初米莉的演奏只是模仿还未出现节奏性的鼓点，但是在这个过程中，真正的音乐教育已经开始了。而此时，米莉所有的心理活动都在参与音乐教育活动，包括动作、语言、认知、社会性行为等。

五、音乐对自闭症儿童的正强化

我们希望自闭症儿童能够获得的是精神层面的强化。这样的强化比较稳定，而且不易消逝。音乐教育活动中，最好的精神强化就是在音乐活动中自闭症儿童感受音乐带来的愉悦感，以及在音乐活动结束以后教育者的积极鼓励和支持。所以，教育者创设的情境以及选择的教具是自闭症儿童感兴趣的，同时在学习过程中不断地激发和引导自闭症儿童的行为，帮助自闭症儿童建立信心，点燃学习的兴趣。案例中米莉的母亲就缺乏对米莉的鼓励和支持，忽视了音乐本身的正强化。

六、音乐教育活动的情景模拟

音乐教育活动不单单就是听音乐或者操作乐器。经过一段时间的学习以后，教育者可以引导自闭症儿童进行情景的模拟。情景模拟的意义就是将学习生活化、泛化，不仅仅只是停留在音乐本身。

情景 7. 9

音乐活动结束以后，教育者都会引导米莉在音乐的伴奏下，做扮演性的游戏。教育者会播放一段音频，然后让米莉戴好头饰，扮演大树一动不动地站在那里。当有风的音乐播放时，米莉就要摇一摇；当有雨的声音播放时，米莉就要跳一跳；当有青蛙叫的时候，米莉就要笑一笑。

通过情景的模拟，可以将音乐教育活动更加生活化、自然化，同时也从多方面的角度促进自闭症儿童的心理发展。

总之，自闭症儿童音乐教育活动的实施是一个较为复杂的过程。因为，自闭症儿童是特殊需要儿童，存在较大的个别差异。所以，教育者需要在长期的教育过程中不断地修正音乐教育活动，并提供有价值的音乐信息给自闭症儿童，以此期望对自闭症儿童的心理发展产生积极的影响。

第五节　自闭症儿童音乐教育的主题活动

我们分享两例自闭症儿童音乐教育的主题活动，以此，更好地诠释如何在音乐教育过程中对自闭症儿童施以有效的教育支持。

主题一：毛 毛 虫

一、 音乐教育目标

1. 自闭症儿童能够主动参与并感受音乐节奏。
2. 自闭症儿童能够用肢体动作表示长音和短音。

二、 课前准备与人数安排

1. 课前准备：电脑、三角铁、图片。
2. 人数安排：1～3人。
3. 障碍程度：轻度及中度。

三、 活动过程

1. 教育者带领自闭症儿童走入教室。教育者让自闭症儿童在教室内自由活动，教育者准备教具。
2. 教育者向自闭症儿童说明这节课的主要内容以及学习要求。
3. 教育者出示毛毛虫的图片，并向自闭症儿童提问："这是什么？"如果自闭症儿童无法回答，教育者将指着图片中的内容，并引导自闭症儿童说出"毛毛虫"。对于言语能力较差的自闭症儿童，教育者要尝试让自闭症儿童发出"虫"的音，或者用手指指一指毛毛虫的图片。
4. 如果自闭症儿童能够发音，并且程度较好，教育者可以进一步引导自闭症儿童指出图片中的颜色。当教育者提问时，要求自闭症儿童根据教育者的提问，在图片中指出相应的颜色。
5. 教育者拿出毛毛虫的图片，同时用三角铁敲出长音，而且教育者会不断重复这个环节。一方面，让自闭症儿童感受音乐节奏；另一方面，引导自闭症儿童学习用肢体动作表达语言内容。
6. 教育者只是出示图片，要求自闭症儿童自己用敲击三角铁的长音表示图片内容。如果自闭症儿童无法做到，教育者将辅助自闭症儿童敲击三角铁，使其发出长音。
7. 下课后，教育者会对自闭症儿童用击掌或者拥抱的方式表示鼓励，并且用一首儿歌结束这节课。

四、 反思

"毛毛虫"这个音乐教育的主题活动，就是将音乐与概念学习相结合，把原本没有意义的事物相结合，启发自闭症儿童的理解能力与想象能力。具体而言，主要的优点和不足有以下几个方面：

1. 优点。

(1) 利用多种形式开展音乐教育活动，可以充分调动自闭症儿童学习的积极性。

(2) 用肢体动作代替了语言表达，对于自闭症儿童而言有较大的吸引力。

(3) 音乐教育活动不仅传递音乐而且还注重语言方面的发展，借助音乐活动促进自闭症儿童多方面能力的共同进步。

2. 不足。

(1) 音乐教育活动的设计过程过于复杂。

(2) 图片的内容与三角铁的长音并没有必然的关系，所以对于活动内容的选择有些不适当。

主题二：我 喜 欢

一、 音乐教育目标

1. 自闭症儿童能够主动参与音乐教育活动。
2. 自闭症儿童能够有意识地接触乐器。

二、课前准备与人数安排

1. 课前准备：沙锤、鼓、锣。

2. 人数安排：1～3人。

3. 障碍程度：中度及重度。

三、活动过程

1. 教育者首先为自闭症儿童创建一间音乐教室，音乐教室的最大意义就是让自闭症儿童明白这里可以做音乐活动。教育者还要将不同的乐器摆放在结构化的环境中，自闭症儿童可以随时拿取自己想要的乐器或者将乐器放回指定的位置。

2. 自闭症儿童刚刚被带入音乐教室以后，对于周围的新环境和新事物并没有表现较多的兴趣。有时，自闭症儿童会在室内不停地来回走动、转圈或者拿着某个乐器不离手地摆弄。有时，还会表现出一些抵触情绪，包括哭闹、尖叫。教育者对自闭症儿童的行为不予理睬，更不会强迫自闭症儿童参与音乐活动，反而会让自闭症儿童一个人在音乐教室自由活动。

3. 教育者会在教室内播放乐曲或弹奏乐曲，当自闭症儿童对喜欢的乐曲感到很开心时，教育者也会尝试操作某个乐器，引导自闭症儿童参与音乐教育活动。

4. 教育者走到自闭症儿童身边，不断地敲击自闭症儿童感兴趣的乐器，期望引起自闭症儿童模仿教育者操作乐器的动作，间接形成即兴音乐或再创造性的演奏。教育者不会教授具体的做法，只会提供资源和工具，整个过程完全由自闭症儿童自己操作。

5. 经过反复学习以后，自闭症儿童基本上已经熟悉了音乐教室的环境，以及了解如何与教育者进行互动。此时的自闭症儿童可以初步玩弄一般的乐器，能够有即兴音乐或再创造性音乐的表现。

6. 最后，教育者对自闭症儿童表现的积极行为给予表扬和鼓励，并且引导自闭症儿童将乐器放回指定位置，教育者才可以将自闭症儿童带离音乐教室。

四、反思

“我喜欢”这个音乐教育的主题活动并不是为了让自闭症儿童掌握音乐演奏的技能，主要是通过音乐活动能够促进自闭症儿童的社会交往能力和情绪表达等心理活动的发展。具体而言，主要的优点和不足有以下几个方面：

1. 优点。

(1) 通过音乐活动促进自闭症儿童与教育者之间的交流与合作。

(2) 通过音乐活动改善自闭症儿童的情绪与行为问题。

(3) 音乐教育活动的过程中，教育者没有过度地塑造自闭症儿童的行为，给予自闭症儿童一定的尊重和理解。

2. 不足。

(1) 方法单一也可能导致自闭症儿童较缓慢地适应学习环境。

(2) 教育者对自闭症儿童给予过度的自主性选择，影响上课进度。

两例主题活动主要是借助物理环境以及最大化地尊重自闭症儿童的选择，给予自闭症儿童一定的自由来完成预定的教育目的。在宽松、和谐的环境中，教育者与自闭症儿童共同感受音乐，共同参与音乐教育活动。参与的本质不是学习音乐知识，而是在参与过程中感受音乐旋律的同时，能够唤起情感的共鸣，促进情绪的发展，增加社会交流的可能。篇章开头的【案例纪实】中，米莉的妈妈没有合理地设计音乐教育活动，反而引导米莉参与传统式的音乐教育活动，引起米莉的反抗和拒绝。这样的学习过程不利于米莉的身心发展。因此，米莉在参与音乐教育活动的过程中会表现较多的情绪与行为问题。米莉的妈妈没有及时发现问题所在，并做出及时调整，也是导致音乐教育活动被迫停止的原因。所以，自闭症儿童的音乐教育活动应该有自己的独特之处，以满足自闭症儿童的心理发展需要。

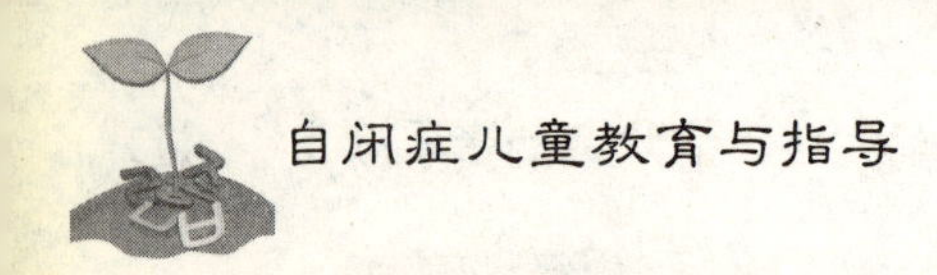

【章节要点回顾】

本章共分为五节,第一节叙述了什么是音乐教育以及音乐教育的意义。音乐教育就是试图将音乐作为一种手段或者工具,目的是期望音乐能够对自闭症儿童的身心发展产生积极的影响,促进自闭症儿童的语言、行为、社会性等方面的发展。音乐教育活动对自闭症儿童的心理发展有积极的意义。

第二节主要叙述了自闭症儿童音乐教育的原则和自闭症儿童音乐教育的内容。自闭症儿童音乐教育的原则包括:全面性与发展性原则、差异性与补偿性原则、开放性与主体性原则、直观性与生活化原则。自闭症儿童音乐教育的内容可以从即兴音乐、再创造式音乐、接受式音乐三个方面进行考量。

第三节主要叙述了自闭症儿童的评估与教育计划。自闭症儿童在参与音乐教育活动之初,需要接受评估,被评估后需制订合理的教育计划。

第四节主要叙述了自闭症儿童音乐教育的实施。自闭症儿童音乐教育的实施包括:创建物理环境、乐器摆放在结构化的环境中、允许自闭症儿童自由活动、激发自闭症儿童的主动性、音乐对自闭症儿童的正强化、音乐教育活动的情景模拟。

第五节主要通过自评的方式介绍了两例自闭症儿童的音乐教育主题活动。两例音乐教育主题活动,分别以“轻度”“中度及重度”的自闭症儿童为例,通过讲述过程和自我反思阐明了其优点与不足。

1. 自闭症儿童的音乐教育的主要目的是什么?
2. 如果自闭症儿童不懂得如何参与音乐教育活动时,教育者该如何处理?
3. 自闭症儿童的音乐教育活动一定是由教育者进行教授吗?

第八章

自闭症儿童的游戏教育

章节重点

本章重点是教育者在了解游戏教育的概念、意义的基础上，掌握自闭症儿童游戏教育的原则、内容；结合自闭症儿童的评估结果，设计游戏教育的主题活动，能初步对自闭症儿童施以游戏教育。

案例纪实

阿成是一名自闭症儿童，就读于某普通幼儿园。在幼儿园里，阿成总是一个人待着，不明白教育者的授课内容，更无法与人交流。阿成经常做的事情就是自言自语或者自己玩弄汽车的轮子。游戏期间，许多小朋友多试图与阿成一起玩，但是阿成不仅对别人的邀请置之不理，还会攻击别人，甚至是尖叫、大喊。这样的行为表现，实在让其他小朋友无法接受。教育者也多次对阿成的行为进行干预，例如：惩罚、隔离、强化，结果都是以失败告终。

对此，为了能够让阿成与其他小朋友一起参与游戏，教育者和父母都想了很多办法，但是效果都不好，例如：父母试图参与游戏活动，或者教育者用食物引导阿成参与游戏活动。由于没有有效的方法，教育者和父母现在都较为苦恼，不知道如何引导阿成参与游戏活动。

思考题： 1. 阿成为什么不喜欢参与游戏活动呢？

2. 教育者和父母的办法为什么都失败了呢？

3. 你认为应该如何引导阿成参与游戏活动呢？

【章节内容】

游戏可以让儿童看见自己的日常生活经验，在游戏中平日没有特别注意的一些概念会被儿童积极意识到。所以，教育者若欲运用游戏作为教学方法，必须着眼于儿童的日常生活情景与游戏情景之间的关系，这样就可以更容易决定采用何种激发性活动，让儿童能积极专注地参与游戏活动。

第一节　游戏教育概述

儿童的主要活动就是游戏。因为游戏能够适应儿童心理发展的需要，促使儿童参与游戏并且乐于在游戏中受到教育。幼儿的游戏主要源于假象性的情景，即所有的儿童游戏都是假的，但又都是源于儿童的生活。所以，游戏能够更好地诠释儿童的生活经验。

一、游戏教育的相关概念

游戏教育从字面上来理解，它是游戏和教育的组合。所以，游戏教育应该有游戏的特点又能够实现教育的目的。但是,因游戏教育的应对对象不同,其概念的解释说明也存在差异。

(一) 游戏的概念

荷兰人 Johan Huizinga 在《游戏的人》里将游戏定义为:“**游戏是在某一固定时空中进行的自愿活动或事业,依照自觉接受并完全遵从的规则,有其自身的目标,并伴以紧张、愉悦的感受和有别于平常生活的意识。**”所以,游戏本身应该是一种广泛存在的现象,是儿童喜爱的、主动参与的活动,是儿童反映现实生活的活动。游戏具有自发性、自主性、虚幻性、体验性、非功利性的特点。

可见,游戏是儿童自主控制的,并伴随着戏剧性的情绪体验,在假想的情景中发展,无强制的外在目的。在所有特征中,自主性才是儿童游戏的本质特点。

情景 8.1

阿成见到房间内的积木,便开始自己拼搭起来,而且还会有意识地拼搭各种建筑物,例如:桥、房子。游戏的过程中,教育者试图一起参与游戏,并且对阿成的行为给予指导。但是,阿成却选择离开,拒绝与教育者一起游戏。

从阿成的个人表现来看,阿成独自进行游戏的过程中,阿成是游戏活动的主体,由阿成决定游戏的进展与游戏的方式,这就是自主性的表现。但是,期间教育者的介入就打破了这种自主性的表现模式。

(二) 游戏教育的概念

游戏教育是指在教学过程中用游戏的方法,营造轻松愉快的氛围,提高学生的积极性和主动性,通过游戏的刺激帮助学生掌握教学的基本内容(周璐,2015)。持此种观点的学者都认为,游戏教育是在传递知识,将游戏作为教授知识的手段。

游戏教育是一种启蒙幼儿思维灵活变动、增长自信、树立良好学习态度的积极性教育模式,其实施方式简单,是应用广泛的幼儿教育方法之一(许颖超,2015)。持此种观点的学者都普遍认为,游戏教育是一种活动,通过该活动能够释放儿童情绪,促进儿童的心理发展。

游戏教育是一种教育和游戏相结合的形式,它不仅具备一般游戏的特点,同时通过游戏训练能够达到一定的教育目标(王广帅、鲁明辉,2015)。此种观点中,对游戏教育的认识既包含了将游戏教育作为一种传递知识的工具,也包含了将游戏教育视为一种活动。

当然,还有学者将游戏教育称为游戏治疗。游戏治疗是在一种自由、安全的环境下,治疗者陪伴儿童利用游戏材料进行游戏,或儿童与其他人在治疗情景中游戏的治疗方法(梁慧琳,2009)。这是一种通过理论模式的系统使用建立起来的人际交往过程,主要通过游戏这种治疗方式帮助来访者,使他们获得成长和发展(赖雪芳、黄钢、章小雷、张利滨,2009)。但是,我们是从教育的角度来谈游戏的问题。所以,我们在这里只将其称为游戏教育。

自闭症儿童属于特殊需要儿童,其认知水平与同年龄常态儿童相比有较大差异性。因此,游戏教育活动并不是针对自闭症儿童传递系统的知识。我们所称谓的**游戏教育是一种活动,通过该活动能够唤起自闭症儿童的情感发展,引导情绪表达,更好地促进语言、动作等心理活动的发展。**

二、游戏教育的意义

游戏是儿童生活中的必要活动。因为游戏能够促进儿童的身心发展。但是,游戏教育是把游戏作为一种与教育有关的活动,在专门的机构或学校中开展。因此,游戏教育不仅具有游戏本身的意义,同时也应该具有教育的意义。

(一) 形成良好的学习环境

游戏本身就是娱乐性的,能够调动儿童的情绪。所以,以游戏作为教育的方式,能够让整个教室都充满欢乐,让所有的儿童都能够感受到快乐。因此,游戏教育可以塑造良好的学习环境,让儿童的学习行为成为一种快乐体验。

(二) 促进心理层面的发展

一方面,游戏活动灵活多样,而且游戏期间有较大的娱乐性,因此游戏活动能成功地引起儿童的注意;另一方面,游戏活动中,要求儿童发挥自己的想象力,不断创造新的游戏活动或者建立新的游戏规则,因此

游戏活动有利于儿童发挥想象力；最后，游戏活动形式活泼，对于在游戏中所隐藏的知识或者信息，很容易就被儿童所记忆，因此游戏活动能够增强儿童的识记效果。

（三）建立对学习的兴趣

游戏教育活动中蕴含着一定的道理或者知识，儿童必须通过参与游戏教育活动才可能领悟其中的道理和知识。那么，这个过程就是在学习。通过学习而获得了较高的自信心，为以后的正式学习奠定了基础，同时也养成了浓厚的学习兴趣。

（四）培养儿童的创造力

游戏教育活动中，儿童会根据游戏教育活动的内容进行想象和创造。因为，世上本来没有游戏，是经过人的加工和创造才有了游戏。所以，游戏本身就是一个想象和创造的过程，通过游戏教育活动才能够更好地激发儿童的创造力。

（五）建立良好的品格

游戏教育活动中，儿童之间会相互合作和相互交流。儿童之间也会产生分歧和不愉快。但是，通过游戏教育活动，儿童之间会彼此分享和接受，表现出好的品格，例如：合作、分享、友爱等。这些良好的品格都是在游戏活动中建立的。因此，游戏教育活动能够为儿童建立良好的品格。

总之，游戏教育将游戏与教育进行结合，可以引导儿童的情感和情绪变化，激发儿童的主动性和积极性，促进儿童的心理发展，更好地对儿童产生积极的影响。

第二节　自闭症儿童游戏教育的原则与内容

游戏是儿童的主体性活动，它对儿童的身心发展有积极的意义。近一个多世纪以来，游戏都被广泛应用在特殊需要儿童的教育工作中。教育者试图通过游戏的形式，让特殊需要儿童感到快乐，满足个体的愿望，使不良的情绪得到发泄或宣泄。

一、自闭症儿童游戏教育的原则

自闭症儿童缺乏中央统合能力，所以对社会情景的感知能力较弱，无法像同年龄的常态儿童一样，积极地参与游戏活动，表现较好的想象力和创造力。所以，自闭症儿童游戏教育要有其独特的特点，易于自闭症儿童接受，利于自闭症儿童进行交流合作。

（一）宽容性与接纳性原则

每一个儿童都有自我发展的力量。因此，在游戏教育的过程中，教育者要接受自闭症儿童的现实表现，接纳自闭症儿童的各种异常行为表现，允许自闭症儿童自由地表达自己的全部感情。有时，自闭症儿童会有情绪的波动，或者不能够集中注意力参与游戏活动。这些表现在自闭症儿童身上都会有所体现。作为教育者，应该宽容地接纳自闭症儿童的行为表现，不应该过分地斥责与攻击自闭症儿童。

（二）整体性与灵活性原则

一方面，制订游戏教育计划时必须要考虑到促进自闭症儿童的整体性发展；另一方面，教育者对自闭症儿童进行观察和进行游戏教育的过程中，会不断地发现自闭症儿童的一些新的问题，需要教育者有针对性地设计一些相关的游戏教育活动，对自闭症儿童进行游戏教育。此时，教育者采取的相关方法就是灵活性的体现。

（三）引导性与娱乐性原则

教育者应该通过各种各样的游戏教育活动，为自闭症儿童提供多种感官刺激的机会、联想的机会、模仿和重复练习的机会，逐步引导自闭症儿童投入游戏活动，尽情抒发自己的情感、发挥自己的潜力。但是，在整个引导过程中，教育者要保证游戏教育活动的娱乐性，以改变自闭症儿童对某些枯燥、乏味的学习方式的厌倦心理，消除自闭症儿童生理与心理的疲劳，使自闭症儿童积极地投身到游戏活动中。

（四）自主性和循序渐进原则

自主性是指教育者在组织游戏教育时既要使自闭症儿童有自由选择的机会，又要引导和组织自闭症儿童参与到规定的游戏教育活动之中。但是，整个过程都是以自闭症儿童为游戏活动的主体。同时，教育者还要注意游戏教育活动是一个渐进的过程，不能企图加快进程。所以，如果自闭症儿童无法一次性参与所有的游戏活动时，教育者要注意控制游戏教育活动的速度，慢慢进行游戏教育活动。

二、自闭症儿童游戏教育的内容

教育者不仅要遵守相应的游戏教育原则，同时，教育者也应该注意在实际的游戏教育过程中，选择适当的游戏教育的内容，才能够保障游戏教育活动的有效性和科学性。

（一）建构游戏

建构游戏是一种象征性的活动，它是对真实建筑物的模拟。儿童利用各种不同的建筑材料，通过思维和创作来建构自己喜欢的真实和想象的物体，可以按照自己的想法和理想重新安排。当自闭症儿童的行为越来越有组织性、越来越具有目标引导性时，自闭症儿童就可以参与建构性游戏，例如：堆积木、玩乐高、画图等都属于建构游戏。建构游戏教育的过程中，自闭症儿童会表达着自己对于环境的体验、想象，释放着创造的冲动和愿望。

（二）规则游戏

规则性游戏是指为实现预定的教育目的、教学目标而专门编制的以规则为中心的游戏，例如：老鹰捉小鸡、抢椅子、老猫睡觉醒不了等。自闭症儿童在自主性的角色游戏活动中，如果没有教育者的管理和约束，就很难形成良好的行为习惯。因此，规则性游戏能够很好地帮助自闭症儿童建立规则意识，尤其在规则意识尚浅或者是非观念模糊的状态下。

（三）扮演性游戏

扮演性游戏有着丰富的故事内容，建立了一个与现实世界完全不同的虚拟空间。在这个空间里有特定的历史背景，精美的人性化设计，梦幻式的场景，还有贯穿整个游戏的主线——剧情，例如：儿童的扮演性游戏最普遍的就是“过家家”游戏。在这个游戏过程中，儿童可以扮演“医生、教育者、司机”等不同角色，任何自己想扮演的角色都可以扮演，并且有固定的剧情。虽然扮演性游戏也是虚拟活动，但是，在扮演性游戏中，需要儿童具备相应的认知能力、情绪表达能力、动作能力等。

（四）功能性游戏

功能性游戏出现在出生至两岁的感觉动作期，游戏的内容毫无主体性与组织性，纯自然性的感觉器官的刺激输入，可以帮助儿童的感官功能获得成熟，例如：儿童经常玩各种玩具而表现的抓、捏、敲击，以及儿童玩的跳方格、扔沙包等游戏。

总之，自闭症儿童的游戏教育，是一种试图通过游戏活动而对自闭症儿童心理发展产生影响的教育活动。游戏教育活动的内容可以从建构性游戏、规则性游戏、扮演性游戏、功能性游戏四个方向进行探索。实际的游戏教育活动过程中，不同类型的游戏之间也具有重叠性，例如：一种游戏可能既具有规则性也具有扮演性。所以，游戏教育的内容可以灵活选择，但前提是要结合自闭症儿童的评估结果与教育计划。

第三节　自闭症儿童的评估与教育计划

自闭症儿童的游戏活动，不同于传统意义的游戏活动。常态儿童在参与游戏活动时，会表现较好的主动性和自主性，具有一定的驾驭能力。常态儿童的游戏过程是在获取知识。但是，自闭症儿童的游戏活动是在引导某方面的心理活动有积极的表现。因为，自闭症儿童与常态儿童在心理发展方面存在较大的差异性。对此，教育者应该对自闭症儿童进行评估并制订教育计划。目的就是为自闭症儿童设计和选择有意义的游戏活动。

一、自闭症儿童的评估

自闭症儿童的评估主要是了解自闭症儿童心理各个层面的能力，主要可以通过访谈、观察、量表的评

估三种方式完成。

(一) 借助访谈法的评估

教育者可借助访谈法对自闭症儿童的父母进行访谈。访谈前,教育者需预设若干问题,与自闭症儿童的父母进行交流。通过访谈,可以更进一步了解自闭症儿童对游戏活动的兴趣。

情景 8.2

教育者:阿成平时与小朋友一起做游戏吗?

父 母:很少与小朋友玩,有时小朋友找他玩,他还打人家。

教育者:阿成会拼搭积木吗? 如果给他汽车玩具,他如何操作?

父 母:他懂得如何拼搭积木。给他汽车玩具,他就自己拼命地滑动车轮,不会正常操控汽车玩具。

……

通过阿成父母的回答,可见阿成还是无法参与集体性的游戏活动。在游戏活动中,阿成会有攻击性行为,而且不懂得遵守游戏规则。

(二) 借助观察法的评估

教育者通过日常生活和学习活动,对阿成参与游戏的行为进行观察,了解阿成在什么地点、什么时间、是如何参与游戏活动的。

情景 8.3

一位教育者这样陈述自己观察到的结果。阿成在参与游戏活动的时候,总是不断地寻求自我刺激,例如:不断地滑动车轮而感到兴奋。不仅如此,阿成不喜欢与别人分享玩具,不懂得玩具的功能。所以,阿成很难参与集体性的游戏活动。不过,阿成一个人玩的时候,情绪还算好。

教育者通过观察对阿成参与游戏的行为进行了记录。对于自闭症儿童的行为记录是一个过程,涉及多个维度多个方面的表现(表 8-1)。

表 8-1 阿成的行为记录

地 点	时 间	行 为
教 室	8:00~9:00	阿成参与集体活动,在游戏过程中,阿成不懂得如何与同伴合作,而且受到同伴的排斥
教 室	9:30~10:30	阿成一个人在玩皮球。但是,阿成只是把皮球拿起来,很开心地看着皮球发笑或者做出很兴奋的表情。偶尔还会把皮球放到嘴边,用舌头舔皮球
教 室	11:00~11:30	阿成将积木无序地搭高然后推倒,反复同样的行为

从观察记录的结果来看,阿成还是不懂得如何参与游戏活动,所以会表现出一些怪异的行为。对此,教育者应该给予一定程度的辅助,适当降低游戏难度。游戏的目的,主要是让阿成在正确的游戏行为中体验游戏的快乐,以及引导阿成如何与人正确地互动交流。

(三) 借助评估量表的评估

教育者对自闭症儿童进行量表的评估,通过客观的测量数据,可以较为客观地了解自闭症儿童在不同心理层面的发展水平。教育者对阿成进行了 PEP 的量表评估,评估结果显示阿成在认知、语言、行为、动作方面都有不同程度的评分,认知方面的得分是 2 分、语言方面是 0 分、社交方面是 5 分、大肌肉方面是 6 分、小肌肉方面是 10 分……

从阿成的评估结果而言,阿成在认知、语言等方面的评分都较低,这也将影响阿成参与游戏的行为。所以,教育者设计的游戏活动要偏低一些,以适应阿成的心理发展水平。

(四) 形成书面报告

教育者需要对自闭症儿童进行评估,并且在最后形成书面的评估报告。下面,我们以案例中阿成的评估结果为例(表 8-2)。从阿成的评估结果而言,阿成的各方面能力都偏低,唯独在小肌肉层面的发展较好,其他方面的发展程度以严重为主。针对阿成的游戏教育计划的难度可以适当降低,以促进阿成各方面能力的发展。

表 8-2　阿成的评估结果

<table>
<tr><td colspan="4">第一部分　儿童基本资料</td></tr>
<tr><td colspan="2">姓名：阿成</td><td>性别：男</td><td>年龄：6 岁</td></tr>
<tr><td colspan="2">出生日期：2009 年 9 月</td><td colspan="2">评估日期：2015 年 10 月</td></tr>
<tr><td colspan="4">第二部分　测验分数</td></tr>
<tr><td>发展及行为测验</td><td>原 积 分</td><td>发展年龄(月)</td><td>障 碍 程 度</td></tr>
<tr><td>认知</td><td>2</td><td><12</td><td>严重</td></tr>
<tr><td>语言表达</td><td>0</td><td><12</td><td>严重</td></tr>
<tr><td>语言理解</td><td>0</td><td><12</td><td>严重</td></tr>
<tr><td>小肌肉</td><td>10</td><td><12</td><td>轻微</td></tr>
<tr><td>大肌肉</td><td>6</td><td>15</td><td>中度</td></tr>
<tr><td>社交互动</td><td>5</td><td><12</td><td>严重</td></tr>
<tr><td>生活自理</td><td>2</td><td><12</td><td>严重</td></tr>
</table>

总之，教育者在对自闭症儿童进行游戏教育之前，都需要对自闭症儿童进行一次评估。有时要进行多次评估，因为在评估过程中，自闭症儿童的情绪也会影响评估结果。为了保障评估结果的客观性，教育者只能多做几次评估，以尽量减少自闭症儿童的情绪对评估结果的影响。

二、自闭症儿童游戏教育的计划

阿成的游戏教育计划可以包括认知、语言、大肌肉等方面(表 8-3)。教育者结合评估结果，针对阿成不同心理层面的特点制订教育计划，为游戏教育活动的执行提供保障和可参考的标准。

表 8-3　阿成的游戏教育计划(12 月份计划)

<table>
<tr><td>姓名：阿成</td><td>性别：男</td><td colspan="4">出生日期：2009 年 9 月</td></tr>
<tr><td>计划人</td><td>V 教育者</td><td colspan="4">起止日期：2015 年 12 月 13 日
2016 年 12 月 13 日</td></tr>
<tr><td rowspan="2">目标领域</td><td rowspan="2">教 育 目 标</td><td colspan="4">评 估 结 果</td></tr>
<tr><td>3</td><td>2</td><td>1</td><td>0</td></tr>
<tr><td>认　知</td><td>1. 能够按大小对玩具分类
2. 能够按颜色对玩具分类</td><td></td><td></td><td></td><td></td></tr>
<tr><td>语言表达</td><td>1. 能够发出“呜呜”的声音
2. 能够发出“嘀嘀”的声音</td><td></td><td></td><td></td><td></td></tr>
<tr><td>语言理解</td><td>1. 点到名字能举手
2. 能听指令“坐下”</td><td></td><td></td><td></td><td></td></tr>
<tr><td>小肌肉</td><td>1. 在辅助下完成抓握动作
2. 在辅助下完成一一指指点的动作</td><td></td><td></td><td></td><td></td></tr>
<tr><td>大肌肉</td><td>1. 双手拍手后再跺脚
2. 双脚跳跃再单脚跳跃</td><td></td><td></td><td></td><td></td></tr>
<tr><td>社交互动</td><td>1. 与他人轮流摆放玩具
2. 帮助他人做事</td><td></td><td></td><td></td><td></td></tr>
<tr><td>生活自理</td><td>1. 会自己收拾玩具
2. 会自己摆放玩具</td><td></td><td></td><td></td><td></td></tr>
</table>

总之，教育者根据阿成的评估结果，制订了游戏教育计划。虽然阿成参与的是游戏教育活动，但是在游戏教育活动中，阿成也会有语言、大肌肉、社会交往、生活自理等方面的表现。因此，阿成的游戏教育计划的内容能够促进阿成所有心理活动的共同发展。

三、自闭症儿童游戏教育的方法

教育者对自闭症儿童采取的游戏教育的方法，主要包括 ABA 应用行为分析疗法、结构化教学、地板时光。

（一）ABA 应用行为分析疗法

ABA 应用行为分析疗法在游戏教育活动中，最大的体现就是教育者帮助自闭症儿童建立良好的学习行为，以及设计不同的基线水平和外界刺激，帮助自闭症儿童积极地参与游戏教育活动，并且是极富兴趣地主动参与。

（二）结构化教学

结构化教学在自闭症儿童的游戏教育活动过程中，将学习环境结构化，帮助自闭症儿童了解在哪里进行学习，在哪里学习什么。从而，可以更好地解决自闭症儿童的情绪与行为问题。

（三）地板时光

自闭症儿童在参与游戏教育活动之初，教育者要在宽松自由的学习环境中，引导自闭症儿童表达自己的学习需要和学习兴趣，并且引导自闭症儿童自己选择学习项目，以此更好地发挥自闭症儿童在学习过程中的主动性和自主性。

总之，每一种方法都有其优点和不足，选择具体的教育方法的前提主要是结合教育计划的需要，以及自闭症儿童的实际能力与偶发性的事件。所以，在实际的游戏教育过程中，要合理地组织和应用不同的方法，以便更好地实现预期的教育计划。

第四节　自闭症儿童游戏教育的实施

因为游戏已经成为儿童生活的主要方式之一，所以游戏教育应该具有开阔、自由的精神。在自闭症儿童游戏教育的过程中，需要用游戏精神向教育者宣传科学的游戏观念，改变目前比较严重的功利性观点，引导自闭症儿童游戏教育回归本位，丰富自闭症儿童游戏教育的内容，创造新的游戏形式。

一、创建游戏环境

游戏室的物理环境要简洁、大方，吸引自闭症儿童能够乐于在游戏室里做游戏。游戏环境的设计要具有结构性，能够对不同的游戏区进行合理地区分，让自闭症儿童能够较好地感知环境。不仅如此，游戏室内的环境要注意颜色的搭配，避免华丽夸张，引起自闭症儿童的注意力不专注，影响游戏教育的正常进行。

二、适应游戏环境

自闭症儿童进入游戏室以后，教育者是不能够直接引导自闭症儿童进入主题的。因为自闭症儿童需要对新的环境适应一段时间，才能够更好地参与学习活动。所以，教育者要给自闭症儿童一段时间慢慢适应。此期间，教育者可以允许自闭症儿童在游戏室内随意地走动或者探索，更加不要介意自闭症儿童对某个物品的破坏。因为，这一切都是自闭症儿童认识外界环境的方式。

情景 8.4

阿成走入游戏室以后会不断地走动，很兴奋、很开心。有时阿成也会有意识地触碰一些玩具，使其发出声响，这样的结果会让阿成更加开心。几分钟以后，阿成会慢慢安静下来，开始对个别玩具表现浓厚的兴趣，并且会不断地尝试探索玩具的操作方法。

阿成的行为表现就是在游戏室内的适应过程。自闭症儿童都会在新环境内有一个逐渐适应的阶段，当自闭症儿童适应了新的环境，便会安静下来，而且会寻找自己感兴趣的玩具进行操作。

三、建立游戏关系

经历一段时间以后，自闭症儿童已经对游戏室形成较好的认知。此时，教育者可以尝试与自闭症儿童建立游戏关系，而并非合作关系。所谓的游戏关系，就是彼此能够信任，而且愿意与对方一起游戏。这个阶段，要求教育者尽量以自闭症儿童为中心，尊重自闭症儿童的选择，理解自闭症儿童的行为表现，甚至要求教育者也模仿自闭症儿童同样的行为表现。以此，增进教育者与自闭症儿童之间的游戏关系。

情景 8.5

教育者见到阿成慢慢地安静下来，便开始尝试走近阿成。阿成不断地敲击玩具，教育者也敲击玩具；阿成大笑，教育者也大笑；阿成挥动玩具，教育者也挥动玩具。此时，阿成慢慢地注意到这位教育者，开始逐渐产生眼神交流。

这位教育者就是在与阿成建立游戏关系，这个过程其实就是自闭症儿童在接受教育者的过程，逐渐信任、接纳的过程。

四、自主探索

虽然自闭症儿童与教育者之间已经建立游戏关系，但是自闭症儿童也不会立即与教育者一同游戏。因为，自闭症儿童还是对合作或者共同的游戏任务无法理解。所以，教育者要给自闭症儿童自己探索游戏活动的机会。此时，自闭症儿童会自己选择玩具并且自己操作。虽然自闭症儿童做得不好或者操作的不正确，教育者也不要干预，尽量作为一个旁观者，只是看或是鼓励，这就是对自闭症儿童最大的帮助和支持。

情景 8.6

阿成并没有拒绝教育者的介入，反而很安静地坐在原地。教育者随机拿出一辆与阿成手里相似的玩具汽车，教育者一边推动汽车玩具，一边发出“呜呜”“嘀嘀”的声音。阿成见到教育者的表现，起初会大笑或者躲开。慢慢地，阿成开始对教育者的行为感兴趣，也尝试走过来操控汽车玩具。

在这个阶段，教育者与阿成都在做自己的游戏活动。但是，需要教育者能够吸引到阿成的注意力，引起阿成对游戏本身的兴趣，才能够为后面的学习奠定基础。

五、协助支持

接下来的一段时间里，在前面几个阶段的基础上，教育者可以尝试协助自闭症儿童进行游戏活动。因为，在经历一段时间以后，自闭症儿童一定会在游戏过程中遇到很多困难，影响最终的游戏结果。而此时，自闭症儿童身边只有教育者，又是最为亲近的信任者。所以，此时的教育者有条件作为自闭症儿童的协助者，辅助自闭症儿童完成游戏任务。虽然教育者在协助自闭症儿童完成游戏任务，但是教育者不施加任何语言指令，不对自闭症儿童提出任何游戏要求。

情景 8.7

阿成虽然对游戏感兴趣，但是无法做到向教育者一样的行为表现。此时，教育者主动握住阿成的手，一边推动汽车玩具，一边发出“呜呜”“嘀嘀”的声音。阿成很开心，也会有意识地跟随教育者的动作。但是，阿成还未发声。教育者适当地停顿，让整个游戏都停下来。阿成似乎感觉到些什么，也突然惯性地发出“呜呜”“嘀嘀”的声音。

阿成开始发声了，发声的前提是源于内在的主动需求，并非教育者的主观塑造。同时，这个过程也是在教育者的协助之下才完成的，并不是阿成自己主动根据情景而表现的。

六、合作互动

进入这个阶段以后，教育者已经具备与自闭症儿童共同完成一项游戏任务的条件。从情感层面而言，

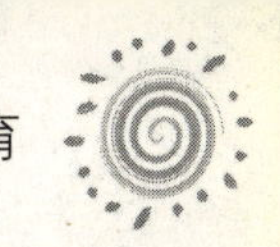

自闭症儿童已经形成了对教育者的信任与依赖；从认知层面而言，自闭症儿童无法解决既定的学习任务，所以自闭症儿童需要与别人合作。因此，在这个阶段教育者要与自闭症儿童共同合作。合作的方式主要是以自闭症儿童为中心，由自闭症儿童决定玩具或者游戏的内容。而教育者的参与，只是提供语言提示或者是分工合作。也就是说，此阶段中的教育者，不仅可以用语言提示自闭症儿童，向自闭症儿童提出游戏活动的要求。同时，教育者和自闭症儿童都可以有自己的任务，例如：两个人轮流搭积木，两个人一起做拼图游戏等。这个过程中，每个人都有自己的游戏任务需要完成，但是整个游戏过程中，教育者又是在监督自闭症儿童，并且对自闭症儿童的游戏行为提出建议，以保证最后游戏任务的顺利完成。

情景 8.8

教育者拿出好多汽车玩具，将玩具汽车倒在地上。教育者会一边捡拾玩具汽车，一边引导阿成参与活动。教育者将不同颜色的盒子放好，其余的工作需要阿成与教育者一起完成，每个人一次放一辆汽车玩具，轮流摆放。游戏的规则是将不同颜色的玩具汽车放到指定颜色的盒子中。教育者首先做示范，将一辆红色的玩具汽车放到了红色的盒子中；接下来，阿成拿了一辆绿色的汽车放到了绿色的盒子中……

这是收拾玩具的过程，也是合作参与游戏的一种行为表现。从阿成的行为表现而言，阿成不仅可以接受教育者，同时也可以与教育者产生正确的互动关系和互动行为。

总之，自闭症儿童游戏教育的过程，还是以自闭症儿童为中心。起初不能过度地强制和要求自闭症儿童做出某些预定的行为。教育者只可以通过情景的创设来引导自闭症儿童逐渐适应游戏环境，逐渐接纳教育者，从而试图激发自闭症儿童的游戏行为，实现游戏教育的真正目的。

第五节　自闭症儿童游戏教育的主题活动

我们分享了两例自闭症儿童游戏教育的主题活动。以此，更好地诠释如何在游戏教育过程中对自闭症儿童提供有效的教育支持。

主题一：操 控 玩 偶

一、游戏教育目标

1. 自闭症儿童能够操控玩偶。
2. 自闭症儿童能够利用玩偶有简单的会话行为。
3. 自闭症儿童能够操控玩偶做扮演性游戏。

二、课前准备与人数安排

1. 课前准备：玩偶、电脑。
2. 人数安排：1～3人。
3. 障碍程度：轻度。

三、活动过程

1. 教育者带领自闭症儿童走入游戏教室，教育者点名并要求自闭症儿童坐好。点名过程中，自闭症儿童听到名字要举手说“到”。

2. 教育者向自闭症儿童说明游戏规则，并且向自闭症儿童呈现3只一模一样的玩偶猴子。

3. 教育者把玩偶发放给自闭症儿童，并且引导自闭症儿童自己操控玩偶。教育者巡视自闭症儿童的操控行为，并且做适当的指导。

4. 教育者向自闭症儿童提问玩偶的颜色、模样等基本概念。如果能力较低的自闭症儿童无法回答，教育者将引导能力较高的自闭症儿童回答。如果自闭症儿童无法回答,教育者将代替回答。

5. 教育者引导自闭症儿童进行想象:"猴子最爱吃什么""猴子是怎样走路的"。在自闭症儿童回答问题的过程中,教育者都要予以肯定和鼓励,并提出正确的观点和答案。

6. 教育者播放猴子的动画短片,引导自闭症儿童观察并回答"猴子最爱吃什么""猴子如何走路的"。整个过程,自闭症儿童可以自由回答,教育者不需要强制性的要求儿童做出一致的回答。

7. 教育者总结课程内容,讲解正确的答案,并且尝试与自闭症儿童共同操控玩偶,扮演猴子做各种动作。最后,教育者与自闭症儿童一起收拾玩偶并且有秩序地离开教室。

四、反思

"操控玩偶"的主题活动较为新颖,而且内容充实,能够对自闭症儿童的心理发展产生积极的影响,尤其在社会交往与语言方面有较大的促进作用。具体而言,主要的优点和不足表现在以下几个方面:

1. 优点。

(1) 教育者能够利用玩偶、电脑等教学手段激发自闭症儿童学习的主动性和积极性。

(2) 游戏过程中,掺入了语言、想象、注意等心理因素,对于自闭症儿童的心理发展有积极的意义。

(3) 不拘于游戏的知识意义,只是借助游戏形式完成学习任务,有较好的借鉴意义。

(4) 游戏教育中不仅注重游戏活动,而且更加强调知识的传递。

2. 不足。

(1) 游戏活动没有联系生活本身,脱离生活实际。

(2) 玩偶的选择应该多样化,至少有2~3种。

(3) 教育者对自闭症儿童设计的问题过于繁琐。

主题二:积木的世界

一、游戏教育目标

1. 自闭症儿童能够主动参与积木游戏。
2. 自闭症儿童能够听从指令与教育者进行配合。
3. 自闭症儿童能够区分红色、黄色、绿色。
4. 自闭症儿童能够主动收拾积木。

二、课前准备与人数安排

1. 课前准备:积木。
2. 人数安排:1~3人。
3. 障碍程度:中度及重度。

三、活动过程

1. 教育者创建游戏教室的物理环境,以便于进行游戏教育。

2. 教育者引导自闭症儿童进入游戏室,自闭症儿童在游戏室内随意地走动,对游戏室内的环境很好奇,有时还会大叫,会不断地奔跑。对于自闭症儿童的这些行为反应,教育者不予以关注和干预,只要自闭症儿童在游戏室内安全就可以了。

3. 教育者把所有的积木都倒在地板上。自闭症儿童见到积木后很开心。教育者引导自闭症儿童把积木都放回桶内。自闭症儿童做好之后,教育者再次把积木倒在地板上,引导自闭症儿童按照积木的不同形状进行分类。

4. 如果自闭症儿童对积木有较为浓厚的兴趣,教育者可以继续引导自闭症儿童与教育者轮流拼搭积木,以"搭高高"为主,教育者搭一块积木,自闭症儿童也随即搭一块积木。如果自闭症儿童完成得很好,教育者将增加学习的难度,例如:按颜色搭积木,教育者拿一个红色的积木,自闭症儿童也要拿取相同颜色

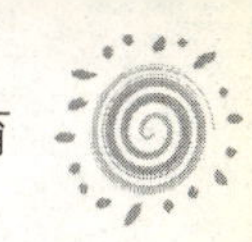

的积木。如果自闭症儿童无法完成学习任务，教育者将适当降低难度。

5. 最后，教育者与自闭症儿童一起拍照，对拼搭的积木进行拍照留念，一段时间以后，教育者可以拿出照片与自闭症儿童回忆发生过的事件。

6. 教育者辅助自闭症儿童将积木放回桶中，并且将木桶放回指定的玩具摆放区。

四、反思

“积木的世界”这个主题活动的主要思路是教育者利用积木培养自闭症儿童的想象力和思考能力。对于自闭症儿童而言，这样的活动既有趣又好玩，可以让自闭症儿童的想象力得到很好的发挥。具体而言，主要的优点和不足主要表现在以下几个方面：

1. 优点。

(1) 游戏活动的过程中，教育者注意对自闭症儿童循序渐进地引导。

(2) 教育者能够结合自闭症儿童的能力调节游戏的难度。

(3) 自闭症儿童的行为是自发性的表现并非塑造的结果。

(4) 教育者将概念性的知识巧妙地融入积木游戏中。

2. 不足。

(1) 游戏活动过程中，要选择多样化的玩具作为学习的支点。

(2) 游戏过程中，要多设计不同的游戏环节。

两例自闭症儿童的游戏教育主题活动，以游戏的方式引导自闭症儿童的情绪与情感的发展，在游戏中促进自闭症儿童的心理发展。在整个游戏教育过程中，重点不是传递知识，而是情感的互通与交流。通过彼此的信任建立合作关系，激发自闭症儿童良好的行为表现。同时，游戏教育本身也涉及多种心理表现，例如：语言、动作、情绪与行为等。因此，游戏教育是自闭症儿童教育的重要方式之一。篇章开头的【案例纪实】中，阿成的教育者和父母都试图通过游戏活动塑造阿成的行为。所以，阿成的游戏教育活动失败了。失败的根本原因还在于教育者和父母应该从阿成的角度考虑，尊重阿成的选择和需要，为阿成设计出合理的游戏情景，在游戏过程中，能够循序渐进地与阿成建立合作关系，彼此信任，为组织更复杂的游戏活动奠定基础。

【章节要点回顾】

本章共分为五节，第一节叙述了什么是游戏教育以及游戏教育的意义。游戏教育是一种活动，通过该活动能够唤起自闭症儿童的情感发展，引导情绪表达，更好地促进语言、动作等心理活动的发展。游戏教育活动对自闭症儿童的心理发展有积极的意义。

第二节主要叙述了自闭症儿童游戏教育的原则和自闭症儿童游戏教育的内容。自闭症儿童游戏教育的原则包括：宽容性与接纳性原则、整体性与灵活性原则、引导性与娱乐性原则、自主性和循序渐进原则。自闭症儿童游戏教育的内容可以从建构游戏、规则游戏、扮演性游戏、功能性游戏四个方面进行考量。

第三节主要叙述了自闭症儿童的评估与教育计划。自闭症儿童在参与游戏教育活动之初，需要接受评估，并且制订合理的教育计划。

第四节主要叙述了自闭症儿童游戏教育的实施。自闭症儿童游戏教育的实施包括：创建游戏环境、适应游戏环境、建立游戏关系、自主探索、协助支持、合作互动。

第五节主要讲述了两例自闭症儿童游戏教育的主题活动。两例游戏教育主题活动，分别以“轻度”“中度及重度”的自闭症儿童为例，通过讲述过程和自我反思阐明了其优点和不足。

思考与练习

1. 自闭症儿童的游戏教育的目的是什么？

2. 自闭症儿童如何在游戏中与教育者建立游戏关系呢？

3. 你是如何评价游戏主题活动“操控玩偶”的教学过程的？

第九章

自闭症儿童的绘画教育

章节重点

本章重点是教育者在了解绘画教育的概念、意义的基础上，掌握自闭症儿童绘画教育的原则、内容；能结合自闭症儿童的评估结果，设计绘画教育的主题活动，初步对自闭症儿童施以绘画教育。

案例纪实

小樱是一名自闭症儿童，今年5岁了。小樱最喜欢做的事情是画画。每天小樱都会在班级里、家里的墙壁处画画，搞的教室和家里都很乱。教育者和父母都对小樱采取了一些惩罚或者鼓励的方式，结果都不奏效。日复一日，小樱依然会坚持画自己的画，而且每次小樱画完画都会不停地舞动双手，不停地喊叫。

为了解决这个问题，教育者曾经每天看着小樱，不允许小樱接触与画画有关系的物品，防止小樱在墙壁上画画。如果小樱抗拒教育者的监督，教育者就用惩罚的方法。一段时间以后，小樱变得很暴躁，而且会有破坏性行为。

思考题： 1. 小樱随便在墙壁上画画的行为需要干预吗？

2. 为什么小樱在每次画画之后都很兴奋呢？

3. 为什么在被禁止画画之后小樱的情绪会变得焦躁呢？

【章节内容】

绘画经常被用在心理治疗领域。17世纪开始，人们才开始重新关注这个被人们轻视、具有情感宣泄与治疗的绘画艺术的力量。因为，人们的思维大多依赖视觉信息，通过可视的绘画可以增加人的认识和解决问题的能力。绘画本身是符号和价值的中立，儿童可以用绘画自由表达自己的愿望和问题，这种表达具有隐蔽性，不受社会道德标准等方面的约束。那些不能用语言表达的思想、情感、冲动，如果能用绘画抒发出来，儿童就可能把毁灭性的能量变成建设性的能量。因此，我们可以把绘画作为教育的手段之一，通过绘画与自闭症儿童建立关系，并且促进自闭症儿童的心理发展。

第一节　绘画教育概述

绘画教育是儿童美术课程中的重要组成部分，是艺术教育的一种形式。因为绘画教育在儿童心理发展过程中，尤其是认知发展中具有重要的地位。绘画教育可以教会儿童思考，培养儿童的观察能力、想象能力和形象记忆能力，引导儿童注意观察、善于观察，丰富生活体验、热爱大自然，把思维的培养、情感的体验、技能和技巧训练结合起来。因此，绘画教育被教育者视为重要的教育手段。

一、绘画教育的相关概念

欲想谈绘画教育，首先要谈谈什么是绘画。对于个别概念的解读，可以有助于我们更深刻地了解绘画教育，可以有效地把控绘画教育的深刻内涵。

（一）绘画的概念

绘画是美术的一种，是使用一定的物质材料（墨、颜料等）和工具（笔、刀等），用线条、明暗、色彩和构图等造型手段，在平面上（纸、木板、纺织品或墙壁等）经过构图、造型、线条、色彩、明暗等手段，表现视觉形象，借以传达作者思想情感的美术种类（吴辰，2014）。所以，绘画是利用一定的物质材料或者造型手段传递信息，进行一定的创造性活动。同时，绘画可以更好地开发儿童的创造力、想象力，锻炼儿童的观察能力，提高儿童的记忆力，更好地促进儿童的智力发展（潘思邈，2015）。由于儿童的经验和认知水平有限，还无法对物质材料进行有效地把控，以建构客观造型，来传达个人的思想。所以，需要教育者的科学引导。

（二）绘画教育的概念

绘画教育可以从绘画和教育两种取向而定。绘画取向的幼儿绘画教育着眼于绘画本身，是以绘画为根本，以教育为手段，对幼儿传授绘画知识和技能，通过实施绘画早期教育以延续美术文化；教育取向的幼儿绘画教育着眼于教育，是以绘画作为教育的媒介，追求一般幼儿教育的价值（朱博文，2013）。价值取向不同，对于绘画教育的界定也有不同。

传统的绘画内容完全是教育者预先设计的，很多东西都无法与幼儿的生活经验相连接，它无法唤起幼儿已有经验的共鸣，而使幼儿失去对绘画的兴趣。现代幼儿绘画教育观念认为，绘画应该发挥幼儿的主体作用，绘画的内容应该从幼儿周围环境和生活中美好的人、事、物出发，关注他们的热点，考虑他们的兴趣，或者让他们自己选择（陈光，2004）。

因此，有学者提出幼儿园绘画教学活动是通过把握幼儿已有的生活经验和绘画经验，幼儿教育者将绘画教学各组成要素进行优化组合与排列，尊重幼儿个性发展，注重幼儿生活与绘画教学相联系的活动（邓智文，2013）。这样的绘画教育观点，主要倾向于尊重儿童的选择和需要，充分表现儿童对周围生活的认识和情感，初步培养儿童对绘画的兴趣，发展儿童的观察力、想象力、创造力，发展手部肌肉的协调性、灵活性（李莹，2009；孙铁鸿，2010）。这里不再重视绘画技能、技巧的培养，而充分凸显儿童心理发展的意义。

我们所称谓的**绘画教育是以自闭症儿童为中心，在了解自闭症儿童参与绘画活动的心理发展水平的基础上，通过生动的线条和色彩培养自闭症儿童丰富的想象力、兴趣、情感以及增强记忆水平。**所以，教育者是通过绘画教育来促进自闭症儿童的心理发展。

二、绘画教育的意义

绘画的本质是可以表征儿童的心理，包括人格、情感、人际关系以及社会文化对儿童的影响等。所以，绘画教育正是利用绘画这一本质特征，对儿童无法用语言表达的内心世界给予一种宣泄、缓解，进而达到绘画教育的真正意义。

（一）绘画教育促进儿童的智力发展

人脑的左半球是负责抽象性思维，右半球是负责处理总体形象信息。传统的教育方式往往重视文字、数字这些内容，使儿童大脑的左半球负担过重，不利于儿童大脑的和谐发展。绘画教育就是用有趣的东西启发诱导儿童去感知事物的外形和结构特征，以此来促进儿童大脑的发育。儿童在身心发展的早期阶段，语言表达能力往往较差，这个时候儿童学习画画却很容易，用图画表达内心的世界反而比用语言表达更简单，绘画可以直接刺激儿童的右脑。因此，从大脑发育的层面来分析，绘画在儿童的教育中非常重要，开展绘画教育可以充分开发儿童的智力。

（二）绘画教育促进儿童的自信心

日常生活中动态的、静态的人和物对儿童来说都是充满趣味性的，不断地激发着儿童对外界环境的好奇心。绘画教育可以引导儿童勇敢地与外界环境建立关系，勇敢地接触外界，建立和谐的沟通关系。儿童正是在这种与同伴交流沟通中积累了丰富的经验，丰富的经验帮助儿童建立了充足的自信心，为以后的学习和全面发展奠定坚实的基础。

(三) 绘画教育促进儿童的创造力

儿童在参与绘画活动的时候,总会不自觉地投入一种自由自在的状态中,将自己天真纯洁的情感和美好的愿望通过绘画表现出来。所以,绘画教育的自由性和表现性,有利于儿童通过自己的想象,发散性的思维,使自己产生灵感。这样的形式也更加有利于培养儿童的好奇心、求知欲、独立性等创造性品质,对儿童创造力的发展有积极的促进作用。

(四) 绘画教育提升儿童的社会性行为

儿童参与绘画教育活动,可以使儿童形成良好的个性心理品质。因为,在儿童学习绘画的时候,往往会产生愉悦感,可以使儿童形成积极向上、活泼开朗的性格,愉悦的情绪感受可以增进儿童与同伴进行交流和分享的次数,会形成一种共同进步的氛围。在这个过程中,儿童与同伴可以建立良好的社会人际关系,促进儿童形成良好的人格品质。因此,绘画教育可以通过审美主体的情感体验来产生对客观事物的评价,并进行适当的道德判断,从而促使儿童产生积极的社会性行为。

总而言之,绘画教育不仅仅是一种传递绘画技巧的教育手段,更是促进儿童心理积极发展的有利武器。因此,有必要对自闭症儿童进行适当的绘画教育,通过绘画教育建立教育者与自闭症儿童之间的情感关系,增进彼此之间的互动和交流,进一步提升自闭症儿童的心理发展水平。

第二节　自闭症儿童绘画教育的原则与内容

绘画教育鼓励儿童通过意象这一非语言的方式表达难以言表的情感,其过程更便于儿童接受,也更加让儿童感到愉悦。虽然自闭症儿童也同属于儿童,但是其绘画教育的原则与内容有别于常态儿童。

一、自闭症儿童绘画教育的原则

自闭症儿童绘画教育原则的主要目的是更好地为教育活动服务。自闭症儿童绘画教育活动不是为了让自闭症儿童掌握绘画技巧,而是为了通过绘画的形式,引导自闭症儿童与外界进行交流与合作。所以,自闭症儿童的绘画教育原则有其特殊性。

(一) 激发儿童自由绘画

教育者进行绘画教育时,要为自闭症儿童提供绘画工具,创建一个自由绘画的空间,目的是激发自闭症儿童能够进行自由绘画。教育过程中教育者要鼓励自闭症儿童根据自己的想法和意愿去绘画,满足自己的创作欲望。因为,如果自闭症儿童只是机械地模仿别人的画,没有自己的生活感受,画出来的画即使再好也没有意义,反而扼杀了他们的创造才能(范适纹,1997)。如果教育者发现自闭症儿童在墙上、课桌上乱画乱写的时候,也不应该严厉地批评和指责。因为,这样才不会打击自闭症儿童自由绘画的积极性。同时,如果自闭症儿童有乱写乱画行为,更多原因还是源于教育者没有为他们创造良好的绘画条件。所以,教育者应尽量创建好的学习环境,激发自闭症儿童尽情地、自由地去绘画。

(二) 手段途径的多样化

教育者要引导自闭症儿童使用各种不同的绘画工具,因为不同的绘画工具产生不同的效果。常用的绘画工具包括:彩色铅笔、蜡笔、油画棒、毛笔、水粉笔,以及各式各样的纸、布等。有些工具成年人会认为自闭症儿童难以掌握,例如:毛笔、水粉笔,其实对于自闭症儿童来说,这些工具不仅不难掌控而且好玩。因为,在实际的绘画过程中,绘画颜料和工具的娱乐性,会让自闭症儿童在玩中渐渐掌握了规律,学会使用颜色笔、油画棒、蜡笔等不同工具,或者学习用小棒在吹塑纸上刻画,用树叶印画等。通过多种多样的绘画方式使画面千姿百态,以此提高自闭症儿童参与绘画活动的兴趣。

(三) 促进心理活动的发展

教育者在教育活动中要注重培养自闭症儿童的想象能力、思维能力等心理品质。因为在参与绘画活动的过程中,自闭症儿童的心理活动是不可能单独出现的,而是所有的心理活动都在共同参与绘画

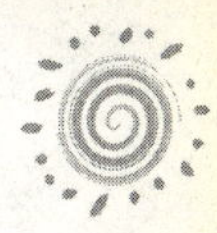

活动。所以，绘画教育本身是可以促进自闭症儿童所有心理活动的共同发展。但是，教育者不可以引导自闭症儿童进行过度的模仿或者塑造自闭症儿童的绘画行为。过度的模仿或者塑造就有可能导致自闭症儿童失去发展想象力、思维能力、语言能力等心理品质的机会。有效地促进自闭症儿童心理活动的发展，还需要自闭症儿童的积极参与，只有个体的积极参与，才可能更好地提升自闭症儿童心理能力的发展水平。

（四）给予适当的肯定

自闭症儿童的思维方式有时让成人捉摸不透，甚至绘画作品往往让人看不懂，好像乱七八糟的没有任何的逻辑（沈明雷，2015）。但是，这就是自闭症儿童的绘画。对于自闭症而言，自己的画很美，代表着自己的内心想法，如果教育者给予消极的评价或者指责，可能会伤害到自闭症儿童参与绘画活动的积极性。因此，教育者要从自闭症儿童的角度来欣赏他们的绘画作品，给予自闭症儿童积极的肯定和鼓励，然后再恰当地引导，以保护自闭症儿童参与绘画活动的积极性。

二、自闭症儿童绘画教育的内容

自闭症儿童的绘画教育内容不应该有具体的局限和限制。具体而言，只要反映自闭症儿童的内心世界或者自闭症儿童的实际需求就可以。总之，究竟画什么还是由自闭症儿童来决定，对自闭症儿童的绘画行为限制得越少越好，尽量避免出现主题性的绘画活动。

（一）源于趣味

自闭症儿童绘画的内容主要是源于个人兴趣，我们称之为趣味。自闭症儿童的绘画教育主要以“自己想要画什么”为主，更加关注自闭症儿童的直接兴趣。自闭症儿童的直接兴趣就是“点、线、圆”。所以，自闭症儿童会在纸面上着重绘画出混乱的点、线、圆的组合（图 9-1）。

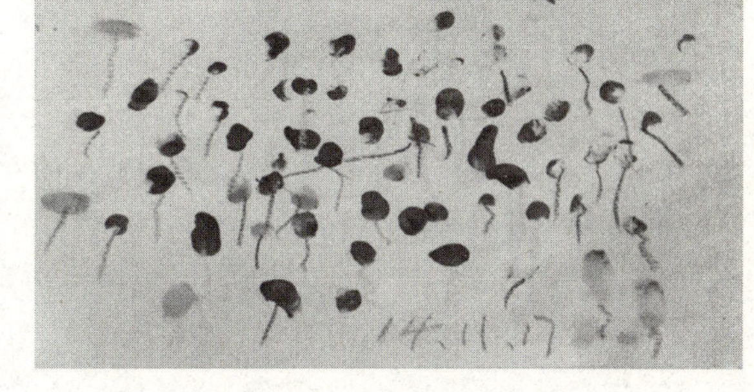

图 9-1　会飞的气球

图中所呈现的就是一位自闭症儿童的画作，这幅画作的主要构成就是“点、线、圆”的组合。兴趣是自闭症儿童的行动动机，也是幼儿园绘画教育活动中情感态度领域目标的选择要求。所以，教育者对自闭症儿童组织绘画教育活动的过程中，应该尊重自闭症儿童的选择，绘画的内容以自闭症儿童的兴趣为主。

（二）贴近生活

另一种情况，自闭症儿童的绘画内容是源于自己的生活，即贴近生活。绘画来源于生活又高于生活，自闭症儿童的生活环境包括自然环境、社会环境、幼儿园环境；自然环境包括动物、植物和各种自然现象；社会环境是人类精神活动的环境，是人文环境，对幼儿的发展具有更大的作用。幼儿园环境的意义在于幼儿与教育者、同伴在相互交往与作用中学习和增长与人交往的经验和知识，并实现着人与人之间的感情交流，习得文化的特征，进行着对自闭症儿童的发展来说更为重要的社会化过程。同时幼儿园绘画教育活动的内容还与自闭症儿童的生活密切相关，是自闭症儿童亲身体验过的，是自闭症儿童最近关注的事物、事件、话题等（曹英，2006）。

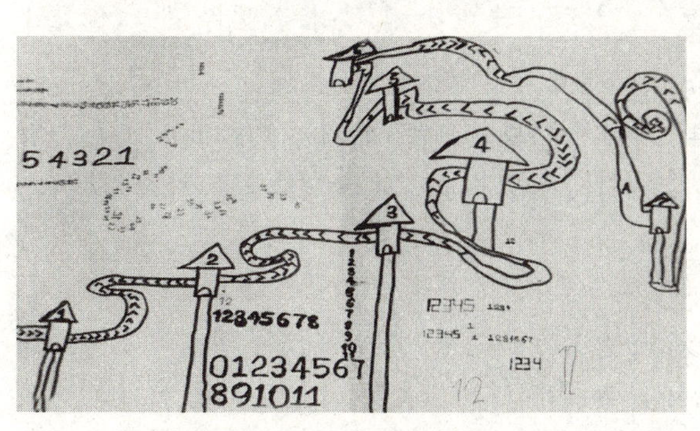

图 9-2　回家的路

这位自闭症儿童的画作内容就是源于生活（图 9-2）。他用数字的形式把回家的路串联起来，形成一幅画作，体现了自己的生活经历。其实，像类似的很多情景在实际的绘画教育过程中都会有所体现。因为，这就是自闭症儿童生活的真实写照。

总而言之，自闭症儿童的生活世界实际完全不同于成人的世界。在自闭症儿童的世界里，自闭症儿童的行为与想法往往令成人觉得幼稚荒唐不羁。因此，成人总会以自己的想法或者规则去要求自闭症儿童。然而，作为教育者只有真正尊重自闭症儿童对日常生活及其生存环境的认识和顿悟，才能够更清楚地认识自闭症儿童。绘画教育作为重要媒介，应该贴近自闭症儿童的生活并取之于生活，要选择能被自闭症儿童心理发展水平所接受的富有生活情趣的绘画内容，积极地促进自闭症儿童的心理发展。

第三节　自闭症儿童的评估与教育计划

自闭症儿童在参与绘画教育活动之初要先接受评估。此时的评估可以是有关自闭症儿童心理能力的评估，也可以是绘画自身的评估。一般而言，教育者都会根据自闭症儿童心理能力的评估结果制订教育计划。个别学校或机构也会对自闭症儿童进行绘画方面的评估。

一、自闭症儿童的评估

自闭症儿童的评估，主要通过访谈、观察、量表三种方式完成。

（一）借助访谈法的评估

教育者可以与自闭症儿童的父母或者监护人进行交流，进一步了解自闭症儿童平日在家中的实际表现，尤其是在绘画方面的表现。

情景 9.1

教育者：小樱平时喜欢画画吗?

父　母：小樱平时很喜欢画画，不听别人的劝阻，总是在纸上胡乱地涂鸦。

教育者：可以形容一下吗?

父　母：小樱拿起纸就在上面乱画，还未听到成人的要求，就已经开始了。而且不能接受别人的指点，总是按自己的想法画画。

……

教育者通过访谈，对小樱的绘画情况有了初步的了解，为教育计划的制订提供了帮助。访谈结果表明，小樱喜欢画画，但是却一直按照自己的方式进行绘画。因此，教育者可以对小樱施以适当的绘画教育。

（二）借助观察法的评估

教育者也可以借助观察的方法，对自闭症儿童在日常生活和学习中的表现进行记录。观察之前，需要做好记录的准备工作，以便于翔实地记录被观察者的行为。

情景 9.2

小樱一个人走进教室，先是对教室内环境进行了观察，然后走到绘画工具前，选择了蜡笔，便开始在一张白纸上绘画。小樱不停地在纸上涂写，线条反复地滑动，带动着纸张发出“嚓嚓”的响声。纸张上画满之后，小樱便走到墙壁前进行绘画，把整面墙都涂成了一种颜色。教育者走近小樱，要求小樱停下来，但是小樱置之不理，依然继续涂鸦，一直到教育者将小樱强行拉走。

这就是小樱在教育者眼中的观察结果。透过观察结果，可见小樱喜欢画画，而且绘画的时间很长。并且，小樱画画的工具以蜡笔为主，不限于地点。从小樱的表现来看，小樱还是需要参与绘画教育，以此规范小樱的行为。

（三）借助评估量表的评估

教育者通过访谈和观察获取的信息，还不能以数字客观地呈现评估结果。所以，教育者也可以借助量表，通过客观的数据了解自闭症儿童是否适合参与绘画教育活动，为自闭症儿童制订科学的教育计划奠定基础。教育者对小樱进行了 PEP 的量表评估。评估中涉及了语言、社交、大肌肉、小肌肉等不同心理层面。评估结果表明，小樱在语言方面的得分是 10 分、社交方面是 9 分、大肌肉方面是 22 分、小肌肉方面是 21 分……

评估结果显示，小樱在不同心理层面的发展水平都较低，但是相对较为均衡。这样的能力对于参与绘画教育活动有较好的帮助。

（四）形成书面报告

教育者需要对自闭症儿童进行评估，并且在最后形成书面的评估报告。我们以案例中小樱的评估结果为例(表 9-1)。

表 9-1　小樱的评估结果

第一部分　儿童基本资料			
姓名：小樱		性别：女	年龄：5 岁
出生日期：2010 年 1 月		评估日期：2015 年 9 月	
第二部分　测验分数			
发展及行为测验	原积分	发展年龄(月)	障碍程度
认知	14	12	严重
语言表达	3	12	严重
语言理解	3	<12	严重
小肌肉	21	15	严重
大肌肉	22	13	中度
社交互动	9	15	严重
生活自理	7	17	严重

从小樱的评估结果而言，小樱的各方面能力都较差，主要以“严重”为主，只有大肌肉表现为中度异常。所以，针对小樱的绘画教育计划的难度可以适当降低，以促进小樱各方面能力的发展。

二、自闭症儿童绘画教育的计划

小樱的绘画教育计划可以包括认知、语言、大肌肉等方面(表 9-2)。教育者结合评估结果，针对小樱的不同心理层面制订教育计划，为绘画教育的执行提供保障和可参考的标准。

表 9-2　小樱的绘画教育计划(11 月份计划)

姓名：小樱	性别：女	出生日期：2010 年 1 月				
计划人	V 教育者	起止日期：2015 年 11 月 13 日 2016 年 11 月 13 日				
目标领域	教育目标		评估结果			
			3	2	1	0
认　知	1. 能够认识红色和绿色 2. 能够按指令拿取红色或绿色					
语言表达	1. 能够发出“lü”的声音 2. 能够发出“hong”的声音					
语言理解	1. 点到名字能举手 2. 听指令“坐下”					
小肌肉	1. 在辅助下完成调和颜料的动作 2. 在辅助下完成点画的动作					
大肌肉	1. 在辅助下双手端住盆子，将颜料洒到墙面上 2. 在辅助下手掌沾着颜料在墙上不断地拍打					
社交互动	1. 与他人轮流摆放教具 2. 与他人共同在一张纸上绘画					
生活自理	1. 会自己收拾颜料盘 2. 会自己清洗颜料盘					

总之，教育者根据小樱的评估结果，制订了绘画教育计划。虽然小樱参与的是绘画教育活动，但是在绘画教育活动中，小樱也会有语言、大肌肉、社会交往、生活自理等方面的表现。因此，小樱的绘画教育计划的内容能够促进小樱所有心理活动的共同发展。

三、自闭症儿童绘画教育的方法

教育者对自闭症儿童采取的绘画教育的方法，主要包括ABA行为分析疗法、结构化教学、地板时光。

（一）ABA应用行为分析疗法

教育者在绘画教育活动中，利用ABA应用行为分析疗法通过设计不同的基线水平和外界刺激，帮助自闭症儿童建立良好的学习行为，引导自闭症儿童积极地参与绘画教育活动。

（二）结构化教学

结构化教学在自闭症儿童的绘画教育活动过程中，将学习环境结构化，帮助自闭症儿童了解在哪里进行学习，在哪里学习什么。从而，也可以更好地解决自闭症儿童的情绪与行为问题。

（三）地板时光

自闭症儿童在参与绘画教育活动之初，教育者要在宽松自由的学习环境中，引导自闭症儿童表达自己的学习需要和学习兴趣，并且引导自闭症儿童自己选择学习项目，以此更好地发挥自闭症儿童在学习过程中的主动性和自主性。

总之，每一种方法都有其优点和不足，所以在实际的绘画教育过程中，要合理地组织和应用不同的方法，以便更好地实现预期的教育计划。选择方法的依据主要是结合教育计划的需要以及自闭症儿童的实际能力与偶发性的事件，并需对不同的方法进行灵活性地处理。

第四节　自闭症儿童绘画教育的实施

教育计划只是绘画教育过程的参照，不可以作为主要的教育依据。因此，教育者在组织自闭症儿童绘画教育的过程中，还需要教育者能够以自闭症儿童为核心，着重考量自闭症儿童的需要和能力。绘画教育的过程，不应该受时间、空间的限制，不应该专注于纸张、笔墨的限制。所以，自闭症儿童的绘画教育应该是超越传统绘画教育的一种特殊形式的绘画教育。

一、创建绘画教室

绘画教育的过程中，首要的工作就是创建一间绘画教室。这间绘画教室不同于传统意义的教室，教室内的布置看似与普通教室无异，但是其中有较大的差异。墙壁的涂料要用特殊的材质，能够不断地擦洗，即使自闭症儿童将墙壁弄脏了，也可以通过擦洗而还原墙壁的本来面目。教室的地板要有防滑处理，避免自闭症儿童在奔跑中不慎摔倒。教室内的灯光以柔和性的光线为主，更加利于自闭症儿童进行绘画操作。

情景9.3

小樱一个人拿着蜡笔在教室的墙壁上反复涂抹，而且墙壁变得很脏。接下来，小樱还会尝试在地板上不断地涂抹。教育者不仅不对小樱的行为给予干预，反而给小樱一个小盘子，里面盛满了颜料，教育者会引导小樱把颜料全部洒在墙壁上，并且很开心地互相击掌、拥抱。

小樱的绘画行为不再受到空间环境的约束，因为墙壁再也不怕脏了，教室内的环境就是为自闭症儿童单独设计的绘画教室，更好地满足了小樱的绘画需要。除此以外，教室内要放置各种绘画工具，而且能够方便自闭症儿童拿取，让自闭症儿童自由选择自己喜欢的绘画工具进行绘画操作。

二、激发主动性的绘画行为

自闭症儿童在绘画过程中，经常会遇到一些困难或者障碍，例如：自闭症儿童无法握笔、无法控制纸

张的位置、无法建构画面内容等。教育者要善于引导，并且给予适当的辅助。一方面，要让自闭症儿童做主，充分发挥自闭症儿童绘画的自主性和表达的自主性，教育者只需要尊重自闭症儿童的主观意愿，适当辅助自闭症儿童对画面内容进行构思，以保证画面构思的完整性和画面内容的丰富性。

另一方面，教育者要让自闭症儿童能够放心地画、大胆地画，不要有畏惧的心理，尤其是担心因为搞乱房间而受到惩罚的心理状态要尽量杜绝。教育者要多鼓励自闭症儿童，大力支持自闭症儿童的绘画教育。当自闭症儿童的心理有了安全感和自由感时，就会产生绘画创作的激情。所以，教育者在组织自闭症儿童进行绘画教育的过程中，要采用和蔼可亲的态度，使用平等亲切的语言、鼓励的语言与自闭症儿童进行交流，尽量保证自闭症儿童在绘画教育活动中，保持轻松愉快的情绪。

最后，绘画是自闭症儿童的主体行为，如果自闭症儿童缺乏绘画的兴趣或者愿望，那么绘画行为就有可能受到严重削弱。因此，绘画教育之初，教育者要善于运用颜料或者客观环境激发自闭症儿童参与绘画教育活动的兴趣。通过激发兴趣，从而带动主动性绘画行为。

三、教育者的协助与支持

自闭症儿童在参与绘画教育活动的过程中，要注重教育者的协助与支持。一方面，教育者协助自闭症儿童将画具摆放好，并且能够保证绘画过程中的安全性。另一方面，教育者也要协助自闭症儿童对颜料进行调和。此过程中，教育者可以适当地对发音进行引导式学习，例如：教育者拿出一个红色的颜料，先让自闭症儿童用触觉感受颜料的质地和味道，增加自闭症儿童的感性经验。此后，教育者可以对自闭症儿童说："这是红色。"并且反复重复这样的语言，期待着自闭症儿童能够做出模仿。如果个别自闭症儿童还无法发音也没关系，教育者也不必强求，因为自闭症儿童有参与才是最重要的。

最后，教育者要对自闭症儿童的画作内容进行适当地协助和引导，例如：在绘画圆形时，教育者对自闭症儿童的绘画内容进行适当地点缀，使其变成苹果。此时，教育者可以对自闭症儿童说："这是红色的、圆形的、苹果。"通过言语的辅助，加强自闭症儿童对绘画内容的理解，发展自闭症儿童对语言的理解能力，提高自闭症儿童的绘画能力。语言的发展，同时会带动思维、想象、注意等不同心理活动的共同进步。因此，教育者在绘画过程中要注意语言的点拨。

情景 9.4

小樱用手指沾着颜料随意地在纸上点动着（图 9-3），将整张纸都点满了颜料。教育者在小樱的绘画行为结束以后，故意在原有的画面内容上做了修饰，把许多小点拉长了，教育者一边做一边对小樱说："好多花瓣啊！""你看，花瓣在飞舞啊！"

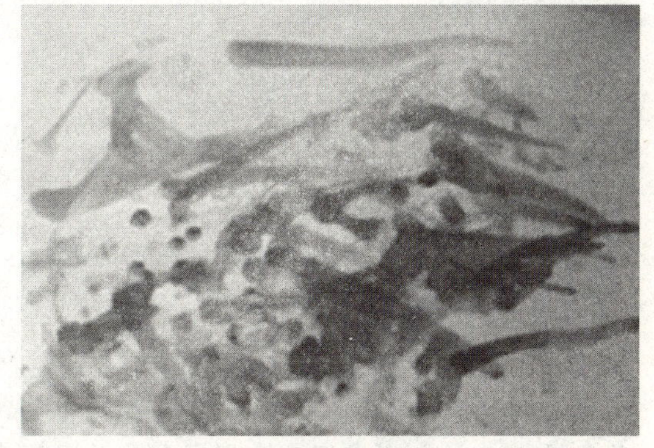

图 9-3　飞舞的花瓣

教育者就是这样对本来看似无内容的画面经过不断地修饰，并赋予语言以后，使整个画面内容就变得更加有意义了。通过反复地操作，有助于提高自闭症儿童对画面内容和语言的理解。

四、做好绘画教育的结束工作

绘画教育活动结束以后，教育者也要善于对绘画活动进行总结，多多鼓励自闭症儿童的行为，同时也要注意引导自闭症儿童收拾画具。通过反复的学习，帮助自闭症儿童建立良好的行为规范，为后续的其他学习活动奠定基础。

情景 9.5

下课铃声响了，小樱急着要离开教室。教育者立即拦住小樱，单膝跪地，对小樱说："小樱，这一节课我们画了许多小花瓣，现在请你把小花瓣收好吧。"小樱听后很不喜欢做，但是教育者依然会领着小樱走到画纸前，辅助小樱将画纸叠好，把颜料盘放到水池边进行清洗，清洗过后还把颜料盘放到指定的位置。教育者再一次单膝跪在小樱面前，主动与小樱互相击掌，并且对小樱说"你是最棒的！现在让我们一起回家吧!”教育者与小樱才一起离开了教室。

虽然小樱会拒绝收拾教具,但是作为教育者,不可以放过这样的学习机会,依然会要求小樱完成指令。这个过程不是强制更不是塑造,因为教育者在做出辅助之前有语言提示,后面的动作辅助可以更好地解释语言。所以,教育者是在帮助小樱养成好的行为习惯的同时更进一步理解语言,提升小樱与他人互动的能力。

总而言之,自闭症儿童的绘画教育过程不同于传统的常态儿童的绘画教育过程。教育者在组织绘画教育活动时,还需要对自闭症儿童表示一定的尊重和理解。通过绘画教育活动,不是为了教授绘画技巧或者创造杰出的画作,我们的绘画教育主要是借助绘画形式,提高自闭症儿童参与活动的能力,提升自闭症儿童心理发展的水平。

第五节　自闭症儿童绘画教育的主题活动

自闭症儿童绘画教育的实施还有赖于具体的活动安排。因此,我们以案例的形式,介绍两例自闭症儿童绘画教育的主题活动。通过对主题活动的陈述以及点评,更好地诠释如何对自闭症儿童进行有效的绘画教育支持。

主题一:生活中的颜色

一、绘画教育目标

1. 自闭症儿童利用感官感受不同颜色的颜料。
2. 自闭症儿童能够利用颜料进行自主性绘画。
3. 自闭症儿童能够主动选择自己喜欢的颜料。

二、课前准备与人数安排

1. 课前准备:颜料、颜料盘、纸张。
2. 人数安排:1~3人。
3. 障碍程度:中度及重度。

三、活动过程

1. 首先,教育者会引导自闭症儿童走入教室内,让自闭症儿童在教室内自由活动。此期间,教育者可以在保证自闭症儿童安全的前提下开始准备学习工具。

2. 教育者做好准备以后,将引导自闭症儿童坐在地板上。如果有自闭症儿童离开,助教将对其进行关注,并结合其需要给予解决。教育者把所有燃料都一一呈现给自闭症儿童,并且引导自闭症儿童去触摸、闻一闻颜料的味道,以此增加自闭症儿童对颜料的感知能力。同时,教育者也可以适当对自闭症儿童施以指令,引导自闭症儿童对颜料进行发音,例如,教育者可提问:“这是什么颜色?”如果自闭症儿童不能发音,教育者则尝试代替其发音。整个学习过程中,最为重要的就是自闭症儿童的感官参与。

3. 教育者引导自闭症儿童把颜料挤到盘内,并且用适当的水来调匀颜料。颜料调和以后,教育者会引导自闭症儿童用盘中的颜料在纸张上随意涂抹。期间,有的自闭症儿童会用手掌沾着颜料在纸上涂抹,有的自闭症儿童会用手指沾着颜料涂抹。学习过程中,自闭症儿童究竟采取什么样的方式进行绘画都无所谓,关键是能够参与。

4. 教育者会协助个别自闭症儿童,把颜料能够准确地涂抹在纸张上。期间,有个别自闭症儿童离开,教育者也不会给予惩罚。同时,会要求助教给予关注,保证自闭症儿童的安全就可以。如果在绘画过程中,自闭症儿童把墙壁或者地板弄脏也无所谓,因为我们的物理环境是经过特殊处理的,可以随意擦拭。

5. 经过10分钟左右，自闭症儿童就可以完成画作了。此时，教育者对每位自闭症儿童的画作进行适当地修饰，使其内容更加形象和生动。同时，教育者对自闭症儿童的绘画内容进行解读，增加自闭症儿童对画面内容的理解，尤其是对语言符号的理解。并且，教育者会对每位自闭症儿童都施以表扬和鼓励。

6. 教育者带领自闭症儿童将颜料和颜料盘清洗干净，然后放到指定位置。最后，作为下课前的鼓励与表扬，教育者引导自闭症儿童与教师击掌、拥抱，再准许自闭症儿童下课离开教室。

四、反思

“生活中的颜色”这个主题活动，在整个绘画教育过程中，教育者始终扮演着支持者和协助者的角色，目的就是最大限度地发挥自闭症儿童参与绘画的主动性和积极性。具体而言，主要的优点和不足有以下几个方面：

1. 优点。

(1) 能够结合自闭症儿童的能力和特长采取直观化的教学。

(2) 教学过程中充分尊重自闭症儿童的需要和能力。

(3) 能够善于引导，并施以差异性教学。

(4) 能够做到恰当的辅助和支持。

2. 不足。

(1) 教育的内容过于松散、过于简化。

(2) 对于能力不足的自闭症儿童，没有引导能力较好的自闭症儿童对其进行适当的帮助和支持。

(3) 学习过程中，对于概念性的认知较少。

主题二：我的飞机

一、绘画教育目标

1. 自闭症儿童能凭借想象力画出飞机。

2. 自闭症儿童能够对画面内容进行陈述。

3. 自闭症儿童能够选择2种以上的颜料绘画飞机。

二、课前准备与人数安排

1. 课前准备：颜料、颜料盘、纸张。

2. 人数安排：1～3人。

3. 障碍程度：轻度及中度。

三、活动过程

1. 教育者引导自闭症儿童走入教室，并且要求自闭症儿童一起来准备教具。每个人拿取自己喜欢的颜料和画笔、纸张等绘画工具。

2. 教育者引导自闭症儿童把颜料工具摆放在指定的位置，并且给所有的自闭症儿童分座次，让大家都坐在自己的位置上。

3. 教育者点名字，要求自闭症儿童能够听到名字有回应，可以是动作也可以是语言。此后，教育者会告诉大家：“我们今天要画一架飞机，大家自己想一想飞机是什么样子的呢?”如果无人回答，教育者可以尝试出示各种飞机模型，引导自闭症儿童对飞机模型进行感知。最后，教育者将引导自闭症儿童把颜料打开，用水调匀，准备绘画。

4. 教育者对自闭症儿童进行协助和支持，对于无法进行绘画的自闭症儿童将施以协助，引导自闭症儿童进行绘画。如果期间有自闭症儿童离开，教育者会要求助教对其进行关注，不会强行将其拉回来，只要求助教能够保证该名儿童的安全就可以。

5. 15分钟以后，对于已经完成画作的自闭症儿童，教育者会施以表扬或者鼓励，并且给予适当的修饰，让画作的内容更加完善。还未完成画作的自闭症儿童，教育者会给予辅助。如果自闭症儿童有较好的语言能力，教育者将引导自闭症儿童对画作内容进行陈述。如果自闭症儿童不能够进行陈述，教育者也会对其画作内容进行积极的点评。

6. 下课前，教育者带领自闭症儿童将颜料和颜料盘清洗干净，然后放到指定位置。最后，作为下课前的鼓励与表扬，教育者引导自闭症儿童与教师击掌、拥抱，再准许自闭症儿童下课离开教室。

四、反思

"我的飞机"这个主题活动主要的思路是基于自闭症儿童的想象能力而对画面进行再造的过程。但是，这个主题活动对于能力较低的自闭症儿童而言，则不建议使用。因为能力较低的自闭症儿童自我控制能力较弱，经验有限，无法进行深层次的想象和思考。具体而言，这个主题活动的优点和不足主要有以下几个方面：

1. 优点。

(1) 能够引导自闭症儿童的主观想象。

(2) 能够发挥自闭症儿童的自主性，共同参与绘画活动。

(3) 对于能力不同的自闭症儿童都能够施以适当的支持。

2. 不足。

(1) 限定主题的活动对自闭症儿童而言有较大的约束性。

(2) 尽量要设计自主性主题的绘画教育活动，以调动自闭症儿童的积极性。

(3) 对于自闭症儿童先前是否具备"飞机"的感性经验，估计不足。

两例自闭症儿童绘画教育的主题活动，主要是结合绘画形式设计具体的活动内容。绘画过程中，教育者不仅尊重自闭症儿童的需要，同时也注重能力的培养。所以，自闭症儿童绘画教育的主题活动可以促进自闭症儿童多方面能力的共同发展。篇章开头的【案例纪实】中，小樱的教育者和父母都试图限制小樱的绘画行为，这样的做法是不对的，更加不利于小樱自身的心理发展。对于小樱的绘画行为，教育者和父母应该是多加鼓励和支持，并且创造各种绘画环境，引导小樱做出积极的行为表现。

【章节要点回顾】

本章共分为五节，第一节叙述了什么是绘画教育以及绘画教育的意义。绘画教育是以自闭症儿童为中心，在了解自闭症儿童参与绘画活动的心理发展水平的基础上，通过生动的线条和色彩培养自闭症儿童丰富的想象力、兴趣、情感以及增强记忆水平。绘画教育活动对自闭症儿童的心理发展有积极的意义。

第二节主要叙述了自闭症儿童绘画教育的原则和自闭症儿童绘画教育的内容。自闭症儿童绘画教育的原则包括：激发儿童自由绘画、手段途径的多样化、促进心理活动的发展、给予适当的肯定。自闭症儿童绘画教育的内容可以从趣味性、生活化两个方面进行考量。

第三节主要叙述了自闭症儿童的评估与教育计划。自闭症儿童在参与绘画教育活动之初，需要接受评估，并且制订合理的教育计划。

第四节主要叙述了自闭症儿童绘画教育的实施。自闭症儿童绘画教育的实施包括：创建绘画教室、激发主动性的绘画行为、教育者的协助与支持、做好绘画教育的结束工作。

第五节主要讲述了两例自闭症儿童绘画教育的主题活动。两例绘画教育主题活动，分别以"中度及重度"和"轻度及中度"的自闭症儿童为例，通过讲述过程和自我反思阐明了其优点和不足。

思考与练习

1. 自闭症儿童的绘画教育与常态儿童的绘画教育有何区别？
2. 自闭症儿童的绘画教育一定要限定在纸本上吗？
3. 自闭症儿童在绘画教育活动中需要学习绘画规则吗？

第十章

自闭症儿童的生活教育

章节重点

本章重点是教育者在了解生活教育的概念、意义的基础上，掌握自闭症儿童生活教育的原则、内容；结合自闭症儿童的评估结果，设计生活教育的主题活动，初步对自闭症儿童施以生活教育，提升自闭症儿童的生活能力。

案例纪实

滔滔是一位自闭症儿童，从小到大都没有吃过米饭，总是吃零食或者吃面食度日，并且拒绝吃蔬菜。长此以往，导致滔滔的身体发育不良。针对滔滔的进食问题，教育者和父母曾经想过用惩罚的方法，例如：当滔滔不吃饭的时候，就惩罚滔滔罚站或者让滔滔不可以再玩积木。有时教育者和父母也会用糖果作为强化物，引导滔滔正常进食，并且给予糖果奖励。但是，每一次滔滔都会抢夺糖果，更加不喜欢吃饭。对此，教育者和父母都束手无策。

思考题： 1. 滔滔拒绝吃饭和蔬菜的原因是什么呢？

2. 为什么惩罚和奖励都无法解决滔滔的生活自理问题呢？

3. 作为教育者你有何教育建议呢？

【章节内容】

生活教育应当帮助每一位儿童获得幸福、健康、充实的生活，培养儿童的生活能力和生活态度。儿童在生活过程中，逐渐积累生活经验、适应生活需要和社会规则。所以，生活教育是生活所原有、生活所自营、生活所必需的教育（张迪平、王颖玮，2010）。自闭症儿童的生活教育，就是让自闭症儿童在生活过程中学习如何自理、自立，如何更好地适应社会需要，遵守社会规则。

第一节　生活教育概述

教育不仅仅是生活的准备，教育应该关怀儿童的生活，尤其是儿童当下的生活，关怀此时此刻儿童的生命状态，关注儿童的日常生活，关注日常生活所给予儿童的各种发展机会与潜能，关注日常生活的种种价值与意义，关注儿童在日常生活中的每一个疑惑、困难与问题，关注儿童在日常生活中的每一个发展历程（侯莉敏，2006）。所以，生活与教育应该是相互配合、相互合作、相互交融而存在。

一、生活教育的概念

有关生活教育的概念有两种倾向：一种认为生活教育就是指将教育与生活相结合，生活中有教育，教育中有生活，例如：生活即教育，指的是现实生活便是教育，教育不能脱离生活而进行，受教育的过程也就是生活的过程，因此教育要以生活为素材（皮军功，2011）。教育作为一种社会生活，是发生在真实的生活世界中的生活，世界是教育发生的场所，也是实现教育意义的场所，学生的经验和体验构成了学校教育的重要内容。儿童进入幼儿园接受教育就是开始一种特殊的生活（杜青芬，2009）。

另一种解释认为，生活教育就是引导儿童如何提升生活自理能力，例如：生活性教学就是植根于学生生活世界，关注学生现实生活，引导其不断超越现实生活，改善当下生存状态，以提升生活质量为主旨的教学（李森、王银飞，2005）。教育为了生活，教育的最终目的是为了人的发展，促进人的自我完善、适应社会、学会生活，提升生命意义、提高生活质量（刘秋菊，2013）。

我们本章节所称谓的生活教育的目的，就是为了提升自闭症儿童的生活能力。所以，我们将生活教育界定为：**生活教育就是提升自闭症儿童的自我照顾能力、独立生活能力，从而改善生活质量的教育活动。**

二、生活教育的意义

儿童的学习方式具有自己的特点，因为每一个儿童都有独特的认识世界的方法和途径。教育者只需要从儿童的身心发展特点出发，将教育与生活相结合，从生活中渗透教育，从教育中学习生活。所以，生活教育本身就会对儿童的心理发展产生积极的意义。

（一）有助于儿童形成良好的生活习惯

当外部的条件刺激以一定的顺序不断地重复多次以后，大脑皮质的兴奋和抑制过程在时间、空间的关系就会固定下来。而且，儿童的年龄越小，行为的可塑性就越大。所以，要从小培养儿童良好的生活习惯。教育者对儿童的一日生活进行规范地组织和安排，并且对各阶段的生活提出规定和要求，这样经过反复实践训练，使儿童的生活规律化、程序化，促进儿童遵守有规律的生活秩序，养成良好的生活习惯。

（二）提高儿童的生活自理能力

生活教育的实施过程中，要反复地锻炼儿童如何进行生活自理。通过反复地练习，儿童的生活自理能力会得到提升。相比之下，儿童参与生活教育和未参与生活教育的结果有天壤之别。所以，可以说明生活教育可以有效地提升儿童的生活自理能力。

（三）促进儿童生理机能的发育

儿童身体保健和生活自理教育，主要是引导儿童更好地锻炼身体器官（眼、耳、齿、鼻、皮肤等），提高进餐、着装、睡眠、盥洗等方面基本的生活能力，而这些生理活动的正常进行，可以进一步促进儿童身体各系统的健康发育，例如：睡眠可以提高大脑的休息质量，而大脑休息质量的提高又可以促进儿童身体的生长发育。同时，儿童通过动作参与生活教育，例如：叠被子、穿鞋子、洗脸等，这些动作的参与又可以很好地促进儿童生理机能的发育。

（四）形成良好的个性品质

早期阶段，儿童会存在着一些负面的个性心理特征，例如：自卑感严重、自信心不足、做事懒散、有始无终、东西乱扔乱放、衣冠不整等。通过生活自理能力的训练，可以培养儿童爱整洁、讲究卫生、做事善始善终的好习惯，帮助儿童建立良好的个性心理品质。同时，通过生活教育，也可以使儿童认识到自己的优点和价值所在，树立起自己独立完成一些事情的信心，建立起良好的个性品质。

总而言之，生活教育就是通过教育而引导儿童建立良好的生活自理能力，提升儿童的自我照顾能力和独立生活能力。生活教育可以促进儿童的心理发展，也可以促进儿童机能的发育，以及在实际的学习中养成良好的生活习惯。因此，生活教育对于儿童的身心发展有积极的意义，为儿童未来的生活奠定基础。

第二节　自闭症儿童生活教育的原则与内容

只有在真实的生活世界、生态的整体性生活、多元的个性生活和当下的现实生活中，才能够实现儿童生活教育的价值——关注人自身的生存与发展，进而改造与重建儿童的教学世界和生活世界，赋予教学以生活的本真意蕴（朱德全、皮军功、杨鸿，2009）。所以，自闭症儿童生活教育的基本原则和内容也要遵循生活的本真。

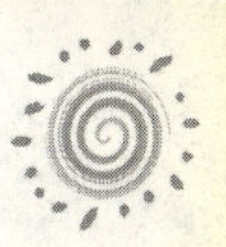

一、自闭症儿童生活教育的原则

自闭症儿童属于特殊需要儿童，对自闭症儿童开展生活教育，需要遵循一般的原则和特殊的原则。因为，自闭症儿童有其一般性的需要，即常态儿童都有的需要。同时，自闭症儿童也存在一些特殊需要。为了更好地满足自闭症儿童在生活教育过程中的一般需要和特殊需要，教育者就必须遵循自闭症儿童生活教育的原则。

（一）尝试沟通的原则

儿童在人际关系和社会交往中才能生活、成长、发展，所以，自闭症儿童需要与人沟通。生活教育就应该重新理解教育者与学生、学生与学生之间的关系，充分发挥沟通在教学和学生发展中的基础性作用与动力作用。生活教育的过程中，教育者要尝试与自闭症儿童沟通，增强自闭症儿童对活动内容的理解能力，这不仅仅表现为师生之间的交流，同时也可以是学生与学生之间的交往过程，教育者只需要辅以相应的辅助和支持。

情景 10.1

教育者要引导滔滔学习穿袜子。学习之前，教育者尝试与滔滔沟通，教育者主动向滔滔提问："这个是什么？"滔滔看后，主动回应道："袜子。"教育者继续对话题进行延展，教育者讲道："这个袜子是什么颜色的呢？"此时，滔滔闭不作声，教育者就会用语言提示："这个是红色的袜子。"

这个过程就是尝试沟通的过程。正式学习开始之前，教育者都可以尝试与自闭症儿童进行交流或者沟通，通过彼此之间的沟通，可以帮助自闭症儿童理解学习内容，积累基本概念。

（二）趣味性的原则

生活教育必须与现实生活密切联系，通过为自闭症儿童呈现现实生活中一些有趣的事物，使自闭症儿童产生自发的兴趣和好奇心。同时，趣味性的学习又可以调动自闭症儿童学习的积极性和主动性。所以，教育者组织的生活教育要遵循趣味性原则，把本来无味的生活内容变得更加有趣、形象、生动，吸引自闭症儿童的注意力和学习的动力。

情景 10.2

教育者在开始上课之前，在一个带有卡通图案的袜子内放了一个小礼物。当滔滔来到教室以后，教育者故意让滔滔发现袜子，并且对滔滔说："看看袜子里面有什么？"滔滔似乎不理解，于是教育者会把着滔滔的手，从袜子中顺利找到礼物。滔滔很开心，对眼前的袜子也更加喜欢，学习的积极性更高。

教育者把原本普通的袜子外观变得有趣、可爱，同时利用找礼物的方法引导滔滔发现袜子，并且对袜子产生好感。这样的引导方式就体现了趣味性原则，将原本生硬的学习过程变得灵活、生动、有趣。

（三）公平性原则

无论个体之间存在何等差异，每一个个体都享有学习的权利。所以，自闭症儿童也应该享有基本的学习权利，教育者在组织教育活动的过程中，应该让每一个自闭症儿童都参与到实际的学习过程中来。

情景 10.3

教育者为三位自闭症儿童组织生活教育课。学习过程中，三位自闭症儿童的能力差异较大，分别为轻度、中度、重度。教育者会引导轻度的自闭症儿童学习袜子的概念，以及如何穿袜子、脱袜子；对于中度的自闭症儿童，教育者会借助结构化教学的方法，引导自闭症儿童穿袜子或者脱袜子；对于重度的自闭症儿童，教育者会尝试把穿袜子分为几个步骤完成，让自闭症儿童从最后一步开始学起。

从这个情景的陈述内容而言，教育者对自闭症儿童采取的教育过程，就体现了公平性原则。所谓的公平不是绝对的平等，我们称谓的公平是相对性的平等。每一个自闭症儿童都参与了学习活动，都获取了学习资源。但是，每一个自闭症儿童参与的程度与其自身的能力是相匹配、相适应的。

（四）自然性原则

所有的学习活动都应该源于自然性的表现，而非人为的塑造。自闭症儿童与常态儿童一样，在未接触社会或者知识之前，都是一块"白板"。随着时间的推移，这块"白板"上会刻满美丽的图画。这幅图画有的是自闭症儿童自己加上去的，有的是对客观信息改造的结果，有的是客观环境决定的。但是，我们更希望是自闭症儿童自己选择、自己对信息进行改造的结果。因为这样的学习过程，更有利于自闭症儿童的心理发展。所以，教育者在实际的生活教育过程中，要以自闭症儿童为中心，不对自闭症儿童采取强制性的约束或者束缚，期待着自闭症儿童在活动中的自然的、真实的表现。

（五）安全性原则

生活教育的过程中，教育者要尽量还原生活，选择生活中的活动作为教育内容。因此，教育者必须保证自闭症儿童的安全，不会因为刀具、电、火等因素，对自闭症儿童造成二次伤害。这样的结果，不仅对学习活动不利，同时对自闭症儿童的心理也会产生负面影响，甚至影响以后的学习和生活。所以，教育者必须将安全作为重要的原则之一进行把握，保证自闭症儿童生活教育活动的安全性。

二、自闭症儿童生活教育的内容

自闭症儿童的生活教育内容要体现从生活中来，到生活中去的原则。所以，生活教育的内容应该都是生活中有的，可以触及并且可以不断练习、重复的生活活动。但是，教育者要保证生活教育内容的科学性、安全性、有效性、教育性。

（一）礼仪教育

礼仪是个人在与他人建立社会性的关系中，为了维持团体生活和谐，解决彼此间由于个性、文化差异等原因所造成的问题与摩擦而产生的。我们所称谓的礼仪教育，主要指家庭生活中的礼仪，例如：如何遵守进餐过程中的礼貌、如何尊敬父母等。

（二）卫生教育

卫生教育包括生活卫生、清洁卫生、环境卫生三个方面。生活卫生主要指掌握基本的穿、脱、叠、放衣鞋的技能，培养独立着装的能力和习惯。清洁卫生主要指饭前便后洗手，手脸脏了随时洗，饭后漱口、擦嘴，每天换洗内衣、鞋袜。环境卫生主要指自闭症儿童在对待周围环境方面应养成的习惯。具体而言，主要包括物品、衣物要放在固定地方，摆放要整齐，不乱丢果皮、纸屑垃圾，不随地大小便，不随地吐痰。

（三）社会规则

社会规则方面的教育，主要指为了要儿童了解并遵守公共秩序而进行的相关指导。具体而言，主要包括懂得在公共场所要排队，懂得购物要买单，懂得在公共场所要保持安静、遵守交通秩序等。

总之，自闭症儿童的生活教育是为自闭症儿童未来的生活所服务的。因此，生活教育的原则与生活教育的内容要完全贴近自闭症儿童的身心发展水平和实际的需求。实际的教育过程中，教育者要发挥自闭症儿童在学习过程中的主导作用，激发自闭症儿童本能性的或自然性的真实表现。

第三节　自闭症儿童的评估与教育计划

自闭症儿童在接受生活教育之前都会接受评估。评估的过程主要是间接了解自闭症儿童在生活方面是否存在问题，都存在哪些问题，哪些问题是可以干预的，哪些问题是不可以干预的。教育者会结合具体的问题，制订详细的教育计划，为教育活动的实施奠定基础。

一、自闭症儿童的评估

自闭症儿童的评估，主要通过访谈、观察、量表三种方式完成。

（一）借助访谈法的评估

教育者可以与自闭症儿童的父母或者监护人进行交流，进一步了解自闭症儿童平日在家中的实际表现，尤其是在生活方面的表现。

情景 10.4

教育者：滔滔可以自己吃饭吗？

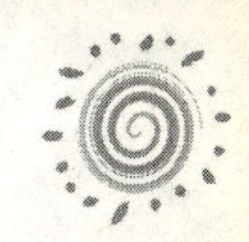

父　母：滔滔平时都需要父母喂饭，自己不会吃饭，如果自己吃饭就会把饭搞得到处都是，他总是在玩，无法正常进食。

教育者：如果滔滔想上厕所，自己会表达吗？

父　母：滔滔自己不知道如何表达自己的需要，如果想上厕所了，就会把尿或者便便弄到裤子里。我们也会尝试根据时间或者滔滔的表情来判断滔滔是不是想上厕所。

……

教育者通过访谈，对滔滔的生活情况有了了解。滔滔的生活自理能力不好，基本上不可以独立进食、如厕。这些都是需要教育者给予关注的问题。

（二）借助观察法的评估

教育者也可以借助观察法对自闭症儿童在日常生活中的表现进行观察和记录，对于频繁出现的异常行为要给予适当的关注，并且可以尝试应用具体的策略进行教育。

情景 10.5

滔滔在吃饭的时候，总是不停地摇来摇去。于是，妈妈便开始着手为滔滔准备好饭菜，辅助滔滔进食。此时，滔滔不再摇晃身体，而是安静地坐着，等待着妈妈喂饭。不一会儿，一位送水的工人来送水，妈妈便放下碗筷去为工人开门。此时，滔滔开始玩弄碗中的饭菜，而且搞得到处都是。等妈妈回来后，妈妈没有理会滔滔的行为，反而继续喂饭。此时，滔滔不再捣乱，而且还会像之前一样安静地坐着。

教育者在实际的观察过程中，发现了很重要的现象，那就是滔滔在没有人辅助喂饭时，会有“摇动身体”“玩弄饭菜”的行为；当妈妈再次辅助滔滔进食时，滔滔的这些行为都不见了。这说明，滔滔有故意表现不好行为的主观动机，而妈妈的辅助进食行为会对滔滔的异常行为有正向的影响作用。

（三）借助评估量表的评估

教育者通过访谈和观察之后，还可以借助专业的评估量表对自闭症儿童的心理发展水平进行评估，通过客观的数据显示自闭症儿童心理发展的实际水平。教育者对滔滔进行了 PEP 的量表评估，评估中涉及了语言、社交、大肌肉、生活自理等不同层面。通过评估可以间接地了解滔滔在心理发展方面存在的不足。评估结果表明，滔滔在语言方面的得分是 0 分、社交方面是 0 分、大肌肉方面是 7 分、生活自理方面是 2 分……

评估结果显示，滔滔的生活自理能力水平较低，而且其他心理层面的发展水平与同年龄儿童相比也相差较多。对此，教育者要给予高度的关注和适宜的教育支持。

（四）形成书面报告

教育者需要对自闭症儿童进行评估，并且在最后形成书面的评估报告。我们以案例中滔滔的评估结果为例(表 10-1)。

表 10-1　滔滔的评估结果

第一部分　儿童基本资料			
姓名：滔滔	性别：男		年龄：6 岁
出生日期：2009 年 6 月	评估日期：2015 年 9 月		
第二部分　测验分数			
发展及行为测验	原积分	发展年龄(月)	障碍程度
认知	2	<12	严重
语言表达	0	<12	严重
语言理解	0	<12	严重
小肌肉	6	<12	严重
大肌肉	7	15	中度
社交互动	0	<12	严重
生活自理	2	<12	严重

从滔滔的评估结果而言，滔滔在各个方面的心理发展水平都较差，只有大肌肉方面的发展水平为中度。教育者对滔滔采取的生活教育要更加注重全面发展，以生活教育为起点，从而带动其他心理层面的共同发展。

二、自闭症儿童生活教育的计划

教育者结合评估结果，为滔滔制订生活教育方面的计划。因为个体在参与学习活动的时候，心理的不同层面都在参与学习活动。所以，滔滔的生活教育计划要从滔滔的整体心理发展水平进行考量（表 10-2）。

表 10-2　滔滔的生活教育计划(12 月份计划)

姓名：滔滔	性别：男	出生日期：2009 年 6 月			
计划人	V 教育者	起止日期：2015 年 12 月 12 日 2016 年 12 月 12 日			
目标领域	教 育 目 标	评 估 结 果			
		3	2	1	0
认　知	1. 能够认识水杯和袜子 2. 能够按指令拿取水杯或袜子				
语言表达	1. 能够发出“bei”的声音 2. 能够发出“wa”的声音				
语言理解	1. 点到名字能举手 2. 听指令“坐下”				
小肌肉	1. 在辅助下完成喝水的动作 2. 在辅助下完成叠袜子的动作				
大肌肉	1. 在辅助下完成接水的动作 2. 在辅助下完成脱袜子的动作				
社交互动	1. 为妈妈倒一杯水 2. 给妈妈脱袜子				
生活自理	1. 会自己收拾水杯 2. 会自己收拾袜子				

对于滔滔的生活教育计划，无论从语言、动作还是生活自理本身而言，都在渗透着生活教育，生活教育本身也包含了所有心理活动的参与。一份教育计划就应该从个体的不同心理层面进行考量。因为，只有个体所有心理层面的共同参与才能够最大限度地促进个体所有心理活动的共同发展。

三、自闭症儿童生活教育的方法

教育者对自闭症儿童采取的生活教育的方法，主要包括 ABA 应用行为分析疗法、结构化教学、地板时光。

（一）ABA 应用行为分析疗法

教育者在生活教育活动中，利用 ABA 应用行为分析疗法通过设计不同的基线水平和外界刺激，帮助自闭症儿童建立良好的学习行为，引导自闭症儿童积极地参与生活教育活动。

（二）结构化教学

结构化教学在自闭症儿童的生活教育活动过程中，将学习环境结构化，帮助自闭症儿童了解在哪里进行学习，在哪里学习什么。从而，也可以更好地解决自闭症儿童的情绪与行为问题。

（三）地板时光

自闭症儿童在参与生活教育活动之初，教育者要在宽松自由的学习环境中，引导自闭症儿童表达自己的学习需要和学习兴趣，并且引导自闭症儿童自己选择学习项目，以此更好地发挥自闭症儿童在学习过程中的主动性和自主性。

总之，每一种方法都有其优点和不足，所以在实际的生活教育过程中，要合理地组织和应用不同的方法，以便更好地实现预期的教育计划。选择方法的前提，主要是结合教育计划的需要以及自闭症儿童的实际能力与偶发性的事件，对于不同的方法进行灵活性地处理。

第四节 自闭症儿童生活教育的实施

自闭症儿童在早期阶段就会表现出较为严重的生活自理问题。所以，对于自闭症儿童的生活教育越早干预效果越好。教育者在具体的实施过程中，不仅仅要还原生活的本来面目，同时还要体现教育的价值。通过生活教育能够对自闭症儿童的心理发展产生积极的影响，能够提升自闭症儿童的生活自理能力。

一、创建生活教室

教育者首先要创建一间适合组织生活教育活动的教室。而且教育者能够根据主题需要灵活地变换教室内的物理环境，从而激发自闭症儿童主动地参与学习活动。生活教室的意义是尽可能地让自闭症儿童能够观察室内的实物，聆听、触摸实物，通过亲身感受、体验才能够获得发自内心的最真切的感受。

二、选择合适的学习内容

自闭症儿童进入教室以后，会被教室内的物品所吸引。教育者不要横加干涉，要注意观察自闭症儿童的兴趣和行为表现。自闭症儿童感兴趣的物品就是这节课的主要学习内容。

情景 10.6

滔滔走入教室以后，不断地在教室内走动。突然，滔滔坐在了一堆被子面前，滔滔在被子里面打滚，不断地翻滚。教育者走上前来，与滔滔一起翻滚，一起打闹。2 分钟之后，滔滔逐渐冷静下来，教育者对滔滔说："好暖和的被子啊！我们把它叠好吧。"滔滔只是看着教育者，没有做出任何反应。教育者迅速把被子叠好，只是留下了最后的一步，然后教育者把着滔滔的手做好了最后一步，最后又把着滔滔的手把被子拿起来放到了柜子内。教育者对着滔滔称赞道："你真是一个乖孩子！"……

这位教育者在组织学习活动的过程中，起初故意放纵滔滔的行为，当教育者发现滔滔选择了被子的时候，教育者会主动迎合滔滔的行为，借助最好的时机引入叠被子的学习内容。叠被子的过程中，教育者结合滔滔的实际能力，为滔滔选择了一份较为简单的学习任务，并引导滔滔顺利完成学习任务。

三、选择恰当的学习方式

教育者要实现生活教育的计划，就必须根据自闭症儿童的认知特点，有针对性地选择学习方式，让自闭症儿童领会学习的主要内容。学习的方式主要指借助图片、辅具或者选择任务完成的顺序(即所谓的正序、倒序)，或者可以是自闭症儿童独立完成还是教育者辅助自闭症儿童完成学习任务。教育者通过按照自闭症儿童自己的学习方式呈现学习任务，帮助自闭症儿童领会学习任务，积极参与实践，培养自闭症儿童从生活的点滴之中获得经验。

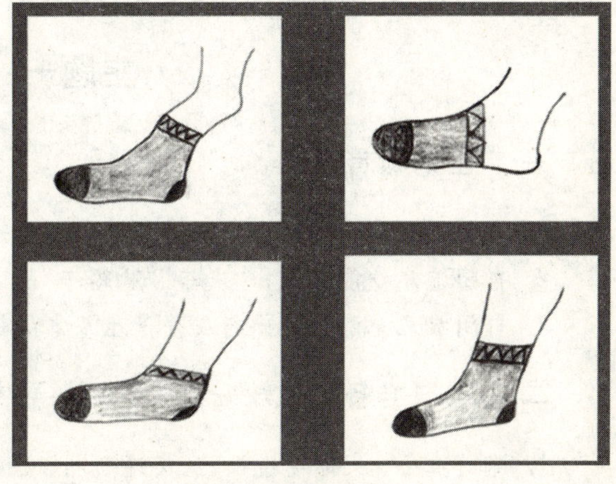

图 10-1 顺向穿袜子

右图(图 10-1)中所呈现的是教育者引导自闭症儿童如何按照正常的顺序穿袜子。有的自闭症儿童的认知特点是可以接受这样的学习方式的，而且可以很快掌握穿袜子的步骤。有的自闭症儿童的认知水平就无法接受顺向穿袜子的过程，教育者就要采取逆向的穿袜子

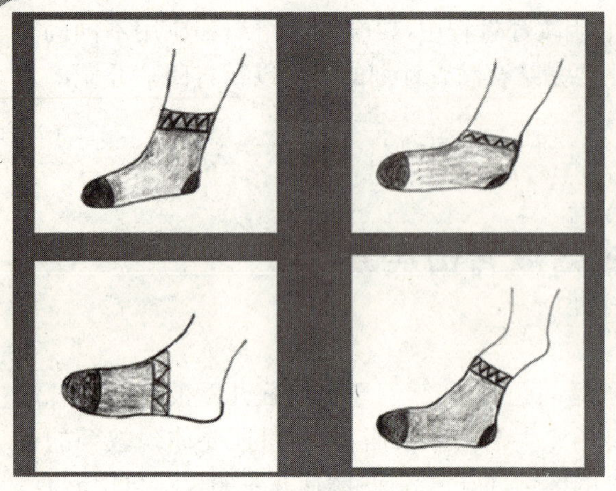

图 10-2 逆向脱袜子

过程，就是先学习穿袜子的最后一步，以后再慢慢学习穿袜子的第一步(图 10-2)。

这种逆向的过程就比之前顺向穿袜子的过程更容易理解和操作，对于自闭症儿童而言就更加容易接受。所以，采取何种学习学习方式完全取决于自闭症儿童的认知特点，作为教育者要尊重自闭症儿童的认知发展水平。

四、学习时间与学习量的合理控制

每天教育者都要对自闭症儿童的学习结果进行记录，统计自闭症儿童学习过程中是否有异常行为、学习任务是否顺利完成。通过自闭症儿童在学习过程中的行为反应，教育者可以间接判断生活教育的学习时间与学习量是否合理。如果学习时间和学习量安排得不够合理，将会对自闭症儿童学习的积极性和心理发展产生负面影响，导致自闭症儿童对生活教育产生厌恶心理。

五、建构一日结构化的生活教育

自闭症儿童生活教育中结构化很重要。如果教育者想建立自闭症儿童每天早晨七点起床——整理床铺——如厕——洗漱的生活习惯和生活自理能力，保证自闭症儿童能够在一定的时间和空间范围内固定对应的行为模式，形成一日的生活结构，就必须建立一日结构化的生活教育。教育者要把自闭症儿童每天经历的事情和所需要掌握的行为模式，以图片的形式按照结构化教学方法的要求予以呈现，经过长期重复练习而养成自闭症儿童相应的行为习惯，当习惯变成自然行为之时自闭症儿童就可以获得良好的生活适应能力。

总而言之，自闭症儿童生活教育的实施要从环境、自闭症儿童、教育内容、教育方式进行考量。一方面，需要调动自闭症儿童参与生活教育的积极性；另一方面，教育者设计的活动能够被自闭症儿童所接受和使用，对自闭症儿童的心理发展有积极的意义。因此，自闭症儿童的生活教育，也是以自闭症儿童为核心的课程体系，秉持着以促进自闭症儿童心理活动的全面发展为目的。

第五节 自闭症儿童生活教育的主题活动

自闭症儿童生活教育的实施过程还只是理论层面的探讨，为了更进一步阐述有关自闭症儿童生活教育的实施，下面呈现两例自闭症儿童生活教育的主题活动，以供教育者分享和参照。

主题一：出行的安全

一、生活教育目标

1. 自闭症儿童能够初步认识常见的交通标志。
2. 自闭症儿童能够说出“汽车”“脚踏车”的名称。
3. 自闭症儿童能够对出行安全产生基本的概念。

二、课前准备与人数安排

1. 课前准备：交通环境设施、交通新闻、交通标志图卡。
2. 人数安排：1～3人。

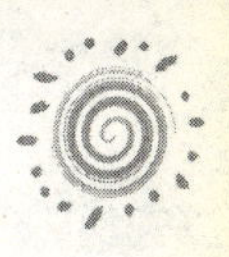

3. 障碍程度：轻度及中度。

三、活动过程

1. 教育者带领自闭症儿童走入教室，并且要求自闭症儿童坐在自己的座位上。教育者点名，有语言能力的儿童需要有语言回应；无语言能力的儿童需要用动作表示。

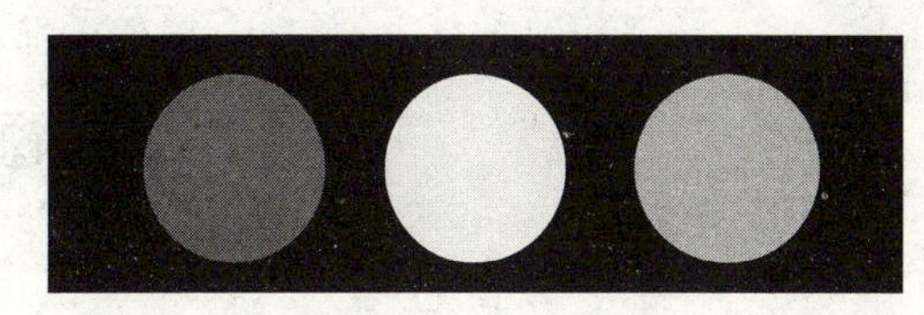

图 10-3　交通信号灯

2. 教育者出示基本的交通标志图卡（图 10-3）。教育者讲道："有一种三色灯光标志，设在交叉路口，共有红色、黄色、绿色，一般称为红绿灯。红灯表示停止、黄灯表示小心、绿灯表示可以通行。"

教育者结合图卡继续解释道："黄灯闪烁，表示警告的意思，车辆遇到黄灯闪烁，必须减速，小心通过。如果红灯闪烁，表示车辆应该停止，禁止前行。"

3. 行人也有专用信号灯（图 10-4）。教育者出示行人信号灯，并且讲道："当行人穿越马路时，行人信号灯将会指示行人应该前行还是止步。绿灯亮时，行人可以通过；红灯亮时，行人需要止步。"

图 10-4　行人信号灯

教育者讲到这里以后，与自闭症儿童进行互动游戏，创建交通场景，引导自闭症儿童反复练习认识的交通标志。

4. 教育者再进一步出示斑马线的交通标识（图 10-5）。教育者一边出示图片，一边讲解如何辨识斑马线。

图 10-5　斑马线标识

教育者结合图片讲解道："小朋友要过马路时，应该先观察附近的斑马线标识，确定没有车辆通过，才可以通过斑马线。"然后，教育者引导自闭症儿童进行场景练习，反复重复以上活动，增加自闭症儿童的感性经验。课后，教育者会带领自闭症儿童到户外参与实际生活体验，引导自闭症儿童认识现实生活中的信号灯，并且尝试自己独立过马路。

四、反思

"出行的安全"这个主题活动主要是引导自闭症儿童认识交通标志，将语言与情景活动相结合，激发自闭症儿童的想象力，以此达到预期的目标。具体而言，主要的优点与不足如下：

1. 优点。

(1) 能够结合自闭症儿童的障碍程度选择适当的教育内容和教育方式。

(2) 教育的内容能够与自闭症儿童的生活紧密相关。

(3) 注重生活中的实践与操作,便于自闭症儿童的应用与理解。

2. 不足。

(1) 教育者陈述的内容过于繁杂,不便于自闭症儿童理解。

(2) 课内的活动过多,应该多增加课外活动。

主题二:我会洗衣服

一、生活教育目标

1. 自闭症儿童能够初步认识洗衣液和洗衣粉的标识。
2. 自闭症儿童能够初步洗涤衣物。
3. 自闭症儿童能够知道衣物的晾晒方法。

二、课前准备与人数安排

1. 课前准备:标识图卡、衣物卡、衣架子。
2. 人数安排:1~3人。
3. 障碍程度:轻度及中度。

三、活动过程

1. 教育者带领自闭症儿童走入教室,然后引导自闭症儿童坐好。接下来,教育者会点名字,要求自闭症儿童举手说“到”,如果是无语言的自闭症儿童,可以让其尝试用“举手”的动作表示。

2. 教育者出示各种洗衣液与洗衣粉的图卡,让自闭症儿童能够回答图片中的物品(图10-6)。教育者会尝试让自闭症儿童自己回答,如果自闭症儿童无法回答,教育者再通过口授的方式引导自闭症儿童模仿。教育者不会强迫自闭症儿童进行模仿,但是自闭症儿童有参与或者有动作表示都可以。

图10-6　洗衣液与洗衣粉图卡

3. 教育者将图卡贴在黑板上,让自闭症儿童根据图卡配对,将实物与图卡一一对应。如果自闭症儿童的动作能力不好,教育者会协助自闭症儿童拿取实物,与图卡一一对应。

4. 教育者将衣物放入盆中,然后引导自闭症儿童把洗衣液倒入盆中,并放入适量的水。教育者先让自闭症儿童自己搓揉衣物,然后不断地重复这个动作。如果自闭症儿童无法做到,教育者会把着自闭症儿童的手反复操作以上的动作。

5. 教育者会代替自闭症儿童将衣物清洗2~3次,拧干以后,教育者再引导自闭症儿童将衣物放在衣架子上,并晾好。整个过程中,如果自闭症儿童无法操作,教育者都会给予协助和支持。

6. 教育者在下课前,将会引导自闭症儿童收拾工具,对自闭症儿童做出表扬,并且通过相互击掌与拥抱的方式,激发自闭症儿童的积极性。最后,教育者将自闭症儿童带离教室。

四、反思

“我会洗衣服”这个主题活动,主要是教育者将生活中的事件在课堂中进行还原,增加了学习的真实

感，对于自闭症儿童的生活能力而言，有较大的帮助。具体而言，主要的优点与不足如下：

1. 优点。

(1) 能够将学习内容与生活紧密结合。

(2) 能充分发挥自闭症儿童的主动性和积极性。

(3) 教育者在课堂中扮演了重要的协助者和支持者。

(4) 能将概念学习与活动紧密结合。

2. 不足。

(1) 学习活动的过程较长，自闭症儿童可能无法坚持完成所有学习任务。

(2) 教育者呈现的图卡内容较多，不利于自闭症儿童进行理解和辨识。

(3) 对于需要洗涤的衣物没有做出严格的限制和规定。

两例自闭症儿童的生活教育主题活动，主要是借助生活情节，将生活与教育进行结合，试图通过还原生活本身，引导自闭症儿童不断提升个人的生活能力。篇章开头的【案例纪实】中，滔滔属于重度自闭症儿童，所以不理解规则，缺乏规则意识。教育者和父母的语言引导是不会收到较好学习效果的。对此，教育者和父母可以尝试将滔滔碗中的饭减少一些，等滔滔吃完以后再逐渐增加；也可以将滔滔需要做的事情的过程用图卡完整地呈现出来，帮助滔滔理解事件的整个流程。所有的方法都是为了增加滔滔的理解能力，帮助滔滔更好地完成整个吃饭活动。

【章节要点回顾】

本章共分为五节，第一节叙述了什么是生活教育以及生活教育的意义。生活教育就是提升自闭症儿童的自我照顾能力、独立生活能力，从而改善其生活质量的教育活动。生活教育活动对自闭症儿童的心理发展有积极的意义。

第二节主要叙述了自闭症儿童生活教育的原则和自闭症儿童生活教育的内容。自闭症儿童生活教育的原则包括：尝试沟通的原则、趣味性原则、公平性原则、自然性原则、安全性原则。自闭症儿童生活教育的内容包括礼仪教育、卫生教育、社会规则三个方面。

第三节主要叙述了自闭症儿童的评估与教育计划。自闭症儿童在参与生活教育活动之初，需要接受评估，并且制订合理的教育计划。

第四节主要叙述了自闭症儿童生活教育的实施。自闭症儿童生活教育的实施包括：创建生活教室、选择合适的学习内容、选择恰当的学习方式、学习时间与学习量的合理控制、建构一日结构化的生活教育。

第五节主要讲述了两例自闭症儿童生活教育的主题活动。两例生活教育主题活动，均以轻度和中度的自闭症儿童为例，并通过讲述过程和自我反思阐明了其优点和不足。

1. 自闭症儿童的生活自理教育需要有专门的教育环境吗？
2. 自闭症儿童的生活教育都包括哪些内容？
3. 自闭症儿童的生活教育一定要在教室内进行吗？

参考文献

中文文献

[1] 丁素红.美国个别化教育计划的立法演进与发展[J].中国特殊教育,2011：2,4.

[2] 丁芳玉.感觉统合训练对学龄前自闭症儿童刻板行为的干预研究[D].上海：华东师范大学,2011.

[3] 王艳玲.家长营养知识状况对儿童感觉统合发展及训练效果影响的研究[D].太原：山西医科大学,2012.

[4] 王梅,张俊之.孤独症儿童的教育与康复训练[M].北京：华夏出版社,2007.

[5] 王嘉莉.关于幼儿绘本教学的思考[J].读与写杂志,2014,11(2)：250.

[6] 王佳.儿童的诊治进展[J].国际儿科杂志,2006,33(1)：41-44.

[7] 王宇中,陈书香.早期感觉统合训练对儿童心理发育的影响[J].中国行为医学与脑科学杂志,2005,9(9)：842-843.

[8] 王纯.自闭症儿童的感觉统合训练疗法研究[J].中国健康心理学杂志,2006,14(5)：512.

[9] 王渊.感觉统合训练在智障儿童教育中的运用和效果[J].基础教育,2012(4)：104.

[10] 王沛纶.音乐辞典[Z].香港：文艺书局,1968.

[11] 王虹霞,林桂榛.音乐的概念、音乐的功能与血气心知[J].人民音乐(评论版),2011(6)：66.

[12] 王琦.论学前音乐教育的作用及教学原则[J].大舞台,2013：3,211-212.

[13] 王瑶,刘纪秋.浅谈学前教育专业教育者音乐教学中的执教原则[J].大众文艺,2010：1,183-184.

[14] 王广帅,鲁明辉.面向自闭症谱系障碍儿童的教育游戏研究[J].现代特殊教育,2015(14)：38-40.

[15] 方文心.论幼儿心理健康与音乐教育[J].教育导刊·幼儿教育版,1998(4)：35.

[16] 凤华.自闭症教育[M]//载于许天威,徐享良,张胜成.新特殊教育通论二版.台北：五南图书出版股份有限公司,2005：346-381.

[17] 中国孤独症网.打人成年自闭症男子将被妥善安置[EB/OL].(2016.1.30)http：//www.cautism.com/2011/6-30/116309541599969.html.

[18] 邓红珠.结构化教育、感觉统合训练治疗儿童孤独症近期疗效[D].广州：中山大学.

[19] 邓红珠,邹小兵,唐春.孤独症儿童脑单光子发射型电子计算机断层显像的研究[J].中国行为医学科学,2006,15(7)：885-887.

[20] 邓猛,郭玲.西方个别化教育计划的理论反思及其对我国特殊教育发展的启示[J].中国特殊教育,2010：6,3.

[21] 邓智文.幼儿园绘画教学活动的问题与对策——基于幼儿生活教学理念的个案研究[D].长沙：湖南师范大学,2013.

[22] 冯夏婷.儿童自闭症研究的回顾与展望[J].教育导刊,2005(12)：20.

[23] 史筱蕾.感觉统合训练融入幼儿园体育活动的效果性研究[D].上海：上海师范大学,2014.

[24] 台湾卫生主管部门.身心障碍等级[EB/OL].(2016.1.30)http：//www.lawtw.com/article.php?template=article_content&parent_path=,1,2169,1484,&job_id=138553&article_category_id=2100&article_id=70865.

[25] 皮军功.幼儿生活教学论[D].重庆：西南大学,2011.

[26] 田雯雯.0～3岁婴幼儿家庭音乐教育的问题与对策研究[D].武汉：华中师范大学,2013.

[27] 朱博文.支架式教学在中班幼儿绘画教育中的应用及其效果分析[D].大连：辽宁师范大学，2013.
[28] 朱江.感觉统合训练融入小学体育课程的策略研究[D].重庆：重庆大学，2011.
[29] 朱国伟.徐汇区学龄前儿童行为相关问题、感觉统合失调现状调查及干预意愿调查[D].上海：复旦大学，2012.
[30] 朱德全，皮军功，杨鸿.幼儿生活教学的价值取向[J].学前教育研究，2009(12)：19-24.
[31] 吕静.儿童行为矫正[M].杭州：浙江教育出版社，2007.
[32] 安龙，丁峻.孤独症脑结构性关联异常[J].健康研究，2010，30(3)：219.
[33] 朴永馨.特殊教育辞典(第二版)[Z].北京：华夏出版社，2006.
[34] 许剑虹.感觉统合训练对儿童适应行为和智能发育的促进作用——附186例训练观察[J].中国现代实用医学杂志，2004，3(4)：55-56.
[35] 许素贞.自闭症儿童结构化教学[M].黄金源.自闭症儿童的治疗与教育.台北：心理出版社，2008.
[36] 许颖超.游戏教育在幼儿教学中的应用[J].新课程·上旬，2015(7)：109.
[37] 刘建恒.感统训练融入儿童心理辅导教育模式及评价研究[D].长沙：中南大学，2008.
[38] 刘金同，郭传琴.感觉统合训练与匹莫林治疗注意缺陷多动障碍患儿的对照研究[J].中华精神科学杂志，2002，35(4)：227-230.
[39] 刘晓莉.儿童感觉统合失调的现状及其干预实验研究[D].太原：山西医科大学，2004.
[40] 刘丽荣.语言评量：原则与程序[C]//台北市立师院特殊教育中心.沟通与语言障碍研讨会专辑.台北：[出版者不详]，1990.
[41] 刘晓路，何志明，林文军(译)(1988)。美学百科辞典(原作者：[日]竹内敏雄)。长沙：湖南人民出版社。(原著出版年：不详)
[42] 刘莎.辽宁省孤独症儿童家庭养育困难与需求的调查研究[D].大连：辽宁师范大学，2009.
[43] 刘东青.音乐治疗对智障儿童情绪障碍的干预研究[D].济南：山东艺术学院，2011.
[44] 刘芳，麻宏伟，戴晓梅，田小博，王丽波，马健.原发性遗尿症儿童感觉统合能力的对照研究[J].中国当代儿科杂志，2010，12(5)：342.
[45] 刘秋菊.生活教育视野下的中学生物教学探析[D].济南：山东师范大学，2013.
[46] 刘小红.论学前儿童音乐教育中多元智能发展的操作原则[J].大众文艺(理论)，2009：18，175.
[47] 刘英曼.音乐教育对自闭症儿童身心影响的调查与研究[D].石家庄：河北师范大学，2010.
[48] 刘照佩.感觉统合训练治疗儿童孤独症的疗效分析[D].石家庄：河北师范大学，2013.
[49] 刘子瑜.19名家长联名拒绝一自闭症孩子入学[EB/OL].(2016-1-20)http：//baby.sina.com.cn/news/2012-09-19/095256465.html.
[50] 孙铁鸿.浅谈学前教育专业儿童绘画教学的指导[J].辽宁师专学报(社会科学版)，2010(4)：104.
[51] 汪佳蓉.注意力问题儿童可视音乐治疗策略的研究[D].上海：华东师范大学，2009.
[52] 苏艳丽，柯晓燕，潘恒足，杨宏宇，洪珊珊，杭跃跃，肖婷，储康康.高功能孤独症障碍儿童抑制功能的脑近红外成像研究[J].中国心理卫生杂志，2010，24(6)：453.
[53] 杜青芬.回归生活的学前儿童艺术教育研究[D].济南：山东师范大学，2009.
[54] 吴彩虹，邹卫英，吴华，李岩.感觉统合训练联合音乐疗法对小儿脑瘫功能康复的效果观察[J].护理与康复，2012，11(8)：771-772.
[55] 吴艳芳.幼儿园感觉统合训练游戏化的初步研究[D].长沙：湖南师范大学，2013.
[56] 吴辰.我国初中美术教科书绘画教学内容的研究[D].上海：上海师范大学，2014.
[57] 沈明雷.让幼儿徜徉在彩色的世界里——谈学前幼儿绘画教育[J].科普童话·新课堂，2015(11)：55.
[58] 余炯枚.大年龄孤独症患者相关问题调查及解决方案探讨[D].石家庄：河北医科大学，2011.
[59] 李莹.浅谈幼儿园的绘画教学[J].网络财富，2009(13)：99.
[60] 李丹.感觉统合失调对儿童学习成绩及生长发育的影响[J].中国康复，1998，13(4)：167-168.
[61] 李亚平.0～6岁儿童家庭音乐教育探究[D].沈阳：沈阳师范大学，2011.

[62] 李建华，蔡兰云，邹时朴. 儿童孤独症 268 例病因分析[J]. 南昌大学学报（医学版），2010，50(5)：103.
[63] 李茜. 基于感觉统合原理的幼儿感统训练玩教具设计研究[D]. 南京：南京艺术学院，2013.
[64] 李素梅. 幼儿园绘本阅读教学的现状分析及对策研究[D]. 呼和浩特：内蒙古师范大学，2013.
[65] 李春光. 幼儿园绘本教学现状及改进研究[D]. 北京：首都师范大学，2013.
[66] 李森，王银飞. 生活性教学的基本理念与实践策略[J]. 教育理论与实践，2005，7(25)：49-51.
[67] 张秋菊. 发展迟缓儿童影响因素分析及感觉统合效能研究[D]. 苏州：苏州大学，2012.
[68] 张众宜. 多动症儿童感觉统合训练家庭辅助设备的设计研究[D]. 北京：北京理工大学，2015.
[69] 张慧. 幼儿感觉统合失调的影响因素与综合干预实验研究[D]. 太原：山西医科大学，2011.
[70] 张彤. 幼儿园绘本阅读教育的个案研究[D]. 重庆：西南大学，2009.
[71] 张胜彪. 儿童感觉统合失调及运动疗法[J]. 鞍山师范学院学报，2005，7(2)：88.
[72] 张明平. 自闭症谱系障碍研究进展综述[J]. 绥化学院学报，2013，33(4)：110.
[73] 张迪平，王颖玮. 陶行知生活教育和杜威教育思想之比较[J]. 文学教育，2010(2)：119.
[74] 连翔. 3～4 岁孤独症儿童言语障碍家庭教育支持需求的思考[J]. 绥化学院学报，2013(7)：100.
[75] 范适纹. 趣、活、美——幼儿绘画教学设计的重要原则[J]. 教育导刊，1997(1)：18-19.
[76] 周璐. 幼儿教学中游戏教育的应用研究[J]. 读与写杂志，2015，3(12)：240.
[77] 周玉荣. 九成自闭症儿童义务教育入学遭拒绝[EB/OL].（2016-2-2）http：//henan. china. com. cn/news/city/201307/K21894K6CN. html.
[78] 陈国庆. 提高运动协调能力对儿童感觉统合失调症影响的实验研究[D]. 大连：辽宁师范大学，2008.
[79] 陈光. 谈幼儿绘画教育中教育者的角色[J]. 河南教育学院学报（哲学社会科学版），2004，22(3)：152.
[80] 苑金美，张大伟. 感觉统合训练对精神发育迟滞儿童的康复作用[J]. 中国儿童保健杂志，2005，13(2)：166-167.
[81] 林节. 儿童孤独症研究进展[J]. 江苏健康护理，2002，23(1)：5-9.
[82] 林云强. 自闭症谱系障碍儿童颜色视觉突显的眼动研究[J]. 中国特殊教育，2013(5)：57.
[83] 罗颂华，梁长城. 香港学前儿童的语音障碍[J]. 香港幼儿学报，2011，10(1)：17.
[84] 邹小兵，曾小璐，胡冰，李建英，唐春. 儿童孤独症脑磁共振波谱的病例——对照研究[J]. 中国儿童保健杂志，2010，18(1)：7.
[85] 邹小兵. 孤独症谱系障碍的医学研究进展[C]//中华医学会，广东省医学会. 第一届康复医学管理高峰论坛暨粤港澳物理医学与康复学术会议(348)，2010.
[86] 杨伶，兰继军. 自闭症儿童音乐治疗的研究进展[J]. 广西教育学院学报，2010(2)：162.
[87] 杨强. 小学低年级体育教学融入感觉统合训练的实验研究[D]. 杭州：杭州师范大学，2013.
[88] 杨贵芬，黄慈爱，王美惠. 自闭症儿童社会情绪技能训练[M]. 台北：心理出版社，2003.
[89] 杨贵芬. 自闭症学生之教育[M]. 台北：心理出版社，2005.
[90] 杨碧桃. 结构式教学环境在启智班的实施研究[J]. 屏东师院学报，2000：13，111-136.
[91] 杨树林，陈刚. 孤独症遗传学研究进展[J]. 精神医学杂志，2009，22(1)：60.
[92] 杨畅. 用音乐做非音乐的事——论特殊儿童音乐治疗手段和目标的关系[J]. 艺海，2014：12，189-190.
[93] 赵媛. 幼儿园绘本教育中教育者角色定位的研究——以济南市部分幼儿园为例[D]. 济南：山东师范大学，2013.
[94] 赵媛. 学前儿童音乐感觉统合训练的实践研究[D]. 天津：天津音乐学院，2013.
[95] 郑鸣晓. 感觉统合理论下的体育干预对自闭症儿童影响的实验研究[D]. 昆明：云南师范大学，2014.
[96] 胡菁华. 走近音乐感悟音乐[J]. 成才之路，2009(8)：49.

[97] 胡秀杰.感觉统合训练融入幼儿园课程的策略研究[D].长春：东北师范大学，2006.
[98] 钟凤英，沈锦红，胡建玲.儿童感觉统合训练的应用研究[J].医学理论与实践，2007：20(8)：912.
[99] 侯莉敏.儿童生活与儿童教育[D].南京：南京师范大学，2006.
[100] 南丁丁.视听感觉统合训练对智力障碍儿童认知能力的影响研究[D].上海：上海体育学院，2013.
[101] 崔刚.武术练习对感觉统合失调儿童行为改善的实验研究——以五步拳为例[D].上海：上海体育学院，2013.
[102] 姚雪姣.儿童绘本教学现状研究[D].杭州：杭州师范大学，2011.
[103] 曹英.幼儿园绘画教育活动评价内容的研究[D].长春：东北师范大学，2006.
[104] 黄悦勤，李旭东.儿童感觉统合失调的随访研究[J].中华儿科杂志，2002，40(5)：260-262.
[105] 赖雪芳，黄钢，章小雷，张利滨.儿童游戏治疗的研究及应用[J].医学综述，2009(3)：404-407.
[106] 康建东，张君仁.音乐教育理论与高师音乐教育改革研究[J].甘肃高师学报(社会科学版)，1999，4(3)：87.
[107] 梁慧琳.儿童自闭症的游戏治疗[J].忻州师范学院学报，2009(1)：98-99.
[108] 景晓路，杨晓玲.孤独症近期预后状况的研究[J].中华精神科杂志，2001，34(4)：212.
[109] 鲍艳敏.架起"神经"与"音乐"的桥梁——基于神经音乐学的孤独症儿童音乐教育研究[J].艺术百家，2009(8)：242.
[110] 潘思邈.浅谈5～6岁幼儿绘画教育指导[J].教育教学论坛，2015(34)：147.
[111] 滕飞.浅论智障儿童的音乐教育[D].曲阜：曲阜师范大学，2007.
[112] 戴昕，马廷惠.感觉统合训练对自闭症儿童平衡能力和运动能力的影响[J].中国康复医学杂志，2008，23(5)：437.

英文文献

[1] Janzen, J. E. *Understanding the nature of Autism: A practical guide* [M]. San Antonio, TX: Therapy Skill Builders, 1996.
[2] Kirk, S. A., Gallagher, J. J., Anastasiow, N. J., & Coleman, M. R. *Educating exceptional children*(11thed.) [M]. Boston: Houghton Mifflin Company, 2006.
[3] Layton, T. L., & Watson, L. R. Enhancing communication in nonverbal children with Autism. In K. A. Quill(Ed.), *Teaching children with Autism: Strategies to enhance communication and socialization* (pp. 73-103) [M]. Albany, NY: Delmar Publishers Inc., 1995.
[4] Piven, J., Gayle, J., Chase, G. A., Fink, B., Landa, R., Wzorek, M. M. & Folstein, S. E. A family history study of neuropsychiatric disorder in the adult siblings of autistic individuals [J]. *Am Acad Child Adolescent Psychiatry*, 1990, 29(2): 177-183.
[5] Serra, G., Demelas, L., Tondi, M., Festa, S., Tola, G., & Mastropaolo, C. Autistic disorder in fragile X syndrome Behavioral profile evaluation of 20 affected males [J]. *Ital I Psychiatry Behaviour Science*, 2000, 10(2): 34-38.
[6] Smalley, S. L., Asarnow, R. F., & Spence, M. A. Autism and genetics: a decade of research [J]. *Am J Hum Genet*, 1998, 45(10): 953-961.
[7] Bolton, P., Macdonald, H., Pickles, A., Rios, P., Goode, S., Crowson, M., Bailey, A., & Rutter, M. A case-control family history study of autism [J]. *Child Psychiatry*, 1994, 35(5): 877-900.
[8] Gray, D. E. Gender and coping: The parents of children with high functioning autism [J]. *Social Science and Medicine*, 2003, 56(3): 631-642.
[9] Mesibov, G, & Howley, M. *Accessing the curriculum for pupils with autistic spectrum disorders: Using the TEACCH programme to help inclusion* [M]. London: David Fulton Publishers Ltd, 2003.

[10] Miller, J. *Assessing Language production in children: Experimental procedures* [M]. Baltimore: University Park Press, 1981.

[11] Koegel, L. K. *Communication and language intervention* [M]// In R. L. Koegel & L. K. Koegel(Eds.), Teaching children with autism: Strategies for initiating positive interactions and improving learning opportunities(pp. 17-32). Baltimore, MD: Paul H. Brookes, 1995.

[12] Lord, C., Risi, S., Lambrecht, L., Cook, E. H. Jr., Leventhal, B. L., DiLavore, P. et al. The Autism Diagnostic Observation Schedule Generic: A standard measure of social and communication deficits associated with the spectrum of autism [J]. *Journal of Autism & Developmental Disorders*, 2000, 30(3): 205-223.

[13] Leekam, S., Libby, S., Wing, L., Gould, J., & Taylor, C. The Diagnostic Interview for Social and Communication Disorders: Algorithms for ICD-10 childhood autism and Wing and Gould autistic spectrum disorder [J]. *Journal of Child Psychology & Psychiatry*, 2002, 43(4): 327-342.

[14] Wing. L., Leekam, S. R., Libby, S. J., Gould, J., & Larcombe, M. The Diagnostic Interview for Social and Communication Disorders: Background, inter-rater reliability and clinical use [J]. *Journal of Child Psychology & Psychiatry*, 2002, 43(3): 307-325.

[15] Lord, C., Rutter, M., Goode, S., Heemsbergen, J., Jordan, H., Mawhood, L. et al. Autism Diagnostic Observation Schedule: A standardized observation of communicative and social behavior [J]. *Journal of Autism & Developmental Disorders*, 1989, 19(2): 185-212.

[16] DiLavore, P., Lord, C., & Rutter, M. (1995). Pre-Linguistic Autism Diagnostic Observation Schedule(PL-ADOS) [J]. *Journal of Autism & Developmental Disorders*, 1995, 25(4): 355-379.

[17] Kanner, L. Autistic Disturbances of Affective Contact [J]. Acta Paedo psychiatrica, 1968: 98-139.

[18] American Psychiatric Association (APA). *Diagnostic and Statistical Manual of Mental Disorders, DSM-IV* [M]. Washington, DC: American Psychiatrec Association, 1994.

[19] Siegel, B. *World of the autistic child: Understanding and treating autistic spectrum disorders* [M]. New York: Oxford University Press, 1996.

[20] Boucher, J. Language development in autism [J]. *International Journal of Pediatric Otorhinolaryngology*, 2003: 67s1, s159-s163.

[21] Rutter, M. The Emanuel Miller memorial lecture 1998: Autism: Two-way interplay between research and clinical work [J]. *Journal of Child Psychology & Psychiatry*, 1999, 40(2): 169-188.

[22] Eisenberg, L., & Kanner, L. Early infantile autism, 1943-55 [J]. *American Journal of Orthopsychiatry*, 1956, 26(3): 556-566.

[23] Sparks, B. F., Friedman, S. D., Shaw, D. W., et al. Brain structural abnormalities in young children with autism spectrum disorder[J]. *Neurology*, 2002: 59, 184-192.

[24] Redcay, E., & Courchesne, E. When is the brain enlarged in autism? A meta-analysis of all brain size reports [J]. *Biological Psychiatry*, 2005, 58(1): 1-9.

[25] Rolf, LH, Haarmann, FY, & Grotemyer, KH, et al. Serotonin and amino acid contenl in platelets of autistic children [J]. *Acta Psychiatr Scand*, 1993: 87,312-316.

[26] Boutin, P., Maziade, M., Merette, C., Mondor, M., Bedard, C., & Thivierge, J. Family history of cognitive disabilities in first-degree relatives of autistic and mentally retarded children [J]. *Journal of Autism & Developmental Disorders*, 1997, 27(2): 165-176.

[27] Hughes, C., Leboyer, M., & Bouvard, M. Executive function in parents of children with

 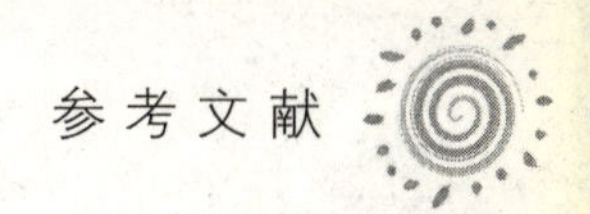

autism[J]. *Psychological Medicine*, 1997, 27(1): 209-220.

[28] Landa, R., Piven, J., Wzorek, M., Gayle, J. O., Chase, G. A., & Folstein, S. E. Social language use in parents of autistic individuals [J]. *Psychological Medicine*, 1992, 22(1): 245-254.

[29] Bolton, P., Pickles, A., Murphy, M., & Rutter, M. Autism, affective and other psychiatric disorders: Pattern of familial aggression [J]. *Psychological Medicine*, 1998: 28, 385-395.

[30] Gillberg, C., Gillberg, I. C., & Steffenburg, S. Siblings and parents of children with autism: A controlled population-based study[J]. *Developmental Medicine & Child Neurolgy*, 1992: 34, 389-398.

[31] Miles, J. H., Takahashi, Haber, A., & Hadden, L. Autism families with a high incidence of alcoholism[J]. *Journal of Autism & Developmenatl Disorders*, 2003, 33(4): 403-415.

[32] Piven, J., Wzorek, M., Landa, R., Lainhart, J., Bolton, P., Chase, G. A. et al. Personality characteristics of the parents of autistic indiveduals[J]. *Psychological Medicine*, 1994, 24(3): 783-795.

[33] Piven, J., Chase, G., Landa, R., Wzorek, M., Gayle; J., Cloud, D., & Folstein, S. Psychiatric disorders in the parents of autistic individuals[J]. *Journal of the American Academy of Child & Adolescent Psychiatry*, 1991, 30(3): 471-478.

[34] Piven, J., Palmern P., Landa, R., Santangelo, S., Jacobi, D., & Childress, D. Personality and language characteristics in parents from multiple-incidence autism families[J]. *American Journal of Medical Genetics (Neuropsychiatric Genetics)*, 1997: 74, 398-411.

[35] Rodrigue, J. R., Morgan, S. B., & Geffken, G. Families of autistic children: Psychological functioning of mothers[J]. *Journal of Clincal Child Psychology*, 1990, 19(4): 371-379.

[36] August, G. J., Stewart, M. A., & Tsai, L. The incidence of cognitive disabilities in the seblings of autistic children[J]. *British Journal of Psychiatry*, 1981: 138, 416-422.

[37] Baird, T. D., & August, G. J. Familial heterogeneity in infantile autism[J]. *Journal of Autism & Developmental Disorders*, 1985, 15(3): 315-321.

[38] Bolton, P., Macdonald, H., Pickles, A., Rios, P., Goode, S., Growson, M. et al. A case-control family history study of autism[J]. *Journal of Child Psychology & Psychiatry*, 1994, 35(5): 877-900.

[39] Krishnamurthy, K., & Joshi, M. R. The syndrome of infantile autism in siblings [J]. *Child Psychiatr Quarterly*, 1989, 22(4): 107-114.

[40] Piven, J., Gayle, J., Chase, G., Fink, B., Landa, R., Wzorek, M., & Folstein, S. A family history study of neuropsychiatric disorders in the adult siblings of autistic individuals[J]. *Journal of the American Academy of Child & Adolescent Psychiatry*, 1990, 29(2): 177-183.

[41] Starr, E., Berument, S. K., Pickles, A., Tomlins, M., Bailey, A., Papanikolaou, K. et al. A family genetic study of autism associated with profound mental retardation[J]. *Journal of Autism & Developmental Disorders*, 2001, 31(1): 89-96.

[42] Baron-Cohen, S., & Howlin, P. *The theory of mind deficit in autism*[M]//In S. Baron-Cohen, H. Tager-Flusberg, & D. J. Cohen (Eds.), Understanding other minds: Perspectives orom autism (pp. 466-480). New York: Oxford University Press, 1993.

[43] Gillberg, C. *Do children with autism have March birthday*[M]. Acta Psychiatrica Scandinavica, 1990, 82(2): 152-156.

[44] Mouridsen, S., Neilsen, S., Rich, B., & Isager, T. Season of birth in infantile autism and other types of childhood psychoses[J]. *Child Psychiatry & Human Development*, 1994, 25(1): 31-43.

[45] Stevens, M. C., Fein, D., & Waterhouse, L. H. Season of birth effects in autism[J]. *Journal of Clinical & Experimental Neuropsychology*, 2000, 22(3): 399-407.

[46] Barak, Y., Ring, A., Sulkes, J., Gabbay, U., & Elizur, A. Season of birth and qutistic disorder in Israel[J]. *American Journal of Psychiatry*, 1995, 152(5): 798-800.

[47] Bolton, P., Pickles, A., Harrington, R., Macdonald, H., & Rutter, M. Season of birth: Issues, approaches and findings for autism[J]. *Journal of Child Psychology & Psychiatry*, 1992, 33(3): 509-530.

[48] Konstantareas, M., Hauser, P., Lennox, C., & Homatidis, S. Season of birth in infantile autism[J]. *Child Psychiatry & Human Development*, 1986, 17(1): 53-65.

[49] Tanoue, Y., Oda, S., Asano, F., & Kawashima, K. Epidemiology of infantile autism in southern Ibaraki, Japan: Differences in prevalence in birth cohorts[J]. *Journal of Autism & Developmental Disorders*, 1988, 18(2): 155-166.

[50] Carbone, E. Arranging the classroom with an eye (and ear) to students with ADHA. Teacbing Exceptional Cbildren, 2001, 34(2): 72-81.

[51] Reiber, C. & McLaughlin, T. F. Classroom interventions: Methods to improve academic performance and classroom behavior for students with attention-deficit/hyperactivity disorder[J]. *International Journal of Special Education*, 2004, 19(1): 1-13.

[52] Colman, R. S., Frankel, F., Rivito, E. & Freeman, B. J. The effects of Fluorescent and incandescent illumination upon repetitive behaviors in autistic children[J]. *Journal of Autism and Deuelopmental Disorders*, 1976, 6(2): 157-162.

[53] Pronovost, W. The Speech Behavior and Language Comprehension of Autistic Children[J]. *Journal of Chornic Diseases*, 1961: 13, 228-233.

附 录

附录1 感觉统合训练方法

一、前庭失调训练方法

1. 跳数字

训练目的： 增强身体平衡能力及重力感。

训练要求： 用不粘胶剪出大的数字1～10或1～20贴到圆形的不粘胶上，并放到地板上，让孩子从一个数字跨到另外一个数字上，以跨到圆形内为胜。

难度设置： A. 如果孩子还不懂得数字，可贴不同颜色的数字，然后让孩子按颜色跳。

B. 让孩子按指定的数字跳或者按单、双数跳。

C. 可玩双人游戏，创造出各种玩法，以最终达到终点为胜。

帮助给予： (1) 如果孩子跳跃技巧不成熟，可在开始时握他/她的双手或夹着孩子的腋下帮助他(她)跳跃。

(2) 如果孩子不懂得或不遵守游戏规则，要随时给予身体或口头的警告。

2. 跳跃(3～5)

训练目的： 促进两侧协调及前庭刺激。

训练要求： 在地面上摆放数个小号的呼啦圈，要孩子以双脚跳或单脚跳的方式跳过所有的圈圈。

难度设置： A. 双脚跳，并把呼啦圈之间的距离放近一点。

B. 把呼啦圈之间的距离放远一点。

C. 单脚跳。

D. 单脚跳并连续跳完所有圈圈。

帮助给予： 开始时可站在孩子前方，等孩子双脚落地时稍微扶他/她一下，帮助孩子保持身体平衡。

3. 滚筒式时光隧道游戏

训练目的： 改善触觉敏感或不足，以及调节前庭感觉。

训练要求： 让孩子用脚在前面的方式倒爬到隧道里。

难度设置： A. 开始时孩子可能害怕或不理解要求，可以先培养孩子对隧道的兴趣，把球滚进隧道里，鼓励孩子爬进去捡球，并表扬他/她的勇敢尝试。

B. 协助孩子双脚放在前面，倒爬进隧道里，边帮助边给予口头提示，语气要轻柔，以免引起孩子紧张而拒绝合作。

帮助给予： (1) 由始至终身体协助。

(2) 由始至终的口头指导及适当的鼓励表扬。

4. 隧道滚动游戏

训练目的： 改善触觉敏感或不足及身体调节不良的现象，增强前庭系统的刺激和调节，改善视觉。

训练要求： 让孩子钻到阳光隧道里，并用手指张开保护脸部，成人则在一旁轻轻地慢速滚动隧道。

难度设置： A. 开始时成人可伸手到隧道里抚摩孩子的身体来舒缓他/她的紧张情绪，并且要和孩子说话。

B. 如果孩子有不适感觉，应立即停止并协助孩子从隧道中钻出来。切莫强求让孩子待在隧道里。

C. 如果孩子喜欢这样的晃动，可稍加快速度，但要注意孩子的身体、声音的反应，如有不适，应立即停止。

帮助给予：（1）跟孩子一起钻隧道。

（2）给予必要的身体触摸和口头鼓励。

5. 平衡台平躺游戏

训练目的： 调节身体协调不良的情况，强化大脑和脑干的知觉机能。

训练要求： 让孩子放松身体，先坐在平衡台上，然后慢慢躺下来，伸展手脚的肌肉，保持身体平衡。成人则左右倾斜摇晃平衡台，要维持一定的韵律感，以促进孩子脑干功能的发展。

难度设置： A. 开始时慢慢地摇动。

B. 逐渐地加快速度，但要注意孩子的姿势和表情反应。

C. 可让孩子分别做睁眼和闭眼摇晃，并观察他/她不同的反应。

D. 还可以在摇晃中做明显的停顿，先向左倾斜，再向右倾斜，观察孩子对两侧晃动的不同反应。

E. 也可以让孩子俯卧着做以上运动。

帮助给予： 给予必要的身体触摸和口头鼓励，以调节孩子的紧张情绪，增强其信心。

6. 平衡台静坐摇晃

训练目的： 改善身体协调不良，减低肌肉张力过高的现象，让前庭体系和固有体系的机能感觉有不同的反应。

训练要求： 让孩子坐在平衡台上，左右晃动身体。

难度设置： A. 提醒孩子坐好，自己尝试运用可以自由移动的双手保持平衡。

B. 睁眼练习 10 分钟，再闭眼练习 10 分钟，以此来感觉两种不同的平衡感。

帮助给予：（1）必要时跟孩子一起坐在平衡台上做这一练习。

（2）运用增强和间歇增强的原理来协助孩子完成练习。

7. 平衡台互相扶持

训练目的： 改善身体协调不良的情况，对身体协调、触觉感、前庭体系都起到刺激的作用。

训练要求： 指导者和孩子共同站上平衡台，两人双手紧握，互相保持平衡。由于站姿使重力感不稳定，两人配合的动作对相互合作关系的建立有一定的帮助作用。摇晃时可先练习由指导者带动孩子，再由两人在同一速度上配合彼此摇动的韵律。速度要适中，不要过快。

帮助给予：（1）用夸张的身体晃动动作来带动孩子，充分调动起孩子的兴趣，但速度不要快。

（2）鼓励孩子配合你晃动的速度来调节自己的身体平衡。

8. 平衡台站立摇动

训练目的： 改善身体协调，促进反射感觉，建立前庭固有的平衡感，调整视觉统合。

训练要求： 让孩子站在平衡台上，由指导者在台下缓慢摇动平衡台。提醒孩子调整姿势保持平衡。

难度设置： A. 可以让孩子双手伸展，以保持身躯平衡，并且可以闭眼尝试不同的感觉，或在平衡台上缓缓移动身体，以调整不同的平衡反射。

B. 开始时可练习 10～20 下，练习到 60 下时，平衡效果较易发挥。

C. 再逐步练习到 100～200 下，以加强对前庭固有体系的调整。

9. 跳脚印（5～6 岁）

训练目的： 训练两侧性、空间距离、平衡、协调、柔软、眼—手协调、注意力、抑制异常肌张力、矫正姿势（内外旋、内外反）、步态训练。

训练要求：按照图形所示，双脚立定跳向下一目标脚印。

难度设置：A. 可先用双脚交替走几回，让孩子熟悉大致的距离。
B. 双脚立定跳，按图形要求跳。
C. 听着家长的口令（指令）跳。

帮助给予：开始时家长可站在孩子身后，双手扶着孩子的腋下帮助其完成凌空双脚跳起和落下的姿势，指导孩子跳向下一目标，等孩子的判断和目测水平提高后让其自行练习，家长只给予口头提示即可。

10. 拿着不同的物件走过 20 厘米宽的平衡木(5～6 岁)

训练目的：改善孩子的身体控制及平衡能力。

训练要求：让孩子拿着不同的物件走过平衡木。

难度设置：A. 开始时拿小件的物品。
B. 逐渐地拿大件的物品。

帮助给予：注意随时提醒孩子走路的姿势和前面的方向，站在离孩子不远的地方，随时注意防止孩子摔倒等情况发生。

11. 手抱大型物挡住视线还能走至少 3 米远(5～6 岁)

训练目的：改善孩子的身体控制及平衡能力。

训练要求：让孩子拿着或双手抱着大型的物件向前走。

难度设置：选择重量适中的物品做训练。

帮助给予：注意随时提醒孩子走路的姿势和前面的方向，站在离孩子不远的地方，随时注意防止孩子摔倒等情况发生。

12. 两眼睁开双臂伸直(或交叉胸前)单脚站立 5 秒(5～6 岁)

训练目的：身体的协调和平衡能力。

训练要求：孩子睁开眼睛（或者双手交叉在胸前），单脚站立 5 秒钟。

难度设置：A. 开始时先练习双手伸展或垂直地站立。
B. 然后练习双手交叉在胸前站立。

帮助给予：（1）如果孩子开始时不能很好地掌握平衡，可以让他/她先尝试扶着椅背或握着训练者的手站立 5 秒。
（2）一旦孩子的平衡能力有所长进，则要求他/她只在需要时才扶持。
（3）在孩子前方视平线的位置给予玩具或其他吸引他/她看的东西来帮助孩子集中注意力。
（4）任何时候都要准备好给予适当的身体协助。

13. 两眼闭合双臂伸直(或交叉胸前)单脚站立 5 秒(5～6 岁)

训练目的：身体的协调和平衡能力。

训练要求：孩子闭着眼睛（或者双手交叉在胸前），单脚站立 5 秒钟。

难度设置：A. 开始时先练习双手伸展或垂直地站立。
B. 然后练习双手交叉在胸前站立。

帮助给予：（1）如果孩子无法自觉地闭上眼睛，可尝试用布蒙上他/她的眼睛。如果孩子不愿意，先让他/她尝试习惯不练习的时候蒙上眼睛的感觉。
（2）充分运用奖励的原则来激发孩子的合作性。
（3）任何时候都要准备好给予适当的身体协助。

14. 摇摇船(5～6 岁)

训练目的：控制迷路张力反射，提供前庭及本体刺激，并改善身体概念及两侧协调。

训练要求：孩子躺在地上，两手抱膝身体屈起成球状，前后摇动 20 下，或左右滚动 20 下。

帮助给予：开始时孩子可能不能很好地控制身体或摇不动，家长需要给予身体协助，从侧面轻推孩子的肩或臀，示意孩子顺着所给予的外来力量摇动身体。一旦孩子掌握要领，则及时撤销帮助，鼓励孩子自己利用自身的力量摇动身体。

15. 袋鼠跳(5～6岁)

训练目的：强化前庭刺激，控制过敏信息。

训练要求：孩子站在袋中，双手提起袋边，双脚同时向前跳。

难度设置：A. 只要求分段跳，每次跳2～3步的距离。

B. 撤销身体指导，要求一次性跳1～2米的距离。

帮助给予：在A阶段要求给予全程身体指导，直至孩子技巧纯熟。

16. 走完1个有5项步骤的障碍路径(4～5岁)

训练目的：加强身体控制及平衡能力，增进动作企划能力。

训练要求：孩子能独自走完一个有5项步骤的障碍路径。

难度设置：A. 开始时只设置2～3个障碍物(跨过玩具、绕过椅子、爬过桌子)。

B. 设置5个障碍物，引入奖励物。

帮助给予：(1) 开始时成人先做示范，然后陪同孩子一起进行训练，要有及时、足够的身体和口头提示。

(2) 鼓励孩子自己做，并给予适当的提示。

(3) 鼓励孩子与其他孩子以竞赛的形式进行训练。

17. 用脚尖站立10次，每次站立3秒钟(4～5岁)

训练目的：腿部运动能力、重心及平衡能力。

训练要求：让孩子双脚脚跟着地，脚尖踮起地站立，每次站立3秒钟时间。

难度设置：A. 开始时让孩子扶着墙壁或椅背站立。

B. 让孩子尝试徒手站立。

帮助给予：(1) 可以在墙壁上孩子踮脚可触及的地方挂一奖励物，鼓励孩子踮起脚去拿取。

(2) 给孩子数数，让他/她知道要站多长时间。

18. 在20厘米宽，10厘米高的平衡木上行走而保持平衡

训练目的：增进孩子的平衡能力。

训练要求：让孩子在不扶持，保持身体平衡的情况下走，走过规定尺寸的平衡木。

难度设置：A. 只走一半的距离。

B. 走完全程。

C. 单手持物走。

D. 双手持物走。

帮助给予：(1) 开始时成人需要反复做示范，并跟在孩子后边走，给予身体协助，如拉着孩子双手或扶其双肩。

(2) 成人站在平衡木一旁，孩子行走时拉着他/她的一只手给予扶持。

(3) 只在需要时给予扶持。

19. 用脚尖向前行3米(4～5岁)

训练目的：身体的控制能力和平衡能力。

训练要求：让孩子踮起脚尖向前走约3米的路程。

难度设置：A. 只走2～3步路的距离。

B. 逐渐地增加走的距离直到达标。

帮助给予：(1) 站在孩子前面扶着他/她的双手。

(2) 只在有需要时才给予及时的帮助。

(3) 在终点处放置奖励物鼓励孩子坚持走到终点。

20. 坐在独脚椅上保持身体平衡(4～5岁)

训练目的：练习伸展和保持平衡，协调身体、控制重心力，建立前庭感觉机能。

训练要求：让孩子坐在独脚椅上，保持身体平衡。

难度设置：A. 先让孩子坐在独脚椅上，双手放在腿上，保持双腿垂直，腰杆挺直的坐姿势。
B. 家长蹲下与坐在独脚椅上的孩子玩传球游戏。
C. 让孩子右手前平举，右脚向上踢并碰到手心。再换成左手重复以上游戏。

帮助给予：开始时家长可给予身体指导，帮助孩子学会保持平衡，然后在每一个(难度)环节中给予适当的帮助，直至该环节通过，再进入下一环节的训练。

21. 单脚向前跳5步(4～5岁)

训练目的：训练身体的平衡能力及双腿的肌肉控制能力。

训练要求：让孩子抬起一只脚，向前方位置跳跃5步路的距离。

难度设置：A. 开始时先让孩子习惯保持抬起一只脚在空中数秒的姿势。
B. 鼓励孩子单脚向前跳跃一步，可以在前方放置奖励物。
C. 鼓励孩子增加跳跃的次数。

帮助给予：(1) 跟孩子一起跳，营造宽松的气氛让孩子消除紧张情绪，愿意参加游戏。
(2) 随时在孩子需要时给予恰到好处的帮助，无论是身体或是口头的帮助。
(3) 及时引入奖励的方法来表扬和鼓励孩子的尝试。

22. 照镜子游戏(4～5岁)

训练目的：训练空间方位知觉。

训练要求：家长和孩子并排站在大镜子前面，家长做一个动作，让孩子模仿。动作以点头，双手在身体的上下、左右、前后拍手，左右前后移动身体以及转身等动作为主。

难度设置：A. 开始时家长的动作要做得慢些并多次重复动作。
B. 如果孩子的表达能力强，可让孩子边模仿边说出动作的方位。

帮助给予：家长边做边说出动作的方位，孩子无法跟上便用身体指导。逐渐地撤销提示，并且加快动作的速度。

23. 吊床游戏(4～5岁)

训练目的：调节前庭感觉系统。

训练要求：让孩子躺在吊床上，两位成人将吊床前后摆动。

难度设置：A. 让孩子仰卧在吊床上，必要时请第三位成人协助。
B. 让孩子俯卧在吊床上，在孩子的前方地上置一玩具，前后摇晃时让孩子拾取地上的玩具。

帮助给予：孩子在初始时可能会紧张，请家长蹲下给予安抚，避免孩子在吊床内挣扎。如果孩子无法取得前方的玩具，家长可把玩具握在手里，等孩子靠近时放到他/她手中。

24. 治疗球平衡调整(4～5岁)

训练目的：放松、平衡、协调、肌力、速度感、调整肌张力、促进保护反应。

训练要求：仰卧/俯卧于治疗球上，手脚均离地，捉握双手/双脚；注意手握关节的位置；能放松手脚，屈伸自如；控制——部位、力量、速度、重心。

难度设置：A. 前后、左右各方向的移动弹动。
B. 双手的交互屈伸(靠近时弯曲，推出时伸直)，前后移动及直线加速。
C. 双脚的交互屈伸(同B)。
D. 抑制异常肌张力的移动弹动。
E. 双手或双脚撑地维持平衡。
F. 倒置双手迅速撑地的反应。
G. 倒置运动(手不撑地)。
H. 训练者用脚将治疗球挑高大大弹动，以达垂直运动的目的。

帮助给予：全程由家长身体指导完成。如果孩子出现紧张或抗拒的情况，请以鼓励、引导方式取得其配合为主，不要强迫配合，以免造成孩子肌肉过度紧张，使得效果适得其反。

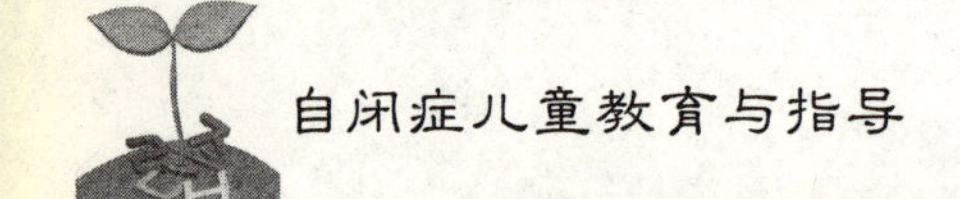

25. 一步1级上、下楼梯(3～4岁)

训练目的： 增进孩子的平衡能力。

训练要求： 孩子能一步跨上一个阶梯，连续上或下楼梯。

难度设置： A. 成人站在孩子前面或后面，伸出双臂或双手的拇指，让孩子抓住拉孩子上楼梯。
B. 成人将左手手臂或拇指抬高，右手手臂或拇指则在孩子右侧腰间的位置，让孩子在搀扶下自己平衡用力上、下楼梯。
C. 成人伸出左手手臂或拇指搀扶孩子上、下楼梯。
D. 让孩子独自上、下楼梯。

帮助给予： A. 双手(或拇指)抬高给予协助。
B. 一手(拇指)高，一手(拇指)低给予协助。
C. 单手(拇指)给予协助。
D. 撤销所有协助。

26. 双脚轮流跨过15厘米高的绳(3～4岁)

训练目的： 身体平衡能力。

训练要求： 绳子的两端分别固定在柱子或椅子上离地15厘米高，让孩子双脚轮流抬高跨过绳子。

帮助给予： (1) 用姿势示意孩子如何抬腿跨过绳子，必要时给予身体协助，伸手把他/她的腿抬高跨绳。
(2) 要时时口头提醒孩子注意脚下的绳子，避免绊倒。
(3) 建议用有弹性的圆形橡皮绳。

27. 扶物能单脚站立5秒(3～4岁)

训练目的： 平衡能力。

训练要求： 孩子能扶着椅子或家长手握的棒子单脚站立约5秒。

难度设置及帮助给予： A. 手把手地教孩子用双手扶着椅子的靠背，提起孩子的一条腿悬空约5秒，然后放下。过程中用简单的语言告诉孩子怎么做，如："抬腿！""放下！"。
B. 让孩子自己尝试5秒内(可用数数提醒他/她)不要把脚放下。
C. 孩子掌握了技能后，改用棒子。家长双手握住棒的两端，孩子则抓住中间重复以上步骤。

28. 2米长10厘米宽的地面线条上走，保持身体平衡(3～4岁)

训练目的： 平衡能力的控制。

训练要求： 在地板上用不粘胶粘一条2米长10厘米宽的线条，让孩子在线条上走。

难度设置： A. 开始时只走一半的距离，允许偶尔走出界外。
B. 要求孩子走完全程，尽量不要走出界外。

帮助给予： (1) 训练者可站在孩子前方，拉着孩子的手向前走。
(2) 要提醒孩子既注意脚下的线条，又要注意前方的路。
(3) 训练者在孩子的前方引导孩子走，但不给予身体协助。
(4) 让孩子自己尝试独自走。

29. 能学青蛙跳20厘米的距离10次(3～4岁)

训练目的： 腿部运动能力/重心及平衡能力。

训练要求： 用不粘胶在地板上贴两条平衡线，成人给孩子示范如何做青蛙跳几次，然后指导孩子模仿。

难度设置： A. 开始时，线段间的距离应该短一点，让孩子容易达标。
B. 如果孩子不愿意合作，可引入食物奖励的办法，把奖励物放在落地的一端的线条上，孩子跳到线上就奖励。
C. 逐渐地把线段间的距离增大。

帮助给予： (1) 身体协助。
(2) 每一难度中如果孩子遇到问题，都要及时给予身体或口头上的指导，重复示范并注意提起孩子参与的兴趣。

30. 能左右腿交替倒着钻过呼啦圈(3～4岁)

训练目的：双脚的协调能力及身体平衡能力。

训练要求：训练者拿着呼啦圈站在孩子的身后，鼓励孩子左右腿交替着向后钻过呼啦圈。

难度设置：A. 由另外一成人扶持着孩子完成动作，并且呼啦圈的高度要调低一点。

B. 逐渐地提高呼啦圈的高度。

C. 由孩子自己尝试着完成动作，只在有必要时给予帮助。

帮助给予：(1) 足够的身体协助。

(2) 必要的身体协助。

(3) 偶尔的身体协助。

31. 转椅游戏(3～4岁)

训练目的：调节中心与平衡力。

训练要求：让孩子坐在转椅内，家长在一旁旋转椅子，速度逐渐加快。

难度设置：A. 开始时为避免孩子紧张，可让其双手抓住椅子的扶手。

B. 孩子习惯后要求其两手自然放在腿上靠身体控制重心，并闭上眼睛。如果孩子不配合，可用布带将其双眼蒙住。

32. 滚筒游戏(3～4岁)

训练目的：调节中心与平衡力。

训练要求：让孩子俯卧在豆球上，前方放置一玩具，让孩子双手前后划动，双大腿贴住豆球，探身取玩具。

难度设置：A. 开始时只要求孩子俯卧在球上。

B. 鼓励孩子双手前后划动，家长应用手扶着豆球，帮助孩子均匀用力，避免球滑离孩子的身体。

C. 鼓励孩子边划动双手，边向前移动，注意提醒孩子不要让球滑走。

帮助给予：完全身体指导；必要时给予身体指导。

注：(1) 圆筒帽：适用于触觉敏感、身体协调不良，前庭功能失调。

(2) 秋千：适用于身体协调不良，前庭功能失调。

二、本体失调训练方法

1. 打保龄球(3～5岁)

训练目的：发展手眼协调能力。

训练要求：把儿童保龄球放在1米左右的距离，让儿童用黑色的大球击球。

难度设置：A. 开始时距离可以很近，以便让儿童容易击中，有成就感。

B. 要求儿童按训练要求的距离击球。

C. 逐个地把球摆在地上让儿童击，开始时距离要近一些，5次击球击中3次通过。

帮助给予：(1) 开始时给予孩子大量的身体协助，直至孩子掌握要领。

(2) 每一次增加难度时都需要随时提醒、纠正并示范给孩子看如何做。

2. 滑雪(4～6岁)

训练目的：促进身体两侧协调与计划动作的能力。

训练要求：让孩子两脚分别踩着一张纸，当作是雪橇，可前进或后退地踩着纸行走。

难度设置：A. 只用一只脚踩纸前进。

B. 双脚踩纸前进。

C. 赤脚踩纸前进。

D. 赤脚踩纸前进或后退。

帮助给予：给予适当的搀扶；提醒孩子如何保持身体的平衡和适当的运动。

3. 鞋子走路(4～6岁)

训练目的： 促进身体两侧协调及企划动作的能力。

训练要求： 让孩子将两手穿在鞋子里，沿着一定的路线或脚印前进或向侧边行走。

难度设置： 先走直线再走曲线，先慢后快。

4. 跳跃(3～5岁)

训练目的： 促进两侧协调及前庭刺激。

训练要求： 在地面上摆放数个小号的呼啦圈，要孩子以双脚跳或单脚跳的方式跳过所有的圈圈。

难度设置： A. 双脚跳，并把呼啦圈之间的距离放近一点。

B. 把呼啦圈之间的距离放远一点。

C. 单脚跳。

D. 单脚跳并连续跳完所有圈圈。

帮助给予： 开始时可站在孩子前方，等孩子双脚落地时稍微扶他一下，帮助孩子保持身体平衡。

5. 拍气球(4～6岁)

训练目的： 手眼协调能力，动作的计划能力。

训练要求： 把气球往上抛，然后双手轮流向上拍打气球，尽量不要让气球落到地上。

难度设置： A. 双手轮流拍打。

B. 在地上设置简单的"路障"(如玩具或凳子)，让孩子绕过路障拍气球。

帮助给予： (1) 开始时教孩子把气球拍高一点，延迟下落的时间，让孩子有足够的时间计划自己的动作和步子。

(2) 必要时给予身体协助。

(3) 提醒孩子看脚下的"路障"。

6. 俯卧大龙球抓东西

训练目的： 改善身体协调，强化手眼协调及双侧肢体的平衡控制，促进运动企划能力。

训练要求： 协助孩子俯卧到大龙球上，保持平衡姿势。把孩子喜欢的一个玩具放在大龙球滚动时孩子伸手可触的地方。协助孩子卧在球上前后慢慢滚动，让孩子探身去摸玩具，必要时可使用会发声的玩具，以帮助孩子辨明玩具所在的方位。

难度设置： A. 开始时玩具只放在很近的距离，让孩子容易取到。

B. 逐渐地玩具可以放稍远一点，并在孩子探身取球时提醒他/她尽量自己保持身体的平衡。

帮助给予： (1) 由始至终的身体协助。

(2) 口头指导或提醒。

7. 平衡台互相扶持

训练目的： 改善身体协调不良的情况，对身体协调、触觉感、前庭体系都起到刺激的作用。

训练要求： 指导者和孩子共同站上平衡台，两人双手紧握，互相保持平衡。由于站姿使重力感不稳定，两人配合的动作对相互合作关系的建立有一定的帮助作用。摇晃时可先练习由指导者带动孩子，再由两人在同一速度上配合彼此摇动的韵律。速度要适中，不要过快。

帮助给予： (1) 用夸张的身体晃动动作来带动孩子，充分调动起孩子的兴趣，但速度不要快。

(2) 鼓励孩子配合你晃动的速度来调节自己的身体平衡。

8. 平衡台站立摇动

训练目的： 改善身体协调，促进反射感觉，建立前庭固有的平衡感，调整视觉统合。

训练要求： 让孩子站在平衡台上，由指导者在台下缓慢摇动平衡台。提醒孩子调整姿势保持平衡。

难度设置： A. 可以让孩子双手伸展，以保持身躯平衡，并且可以闭眼尝试不同的感觉，或在平衡台上缓缓移动身体，以调整不同的平衡反射。

B. 开始时可练习10～20下，习惯到60下时，平衡效果较易发挥。

C. 再逐步练习到100～200下，以加强对前庭固有体系的调整。

9. 跳脚印(5~6岁)

训练目的: 训练两侧性、空间距离、平衡、协调、柔软、眼一手协调、注意力、抑制异常肌张力、矫正姿势(内外旋、内外反)、步态训练。

训练要求: 按照图形所示,双脚立定跳向下一目标脚印。

难度设置: A. 可先用双脚交替走几回,让孩子熟悉大致的距离。

B. 双脚立定跳,按图形要求跳。

C. 听着家长的口令(指令)跳。

帮助给予: 开始时家长可站在孩子身后,双手扶着孩子的腋下帮助其完成凌空双脚跳起和落下的姿势,指导孩子跳向下一目标,等孩子的判断和目测水平提高后让其自行练习,家长只给予口头提示即可。

10. 双脚离地时,双手同时拍一下(5~6岁)

训练目的: 加强手臂和腿的协调能力。

训练要求: 孩子能在双脚跳离地面的同时双手举过头顶拍一下。

难度设置: A. 先熟练双脚跳。

B. 再在跳的同时鼓励孩子拍手。

帮助给予: (1) 手把手地跟孩子一起做。

(2) 给孩子做示范,边做边讲解。

(3) 鼓励孩子独立完成,只在需要时给予适当的提示。

11. 两眼睁开双臂伸直(或交叉胸前)单脚站立5秒(5~6岁)

训练目的: 身体的协调和平衡能力。

训练要求: 孩子睁开眼睛(或者双手交叉在胸前),单脚站立5秒钟。

难度设置: A. 开始时先练习双手伸展或垂直地站立。

B. 然后练习双手交叉在胸前站立。

帮助给予: (1) 如果孩子开始时不能很好地掌握平衡,可以让他/她先尝试扶着椅背或握着训练者的手站立5秒。

(2) 一旦孩子的平衡能力有所长进,则要求他/她只在需要时才扶持。

(3) 在孩子前方视平线的位置给予玩具或其他吸引他/她看的东西来帮助孩子集中注意力。

(4) 任何时候都要准备好给予适当的身体协助。

12. 两眼闭合双臂伸直(或交叉胸前)单脚站立5秒(5~6岁)

训练目的: 身体的协调和平衡能力。

训练要求: 孩子闭着眼睛(或者双手交叉在胸前),单脚站立5秒钟。

难度设置: A. 开始时先练习双手伸展或垂直地站立。

B. 然后练习双手交叉在胸前站立。

帮助给予: (1) 如果孩子无法自觉地闭上眼睛,可尝试用布蒙上他/她的眼睛。如果孩子不愿意,先让他/她尝试习惯不练习的时候蒙上眼睛的感觉。

(2) 充分运用奖励的原则来激发孩子的合作性。

(3) 任何时候都要准备好给予适当的身体协助。

13. 摇摇船(5~6岁)

训练目的: 控制迷路张力反射,提供前庭及本体刺激,并改善身体概念及两侧协调。

训练要求: 孩子躺在地上,两手抱膝,身体屈起成球状,前后摇动20下,或左右滚动20下。

帮助给予: 开始时孩子可能不能很好地控制身体或摇不动,家长需要给予身体协助,从侧面轻推孩子的肩或臀,示意孩子顺着给予的外来力量摇动身体。一旦孩子掌握要领,则及时撤销帮助,鼓励孩子自己利用自身的力量摇动身体。

14. 平衡与协调(5~6岁)

训练目的: 平衡、协调、肌力等。

训练要求： 仰卧/俯卧。

难度设置： (1) 仰卧双脚着地，双腿屈伸。
(2) 俯卧双脚着地，双腿屈伸。
(3) 俯卧双手着地，双腿屈伸。
(4) 仰卧双手着地，双腿屈伸。
(5) 仰卧/俯卧双手做模仿或规定动作。
(6) 仰卧/俯卧双脚做模仿或规定动作。
(7) 俯靠治疗球，双手抱起治疗球并推出。
(8) 仰卧垫上，双脚屈腿或直腿将球夹起。

帮助给予： (1) 每一动作次数或时间不能太久(视其肌张力而定)。
(2) 动作由易而难、次数时间由少到多。
(3) 注意协助(他动—协动—主动)。全程由家长身体指导完成。如果孩子出现紧张或抗拒的情况，请以鼓励、引导方式取得其配合为主，不要强迫配合，以免造成孩子肌肉过度紧张，效果适得其反。

15. 来回滚动身体(4～5岁)

训练目的： 迷路反射控制，身体的控制能力及协调能力。

训练要求： 让孩子在垫子上或床垫上从一端翻滚到另外一端。

难度设置： A. 在训练者的身体协助下进行翻滚。
B. 自己控制身体进行翻滚。

帮助给予： (1) 给予大量的身体协助和口头提示，让孩子从训练中懂得如何控制自己的身体及翻动的速度和力量。
(2) 只在有需要时给予身体协助。
(3) 确保孩子的安全，避免碰伤。

16. 做5次前滚翻(4～5岁)

训练目的： 增进协调、平衡能力，刺激本体感觉。

训练要求： 让孩子模仿成人连续做5次前滚翻的动作。

难度设置： A. 开始时只要求做2～3次。
B. 要求孩子连续做5次，并要求孩子在动作过程中身体尽量保持直线。

帮助给予： (1) 开始时要全程给予身体协助，并用语言鼓励孩子尝试。
(2) 尽量让孩子自己完成，必要时给予口头提示，要随时注意孩子的安全问题。

17. 能用勺子把乒乓球送至约2米外的目的地而乒乓球不掉下来

训练目的： 增进平衡能力和手部控制能力，加强动作企划能力。

训练要求： 用勺子把乒乓球送到2米外的地方。

难度设置： A. 开始时尝试先给孩子一个立方体的积木在距离极短的两张桌子间传送，让孩子便于操作。
B. 用不粘胶在地上贴两条平衡线。
C. 改用乒乓球尝试。
D. 按照预设距离训练。

帮助给予： (1) 为提高孩子的兴趣，建议开始时成人和孩子一起参与游戏。
(2) 孩子的技巧熟练后，鼓励孩子和其他孩子进行竞赛。

18. 能连续拍球3次而球不弹走(4～5岁)

训练目的： 加强手臂的控制能力，发展手眼协调能力。

训练要求： 孩子能连续拍3次中型球(篮球大小的球)。

难度设置： A. 只拍1次。
B. 拍2～3次。

帮助给予：（1）训练者拍一下，等球弹起后把着孩子的手拍一下。

（2）把着孩子的手教孩子拍2～3下，球要尽量弹高，便于孩子的手有足够的时间调节。

19. 挥动球拍打悬挂在儿童肩膀水平位置的悬挂物（玩具或挂球）

训练目的：手眼协调能力，动作企划能力，空间概念。

训练要求：让孩子用儿童羽毛球拍或者吹涨气的棒球棍，挥拍（棒）打前方孩子肩膀高的悬挂物。

难度设置：A. 先让孩子练习挥拍（棒）的姿势。

B. 手把手地教孩子击中悬挂物体。

C. 让孩子独立练习。

D. 让孩子连续练习。

20. 双脚被提起时，可用双手向前走路（4～5岁）

训练目的：增强手臂力量和协调能力。

训练要求：让儿童趴在地上，双手和双膝接触地面，成人则在儿童身后握其双足足踝，示意儿童用双手交替运动往前爬。

难度设置：A. 先让儿童习惯被提起双脚的姿势。

B. 鼓励儿童向前走1～2步。

C. 训练至儿童能自如地向前走。

帮助给予：（1）以游戏的形式帮助孩子习惯被短暂提起双脚的姿势和感觉。

（2）延长提起孩子双脚的时间。

（3）鼓励孩子尝试向前走，用食物或其他孩子喜欢的方法来强化。

21. 双手接住从1米远弹来的中型球（4～5岁）

训练目的：手眼协调能力和运动企划能力。

训练要求：孩子能接住训练者从约1米远的地方扔到地上弹起来的中型球（篮球大小的球）。

难度设置：（1）距离设短一点，并且让另外一位成人在孩子身后手把手地教，边教边把要点告诉孩子。

（2）帮助者站在孩子身后，只在有需要时才给予身体协助。

（3）距离逐渐增大，尽量让孩子自己尝试接球。

（4）如果孩子接中型球有困难，可换成大型球，等孩子的技能熟练后再换成中型球。

22. 运小球（4～5岁）

训练目的：训练手眼协调能力。

训练要求：让孩子用塑料球拍运送乒乓球，一次放一个乒乓球在球拍上，运到距离2米的大容器中。不可以用另外一只手扶乒乓球。

难度设置：A. 开始时可选用其他非圆形的小物品让孩子训练并且把距离设短一点。

B. 孩子的技巧纯熟以后可尝试用大的塑料或布球。

C. 使用乒乓球，5次运球中有3次球没有掉地通过。

帮助给予：无论孩子处于哪一阶段的开始阶段，都要给予手把手地帮助，要确保孩子掌握了基本的游戏规则以后才增加难度。

23. 扔球3米远（3～4岁）

训练目的：手臂运动能力/手眼协调能力。

训练要求：把一个小型球或豆球扔到3米远的地方。

难度设置：可适当增加球的重量。

帮助给予：（1）开始时如果孩子不领会扔球的动作，可手把手地教。

（2）给孩子在前方画一条线来提示他/她要扔的距离。

（3）为鼓励孩子尝试，可在线的旁边放一玩具或小食品作为奖励物。

24. 互动式投篮（3～4岁）

训练目的：手臂运动能力/手眼协调能力，增进与人互动的能力。

训练要求：家长及孩子轮流投篮；家长投完后把球捡起来给孩子投。

难度设置：适当增大距离。

帮助给予：多给予孩子鼓励。

25. 做一连串手部和腿部动作时能保持平衡(3～4岁)

训练目的：身体的控制和协调能力。

训练要求：让孩子模仿一系列的手部和腿部动作，如：跳舞、打功夫等。

难度设置：A. 选择简单一点的动作。

B. 选择较为复杂的动作，包括弹跳、跳跃等动作。

帮助给予：(1) 另外一成人站在孩子旁边，如果孩子失去平衡，只在他/她可能要跌倒时才给予扶持。

(2) 在孩子前后方均铺上垫子，孩子跌倒后鼓励他/她自己起来继续练习。

26. 能左右腿交替倒着钻过呼啦圈(3～4岁)

训练目的：双脚的协调能力及身体平衡能力。

训练要求：训练者拿着呼啦圈站在孩子的身后，鼓励孩子左右腿交替着向后移入呼啦圈内。

难度设置：A. 由另外一成人扶持着孩子完成动作，并且呼啦圈的高度要调低一点。

B. 逐渐地提高呼啦圈的高度。

C. 由孩子自己尝试着完成动作，只在有必要时给予帮助。

帮助给予：(1) 足够的身体协助。

(2) 必要的身体协助。

(3) 偶尔的身体协助。

注：(1) 跳床：适应身体协调不良。

(2) 圆筒帽：适应触觉敏感、身体协调不良，前庭功能失调。

(3) 网缆：适应身体协调不良、手眼协调不良。

(4) 羊角球：适应身体协调不良。

(5) 爬滑板：适应多动症、身体协调不良。

(6) 滚垫：适应触觉敏感或不足，身体协调不良。

(7) 推球：适应身体协调不良，多动症。

三、触觉失调训练方法

1. 压马路(3～6岁)

训练目的：提供触觉刺激，有抑制神经兴奋程度的作用。

训练要求：让孩子仰卧或俯卧在垫子上，用大龙球在其身上滚过去。若孩子喜欢这种压力可尝试加重一点压力。

难度设置：压力由轻到重，衣服由多到少。

2. 滚筒式时光隧道游戏

训练目的：改善触觉敏感或不足，以及调节前庭感觉。

训练要求：让孩子用脚在前面的方式倒爬进隧道里。

难度设置：A. 开始时孩子可能害怕或不理解要求，可以先培养孩子对隧道的兴趣，把球滚进隧道里，鼓励孩子爬进去捡球，表扬他/她的勇敢尝试。

B. 协助孩子双脚放在前面，倒爬进隧道里，边帮助边给予口头提示，语气要轻柔，以免引起孩子紧张而拒绝合作。

帮助给予：(1) 由始至终身体协助。

(2) 由始至终的口头指导及适当的鼓励表扬。

3. 隧道滚动游戏

训练目的：改善触觉敏感或不足及身体调节不良的现象，增强前庭系统的刺激和调节，改善视觉。

训练要求： 让孩子钻进阳光隧道里，用手指张开保护脸部，成人则在一旁轻轻地慢速滚动隧道。

难度设置： A. 开始时成人可伸手到隧道里抚摩孩子的身体来舒缓他/她的紧张情绪，并且要和孩子说话。

B. 如果孩子有不适感觉，应立即停止并协助孩子从隧道中钻出来。切莫强求让孩子待在隧道里。

C. 如果孩子喜欢这样的晃动，可稍加快速度，但要注意孩子的身体、声音的反应，如有不适，应立即停止。

帮助给予：（1）跟孩子一起钻隧道。

（2）给予必要的身体触摸和口头鼓励。

4. 平衡台互相扶持

训练目的： 改善身体协调不良的情况，对身体协调、触觉感、前庭体系都起到刺激的作用。

训练要求： 指导者和孩子共同站上平衡台，两人双手紧握，互相保持平衡。由于站姿使重力感不稳定，两人配合的动作对相互合作关系的建立有一定的帮助作用。摇晃时可先练习由指导者带动孩子，再由两人在同一速度上配合彼此摇动的韵律。速度要适中，不要过快。

帮助给予：（1）用夸张的身体晃动动作来带动孩子，充分调动起孩子的兴趣，但速度不要快。

（2）鼓励孩子配合你晃动的速度来调节自己的身体平衡。

5. 软骨功（5～6岁）

训练目的： 改善身体概念及计划动作的能力，并提供触觉刺激。

训练要求： 用一条粗棉绳，两端结在一起成一个圈，让孩子将绳由头套下去，由脚下拿出来；或者由脚套进去，从头部拿出来。

难度设置： A. 刚开始训练时，绳圈可以相对做大一点，容易取出。

B. 先训练从头套到脚，再训练从脚套到头。

帮助给予： 提醒孩子不要用蛮劲儿，要学习技巧。

6. 抱球翻滚（5～6岁）

训练目的： 提供前庭刺激，抑制颈部张力反射。

训练要求： 孩子躺在垫上，双手抱着一个排球大小的球，高举过头。要求孩子由垫子的一端再滚回来，球不可以松掉。

难度设置： A. 滚3～4下。

B. 从垫子一端滚到另外一端。

帮助给予： 开始时孩子可能无法呈直线滚动，成人需要给予身体协助推动他的肩膀或脚，把他的身体尽量推到呈直线的姿势。

7. 糊壁纸（5～6岁）

训练目的： 提供触觉刺激，改善计划动作能力。

训练要求： 让孩子靠墙壁站立，以身体当作滚筒贴着墙壁滚动，好像在糊壁纸。先向一个方向滚动，然后再向反方向滚动。

难度设置： A. 只滚动3～5下。

B. 从墙壁的一端滚到另外一端。

帮助给予： 提醒孩子注意头不要碰到墙壁，必要时给予身体协助，如：孩子滚动时离墙壁太远。

注：（1）圆筒帽：适应触觉敏感、身体协调不良、前庭功能失调。

（2）滚垫：适应触觉敏感或不足，身体协调不良。

附录2　感觉统合基础资料表

姓名：＿＿＿＿＿　　性别：□男　□女

出生日期：＿＿＿年＿＿月＿＿日

编号：________ 核对日期：______年____月____日
监护人姓名：________ 年龄：____ 关系：______ 职业：________
联系人地址：__________________ 联系电话：________

一、母孕期情况

孕期：服用药物________被动吸烟________营养状况__________

☐ 早产 ☐ 足月 ☐ 过产期 ☐ 自然产
☐ 产钳 ☐ 胎吸 ☐ 窒息 ☐ 剖腹产

胎位：☐ 头位 ☐ 臀位 ☐ 横位

出生体重：______千克

父母生产时年龄：父____岁 母____岁

二、生长发育史

☐ 母乳 ☐ 人工 ☐ 混合 断乳时间：__________
☐ 个月会抬头 ☐ 个月会翻身 ☐ 个月会爬
☐ 个月会坐 ☐ 个月会走 ☐ 个月会笑
☐ 个月会叫妈妈 ☐ 个月会说话

三、病史

健康状态：______ ☐ 抽风史 ☐ 脑外伤史
其他疾病史：______

四、生活环境

养育者：☐ 父母 ☐ 祖(外祖)父母 ☐ 外人 ☐ 其他
养育者文化程度：☐ 博士 ☐ 硕士 ☐ 学士 ☐ 中专 ☐ 其他
养育方法：父：☐ 宽 ☐ 严 ☐ 放任 ☐ 普通 ☐ 不定
母：☐ 宽 ☐ 严 ☐ 放任 ☐ 普通 ☐ 不定
养育者与儿童沟通时间：☐ 长 ☐ 短 ☐ 没有
密切程度：☐ 很密切 ☐ 密切 ☐ 一般 ☐ 不密切
生活空间：☐ 大 ☐ 中 ☐ 小
被动吸烟：☐ 有 ☐ 无

附录 3 感统训练记录表

姓名：________ 年龄：________ 康复导师：________
开始日期：________

项目内容	一		二		三		四		五		评价
	次数	表现	次数	表现	次数	表现	次数	表现	次数	表现	
滑板爬											
拍 球											
独脚椅											
趴地推球											
平衡台传接球											
网 缆											
圆 筒											

续表

项目内容	一		二		三		四		五		评价
	次数	表现	次数	表现	次数	表现	次数	表现	次数	表现	
吊　马											
袋鼠跳											
跳　床											
大龙球											
触觉板											
脚踏车											
跳　绳											
单侧跳											

动作表现：出色完成☆　　基本完成√　　辅助完成△　　不能完成○
情绪表现：快乐＋＋　主动＋　情绪不好－　身体不适－－

附录4　感觉统合月计划

教学目标： 所需教具：	
训练任务 （一）	
训练任务 （二）	
备　注	

附录5　儿童发展评估量表

	自理—社会能力	语言能力	感知和思维	精细动作	粗大动作
1岁	1. 能喜吮吸和吞咽 2. 能用手抓住脚或把手伸进嘴里 3. 能双手伸出做准备被抱起的姿势 4. 对从抱着他到放下有反应 5. 能玩一个玩具达3	1. 本能地啼哭，对不同的刺激有哭的反应 2. 对声音有微笑的反应 3. 能够确定声响的方向，并可以把头转向声音	1. 目光能跟随运动的物体 2. 认识熟识的人 3. 能注视身边的物体 4. 目光能跟随滚动的球 5. 对于面孔消失时	1. 会常常举起手或松开握着的拳头 2. 会玩手和玩手指 3. 能短时间地抓住拨浪鼓并注视它 4. 手能自如地抓握和松开 5. 能抓一臂之外邻	1. 俯卧时能从床垫上抬起头来 2. 在坐着时能将头竖起来半分钟 3. 能自己坐几分钟 4. 会滚动和翻身 5. 用爬或拱使身体向前运动

续 表

	自理—社会能力	语言能力	感知和思维	精细动作	粗大动作
1岁	分钟之久 6. 对给他穿衣服时没有反抗 7. 对别人的接触有反应 8. 在帮助下能够用水杯喝水 9. 能咀嚼食物 10. 会用手抓东西吃 11. 能够拿东西敲着玩 12. 多数情况下，对"不"或"不动"的指令有反应	4. 能够分辨一些不同的声音 5. 见到食物有要吃的反应 6. 呀呀发音，能够发出多种声音 7. 能发双音(如：妈妈、大大……) 8. 低声喃喃自语 9. 听音乐时显得很高兴 10. 对词语和手势有适当的反应(如：在讲"再见"时能招招手) 11. 能做一些简单的要求(如：抓住球) 12. 会用比画或手势来表达要求	有反应(如：会玩藏猫猫的游戏) 6. 主动地要得到一些东西 7. 当一个勺子从桌子上掉下时能用眼睛看着 8. 对镜子里的像有反应 9. 能够拉起用绳子系住的玩具 10. 能注视并拿开下面盖着一块糖或一个玩具的手帕 11. 能用一根棍子敲打着玩 12. 为了取出倒扣杯子下面的东西会把杯子拿开	近的东西 6. 能用拇指和食指捏小球 7. 会在桌子上扔开小木块并再拿起来 8. 会翻书	6. 能爬着站立起来 7. 能扶着床沿或扶着家具行走 8. 能直着坐在小椅子上
2岁	13. 能抬起双手来配合穿衣服 14. 当其他儿童在场玩时，能引起他的注视 15. 对自己在镜子里的像很感兴趣 16. 能脱袜子，但不能脱鞋子 17. 能独自用水杯喝水 18. 能遵从两三种简单要求 19. 能自己使用勺子吃东西(可有一些漏洒) 20. 懂得亲吻玩具娃娃或玩具熊 21. 能帮助收拾玩具 22. 对捉迷藏有兴趣 23. 在熟悉的人那里可待一会儿 24. 能脱衣服(不一定能解扣子)	13. 能够模仿周围的声音 14. 能够模仿两个简单的词 15. 在问他时，能够指出身体的一个部位 16. 能主动讲出两个字的简单的词 17. 能够指出什么是鞋、衣服或玩具 18. 能讲5个词汇 19. 能够在画册上指出3种不同的东西 20. 能够讲出听到的个别的词 21. 当被问到有什么要求时能说出3个愿望 22. 在询问下可以讲出身边发生的3件事 23. 能讲出2个词的短句 24. 会翻着看画册	13. 会敲打、碰击2个以上的小木块 14. 试图模仿涂划(在纸或其他东西上乱画) 15. 会将不同形状的木块放入模板(嵌板)中适当的位置 16. 自己用笔涂涂画画 17. 能够说出玩具娃娃的4个以上的部位 18. 有开始使用家庭用品的迹象(如：拿勺或碗) 19. 能按照要求指出2个人 20. 使用2根小棍子模仿击鼓动作 21. 能够认识身边或画书上的7件东西 22. 能够把3个大小不同的碗或杯子套叠起来 23. 能指出玩具娃娃的5个部分(眼睛、鼻子、手、腿、头发) 24. 有"多"的概念(想要更多的东西)	9. 会用食指准确地触摸小的东西 10. 有目的地拿画笔，但不很准确 11. 会模仿把小豆子(或小扣子)丢进瓶子里 12. 会打开盒子的盖子 13. 用三块小木块搭一座"塔" 14. 会剥糖纸(不一定能剥开) 15. 能一页一页地翻书 16. 能穿3个直径约为24 mm的珠子	9. 不用扶自己坐一会儿 10. 自己跑一会儿 11. 扔球或踢球(不一定准确) 12. 不用扶着墙或家具，从坐在地上站起来 13. 独自跑动 14. 扶着上楼梯(得有人跟随着) 15. 走得很好，仅仅偶尔会跌倒 16. 蹲着玩，不用手扶

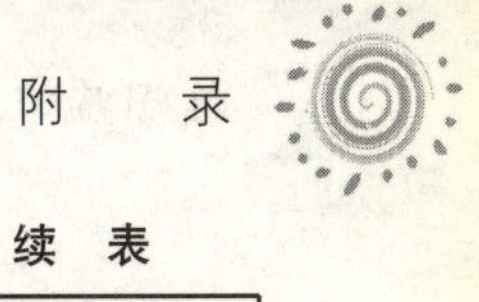

续表

	自理—社会能力	语言能力	感知和思维	精细动作	粗大动作
3 岁	25. 可以回避简单的危险(如热炉子等) 26. 能用塑料管吸饮料 27. 能口头表达愿望 28. 洗手后能擦干双手 29. 能按要求与他人分享东西 30. 会使用勺子几乎不再漏洒 31. 累时会提出休息的要求 32. 会用筷子吃饭 33. 上厕所时会自己脱裤子 34. 会洗手 35. 不管在白天或夜里要上厕所时会讲 36. 试着帮助做一些家务活儿	25. 能讲出2种职业的名称(如:妈妈是老师) 26. 能回答"你叫什么?"说出自己的名字 27. 能说出面前的四五个物品的名称 28. 知道"大""小" 29. 能够说出3个词的句子 30. 能够重复说出2个数字 31. 能够说出40个以上的用品 32. 能使用"我"或"我们""我的" 33. 能够听故事达5分钟时间 34. 能说出自己的名和姓 35. 能够复述出有5个音节的句子 36. 能够正确的认识10个以上的不同物品	25. 有"所属"的表示(我的,……给我) 26. 会将圆形、方形和三角形放入模板中 27. 有"1"的数字概念 28. 能够指出3对一样的卡片 29. 能指出3件隐藏着的东西 30. 能够指出玩具娃娃的6个不同部分 31. 懂得介词"在上面""在下面"的意思 32. 知道不同物体的使用价值(说得出什么能吃,什么能穿) 33. 能把5块小木块排列成一行 34. 能够分拣出两种不同的颜色(红、蓝)的积木块 35. 闭着眼睛能够说出身体被触摸的部位 36. 按照要求指出红色、蓝色和黄色	17. 用6块木块垒一座"塔" 18. 描画水平线和垂直的线 19. 能接住滚动的球(4次中能接3次) 20. 能用塑料块做简单的结构拼装 21. 至少能串4个12 mm大小的珠子 22. 能照样子将纸张对折 23. 正确地用手指拿粉笔 24. 在桌子上用橡皮泥搓成"香肠"	17. 站着不用扶,用脚踢球 18. 攀登家具和越过障碍物 19. 扶着东西上楼梯(单足踏台阶) 20. 扶着东西下楼梯(单足踏台阶) 21. 原地双脚跳跃 22. 按照别人的样子,用足尖行走 23. 不用扶,单足站立片刻 24. 会骑三轮车
4 岁	37. 会穿大衣(不一定会扣扣子) 38. 懂得听短故事 39. 能自己从饮水机的水龙头里取水喝 40. 会独自上厕所(可以不会擦) 41. 会用筷子自己吃饭(可稍有沾污) 42. 和其他小朋友一起玩,没有大的摩擦 43. 用吸管饮水,不会折断吸管 44. 会脱鞋和袜子(不一定会打结) 45. 会刷牙 46. 可以离开母亲(如上幼儿园) 47. 会自己洗脸 48. 会玩拼插搭的玩	37. 能够复述出3个数字 38. 能说得出名字和性别 39. 会认识5种动物 40. 会用"好多××"(如:那里有好多球) 41. 能够按照"动物""玩具"和"食品"将图片分类 42. 会唱简单的歌曲 43. 会询问"为什么" 44. 能够自己简单地叙述发生过的事情 45. 能表达感觉(如:我好冷) 46. 讲话悠然自得,能简短地与人交谈 47. 能够说出对应的	37. 知道画出的东西的用处(勺子、梳子、杯子) 38. 认识数字1、2 39. 能够拼出由三、四块板组成的拼板 40. 分辨有方块和圆图的卡片 41. 用3块木头搭一座桥 42. 懂得什么能够在天上飞,什么能够在地上跑,什么能够在水里游(认识鱼、鸟、汽车的图片) 43. 从声响中可以分辨出两种以上的铃声(电话铃声,打字机声,自行车铃声,汽车喇	25. 会撕纸 26. 会用剪刀剪东西(可以表现费力且不准确) 27. 按照要求画圆(不一定精确) 28. 懂涂抹颜色 29. 能够使用剪刀,不按线剪 30. 能描画"十"字 31. 按照样子用粉笔画出H或V 32. 会按快慢或轻重敲打东西	25. 能接住大球 26. 用足尖行走3 m远 27. 能持水杯行走3 m远 28. 不用扶上下楼梯(双脚跟进) 29. 不用扶上楼梯(单足踏台阶) 30. 跨越跳20 cm远 31. 从沙发上双脚跳下 32. 单脚原地跳

续 表

	自理—社会能力	语言能力	感知和思维	精细动作	粗大动作
4岁	具，没有烦乱行为	词（如：快、慢；冷、热） 48. 喜欢听故事	叭声……） 44. 有2的数字概念（这是几块木板？） 45. 懂得“较大”“较小” 46. 能够将剪成3块的狗的图片拼起来 47. 能说出磁带录音机的声响是大了，还是小了 48. 能够分辨4种几何图形（圆、方块、三角形、六边形）		
5岁	49. 晚上完全可以自己脱衣服睡觉 50. 能扣大的扣子 51. 能对别人表述，例如：背诵诗歌或唱歌 52. 能够区别衣服的前面和后面 53. 玩具玩过之后能按要求将其收拾好 54. 能够扣中等大小的扣子 55. 能够完全自己上厕所，包括洗手和系好衣服 56. 能自己穿好衣服，不包括系鞋带 57. 会用刀子切苹果 58. 能做一些在外面的小差使（如帮忙送东西到邻居家） 59. 懂得胜、负，如：能玩比赛的游戏 60. 能自己穿衣服并试图系鞋带子	49. 能背诵简单的儿歌 50. 说出的话有90%能被人理解 51. 能拼出 ɑ、o、e 3个音 52. 按照顺序完成3项指令 53. 能够认识至少7种不同的颜色 54. 能自发地使用新词 55. 通过对使用特性的描述来解释两个词（如：杯子是干什么用的？喝水用的） 56. 以简单的形式来阐明3个词（如：什么是球、床、衣服、钥匙、苹果） 57. 会讲5个词以上的句子 58. 会用“昨天……”“刚才……” 59. 不再使用幼儿的语言形式（如：叠语、我要吃糖糖等） 60. 会叙述想象性的故事	49. 能够说出白天或黑夜里我们都做些什么 50. 能够计数到3 51. 以形象描述“球”或“汽车”或以它们的用处来描述 52. 画一个人，至少有2个部分（头和躯体） 53. 能够做到：给我3部汽车，3块木头…… 54. 能够表述：我们的眼睛或耳朵是做什么的 55. 按照要求用6块木块搭一个“金字塔” 56. 可以拼12块的拼板玩具 57. 知道房子是用什么东西造的 58. 懂得：我们有书做什么（有房子做什么……） 59. 识别物质（如：勺子、鞋、桌子是什么做的） 60. 认识钱并说得出2种或2种以上的钱币（如：1角、1元……）	33. 能按照要求画出一个圆 34. 能熟练地使用抹布擦桌子 35. 能使用笔描出菱形 36. 能拧开（旋口的）瓶盖 37. 能按照要求画出一个人，有头、躯干和腿 38. 照画一个方块 39. 能用剪刀按照画好的线剪东西 40. 能试着系活扣	33. 单脚跳跃 34. 上下楼梯不用扶（单足踏台阶） 35. 单脚站立4至8秒钟 36. 跟尖步态脚连脚行进 37. 向上抛球 38. 能仰卧起立 39. 能按照音乐动作 40. 能将小皮球扔进纸篓大的筐中（站在2米，4投2中）

备注：1. 此儿童发展评估量表用于评估和训练内容参考之用，不能作为诊断使用。

2. 此评估量表不宜作为智力评量的依据，因儿童处于不断发展中。

3. 每年龄段的项目即代表该年龄（周岁）的儿童应能完成（通过）的项目。

4. 对照本量表，根据被评儿童的年龄依项评估，若某项未能通过，该项即可训练。

5. 评估间隔时间依不同情况而定，一般最好在1～3月之间评估一次。

附录 6　自闭症评定量表

一、人际关系

1 分 与年龄相当：与年龄相符的害羞、自卫及表示不同意。

2 分 轻度异常：缺乏一些眼光接触，不愿意、回避、过分害羞，对检查者反应有轻度缺陷。

3 分 中度异常：回避人，要使劲打扰他才能得到反应。

4 分 严重异常：强烈地回避，儿童对检查者很少反应，只有检查强烈地干扰，才能产生反应。

二、模仿(词和动作)

1 分 与年龄相当：与年龄相符的模仿。

2 分 轻度异常：大部分时间都模仿，有时激动，有时延缓。

3 分 中度异常：在检查者极高的要求下才有时模仿。

4 分 严重异常：很少用语言或运动模仿别人。

三、情感反应

1 分 与年龄相当：与年龄、情境相适应的情感反应(愉快、不愉快)和兴趣，通过面部表情姿势的变化来表达。

2 分 轻度异常：对不同的情感刺激有些缺乏相应的反应，情感可能受限或过分。

3 分 中度异常：不适当的情感意识，反应相当受限或过分，或往往与刺激无关。

4 分 严重异常：即刻的情感反应，对检查者坚持改变的环境很少产生适当的反应。

四、躯体运用能力

1 分 与年龄相当：与年龄相适应的利用和意识。

2 分 轻度异常：躯体运用方面有点特殊(如某些刻板运动、笨拙、缺乏协调性)。

3 分 中度异常：有中度特殊的手指或身体姿势功能失调的征象，摇动旋转，手指摆动，脚尖行走。

4 分 严重异常：如上所述的情况严重广泛地发生。

五、与非生命物体的关系

1 分 与年龄相当：适合年龄的兴趣运用和探索。

2 分 轻度异常：轻度的对东西缺乏兴趣或不适当地使用物体，像婴儿一样咬东西，猛敲东西，或者迷恋于物体发出的吱吱叫声或不停地开灯、关灯。

3 分 中度异常：对多数物体缺乏兴趣或表现有些特别，如重复转动某件物体，反复用手指尖捏起东西，旋转轮子。

4 分 严重异常：对改变产生严重的反应，假如坚持把环境的变化强加给他，该儿童可能逃跑。

六、对环境变化的适应

1 分 与年龄相当：对环境改变产生与年龄相适应的反应。

2 分 轻度异常：对环境改变产生某些反应，倾向维持某一活动或坚持相同的反应形式。

3 分 中度异常：对环境改变出现烦躁、沮丧的征象，当干扰他时很难被吸引过来。

4 分 严重异常：对改变产生严重的反应，假如坚持把环境的变化强加给他，该项儿童可能逃跑。

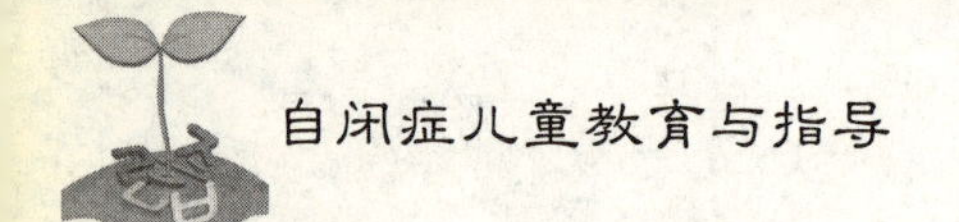

七、视觉反应

1分 与年龄相当：适合年龄的视觉反应，可与其他感觉系统反应整合。

2分 轻度异常：有时必须提醒儿童去注意物体，有时全神贯注于“镜像”，有时回避眼光接触，有时凝视空间，有时着迷于灯光。

3分 中度异常：经常要提醒正在干什么，喜欢观看亮的物体，即使强迫他，也只有很少的眼光接触，盯着看人或凝视空时。

4分 严重异常：对物体和人存在广泛严重的视觉回避，着迷于使用“余光”。

八、听觉反应

1分 与年龄相当：适合年龄的听觉反应。

2分 轻度异常：对听觉刺激或某些特殊声音缺乏一些反应，反应可能延迟，有时必须重复声音刺激，有时对大的声音敏感或对此声音分心。

3分 中度异常：对听觉不构成反应，或必须重复数次刺激才产生反应，或对某些声音敏感(如很容易受惊、捂上耳朵等)。

4分 严重异常：对声音全面回避，对声音类型不加注意或极度敏感。

九、近处感觉反应

1分 与年龄相当：对疼痛产生适当强度的反应，正常触觉和嗅觉。

2分 轻度异常：对疼痛或轻度触碰、气味、味道等有点缺乏适当的反应，有时出现一些婴儿吸吮物体的表现。

3分 中度异常：对疼痛或意外伤害缺乏反应，比较集中于触觉、嗅觉、味觉。

4分 严重异常：过度地集中于触觉的探究感觉，而不是功能的作用(吸吮、舔或摩擦)，完全忽略疼痛或过分地做出反应。

十、焦虑反应

1分 与年龄相当：对情境产生与年龄相适应的反应，并且反应无延长。

2分 轻度异常：轻度焦虑反应。

3分 中度异常：中度焦虑反应。

4分 严重异常：严重的焦虑反应，儿童在会见的一段时间内可能不能坐下，或很害怕，或退缩等。

十一、语言交流

1分 与年龄相当：适合年龄的语言。

2分 轻度异常：语言迟钝，多数语言有意义，但有一点模仿语言。

3分 中度异常：缺乏语言，或有意义的语言与不适当的语言相混淆(模仿言语或莫名其妙的话)。

4分 严重异常：严重的不正常言语，实质上缺乏可理解的语言或运用特殊的离奇的语言。

十二、非语言交流

1分 与年龄相当：与年龄相符的非语言性交流。

2分 轻度异常：非语言交流迟钝，交往仅为简单的或含糊的反应，如指出或去取他想要的东西。

3分 中度异常：缺乏非语言交往，不会利用非语言交往，或不会对非语言交往做出反应。

4分 严重异常：特别古怪的和不可理解的非语言的交往。

十三、活动水平

1分 与年龄相当：指出活动水平，不多动亦不少动。

2 分 轻度异常：轻度不安静，或有轻度活动且缓慢，但一般可控制。

3 分 中度异常：活动相当多，并且控制其活动量有困难，或者相当不活动或运动缓慢，检查者很频繁地控制或以极大努力才能得到反应。

4 分 严重异常：极不正常的活动水平，要么是不停，要么是冷淡的，对任何事件很难有反应，差不多不断地需要大人控制。

十四、智力功能

1 分 与年龄相当：正常智力功能，无迟钝的证据。

2 分 轻度异常：轻度智力低下，在各个领域表现技能低下。

3 分 中度异常：中度智力低下，某些技能明显迟钝，其他的接近年龄水平。

4 分 严重异常：智力功能严重障碍，某些技能表现迟钝，另外一些在年龄水平以上或不寻常。

十五、总的印象

1 分 与年龄相当：不是孤独症。

2 分 轻度异常：轻微的或轻度孤独症。

3 分 中度异常：孤独症的中度征象。

4 分 严重异常：非常多的孤独症征象。

注：本量表总分为 60 分。总分低于 30 分则评为非自闭症；总分等于或高于 36 分，并且至少有 5 项的评分高于 3 分，则评为重度自闭症；总分在 30～36 分之间，并且低于 3 分项目不到 5 项，则评为轻至中度自闭症。

附录 7　自闭症的症状标准

一、症状标准

在下列 1.2.3.项中，至少有 7 条，且 1.项至少有 2 条，2.3.项至少各有 1 条：

1. 人际交往存在质的损害(至少 2 条)：

(1) 对集体游戏缺乏兴趣，孤独，不能对集体的欢乐产生共鸣；

(2) 缺乏与他人进行交往的技巧，不能以适合其智龄的方式与同龄人建立伙伴关系，如仅以拉人、推人、搂抱作为与同伴的交往方式；

(3) 自娱自乐，与周围环境缺少交往，缺乏相应的观察和应有的情感反应(包括对父母的存在与否亦无相应反应)；

(4) 不会恰当地运用眼对眼的注视，以及用面部表情、手势、姿势与他人交流；

(5) 不会做扮演性游戏和模仿社会的游戏(如：不会玩过家家等)；

(6) 当身体不适或不愉快时，不会寻求同情和安慰；对别人的身体不适或不愉快也不会表示关心和安慰。

2. 言语交流存在质的损害，主要为语言运用功能的损害：

(1) 口语发育延迟或不会使用语言表达，也不会用手势、模仿等与他人沟通；

(2) 语言理解能力明显受损，常听不懂指令，不会表达自己的需要和痛苦，很少提问，对别人的话也缺乏反应；

(3) 拒绝改变刻板重复的动作或姿势，否则会出现明显的烦躁和不安；

(4) 过分依恋某些气味、物品或玩具的一部分，如特殊的气味、一张纸片、光滑的衣料、汽车玩具的轮子等，并从中得到极大的满足；

(5) 强迫性地固着于特殊而无用的常规或仪式性动作或活动。

3. 兴趣狭窄和活动刻板、重复，坚持环境和生活方式不变：

(1) 兴趣局限，常专注于某种或多种模式，如旋转的电扇、固定的乐曲、广告词、天气报等；

(2) 活动过度，来回踱步、奔跑、转圈等；

(3) 拒绝改变刻板重复的动作或姿势，否则会出现明显的烦躁和不安；

(4) 过分依恋某些气味、物品或玩具的一部分，如特殊的气味、一张纸片、光滑的衣料、汽车玩具的轮子等，并从中得到极大的满足；

(5) 强迫性地固着于特殊而无用的常规或仪式性动作或活动。

二、严重标准：社会交往功能受损

三、病程标准：通常起病于3岁以内

四、排除标准：排除Asperger综合征、Heller综合症、Rett综合征、特定感受性语言障碍、儿童分裂症

附录8 发育诊断评估表

记分标准：完成—◎2分 不确定—○1分 不能完成—×0分

领域	项目	临床观察项目	评估前后		得分前后	
一、自我概念	(一) 对自己和他人的区别 (二) 身体概念	1. 叫名字有反应				
		2. 注意别人的声音				
		3. 关心他人的行为				
		4. 能理解自己的身体				
		5. 认生				
		6. 能理解镜子里的自己				
二、社会性	(三) 交往	1. 脸贴脸/拥抱				
		2. 举高高				
		3. 转圈				
		4. 挠痒痒				
		5. 跑步				
		6. 摔跤				
		7. 球类游戏				
		8. 翻滚游戏				
	(四) 角色分配及规则	1. 拼人脸图				
		2. 体力循环游戏①				
		3. 玩卡片				
		4. 过家家				
		5. 购物游戏				
		6. 购物				
		7. 小帮手				
	(五) 人际关系	1. 和成年人游戏				
		2. 和年龄小的孩子游戏				
		3. 和同龄孩子游戏				

① 体力循环游戏指让孩子按一定的顺序及数量完成一些项目，结束后再做一遍或一遍以上的游戏，如走平衡木、跳圈、拍球等。

续表

领域	项目	临床观察项目	评估前后		得分前后	
三、认知	(六)注视	1. 看人				
		2. 看物				
		3. 追视人或物				
		4. 区别人/物				
	(七)预测行为	1. 看见拿了包,知道是要出门				
		2. 看见拿了购物袋,知道在门口等				
		3. 看见拿了车钥匙,会穿好鞋等着				
	(八)对应关系	1. "哪里的嘟嘟声?""妈妈呢?"听到问题会去寻找				
		2. 看见饭碗知道正在吃饭				
		3. 门铃响会去开门				
	(九)模仿	1. 点头				
		2. 举手				
		3. 电视节目模仿(儿童节目、韵律操)				
		4. 握手				
		5. 拍手				
		6. 用积木模仿反搭宝塔				
		7. 模仿家长、老师				
		8. 仿画(线条、形状、脸)				
	(十)表现性活动	1. 用积木、小汽车搭一个隧道				
		2. 拼图				
		3. 把橡皮泥拉长、缩短				
		4. 用橡皮泥做一个可命名的东西				
		5. 画脸				
		6. 画脸以外的画				
		7. 会用剪刀				
		8. 折纸游戏				
		9. 写字				
四、语言	(十一)语言理解	1. 身体名称				
		2. 食品				
		3. 动物				
		4. 交通工具				
		5. 动词(坐、站、跳)				
		6. 方位词(前后、左右、上中下)				
	(十二)声音模仿	1. 元音				
		2. 辅音				
		3. 口唇音				
		4. 其他声音的模仿				

续 表

领 域	项 目	临床观察项目	评估前后		得分前后	
四、语言	（十二）声音模仿	5. 爸爸				
		6. 妈妈				
		7. Bye-Bye				
		8. 汪汪				
	（十三）指认	1. 表达要求				
		2. 指认感兴趣的东西				
		3. 身体名称				
		4. 颜色				
		5. 插图				
		6. 绘画卡片				
	（十四）动作表现	1. 再见				
		2. 请给我				
		3. 欢呼				
		4. 你好				
		5. 敲门				
		6. 开门				
		7. 去隔壁房间把球拿来				
		8. 请把报纸拿来				
	（十五）理解故事脉络	1. 想听简单故事				
		2. 询问插图				
		3. 喜欢听重复的故事				
五、运动	（十六）大运动 （十七）协调运动 （十八）精细运动	1. 散步				
		2. 滑梯、蹦床				
		3. 荡秋千、跷跷板				
		4. 平衡木、彩虹桶				
		5. 三轮车				
		6. 剪刀、穿珠				
	（十九）发声器官运动	1. 吹、吸、嚼、喝				
		2. 舌的运动				
		3. 口唇运动				
六、生活习惯	（二十）进食 （二十一）衣服 （二十二）大小便 （二十三）生活	1. 不吃非食物类物品				
		2. 独立进食				
		3. 自己脱衣				
		4. 自己穿衣				
		5. 自己小便				
		6. 自己大便				
		7. 自己去商店				
		8. 自己保管零用钱				
		9. 去邻居家送东西				
通过率＝得分合计／200×100(%)						

后　记

回首往事，往事在深夜中轻轻敲开记忆的房门，聆听记忆的倾诉；往事随风，回忆如同沙漠中的一粒尘沙被时间毫无痕迹地掩埋，即使是后来人，也无处可觅！所以，我喜欢把回忆用文字记录在纸张上，时刻提醒和鼓励着我，自己是生活的强者，不可轻言放弃！也正是因为“它”，所以书稿在历经几次波折之后，还会如期、顺利完成！

书稿的顺利完成，除了我个人因素以外，还要感谢北京师范大学珠海分校林艳红同学、陆晓楠同学、雷新怡同学、郑嘉双同学、苏世杰同学、杨竺同学、汤伊明同学、刘莹莹同学、马墁俪同学。感谢各位同学在资料收集过程中给予的支持和帮助。

在此，也要感谢我的父母、我的兄弟一直以来对我的理解和默默付出。谢谢大家，感谢你们！

此时，我一个人坐在宿舍的电脑前，一边听着谭咏麟先生的“谁可改变”而默默地自我感动，一边感受着海浪的声音和货轮的汽笛声。这一切似乎都在催促着我前进的脚步，继续迈向另一个崭新的起点！

最后，由于作者在写作过程中时间仓促、资料有限，以及作者个人能力尚浅，所以书中内容有不足之处，还希望大家不吝指教！愿此书让我们共勉！

连　翔

书于澳门颐园

2016 年 1 月 14 日

图书在版编目(CIP)数据

自闭症儿童教育与指导/连翔编著. —上海:复旦大学出版社,2016.5
ISBN 978-7-309-12212-1

Ⅰ. 自… Ⅱ. 连… Ⅲ. 缄默症-儿童教育-特殊教育-幼儿师范学校-教材 Ⅳ. G76

中国版本图书馆 CIP 数据核字(2016)第 064765 号

自闭症儿童教育与指导
连 翔 编著
责任编辑/查 莉 赵连光

复旦大学出版社有限公司出版发行
上海市国权路 579 号 邮编:200433
网址:fupnet@ fudanpress. com http://www. fudanpress. com
门市零售:86-21-65642857 团体订购:86-21-65118853
外埠邮购:86-21-65109143
江苏省句容市排印厂

开本 890×1240 1/16 印张 9.75 字数 300 千
2016 年 5 月第 1 版第 1 次印刷

ISBN 978-7-309-12212-1/G · 1583
定价: 28.00 元